张 志 ◎ 著

LIDE SHUREN SHIYUXIA
ZHONGXUEDE YUDE SISHENGMOSHI DE
LILUN YU SHIJIAN YANJIU

立德树人视域下中学德育『四生模式』的理论与实践研究

中南大学出版社
www.csupress.com.cn

·长沙·

图书在版编目(CIP)数据

立德树人视域下中学德育"四生模式"的理论与实践研究 / 张志著. --长沙：中南大学出版社，2025.7. --ISBN 978-7-5487-6299-7

Ⅰ. G631

中国国家版本馆 CIP 数据核字第 2025XP4352 号

立德树人视域下中学德育"四生模式"的理论与实践研究

张志　著

□出 版 人	林绵优	
□责任编辑	彭辉丽	
□责任印制	李月腾	
□出版发行	中南大学出版社	
	社址：长沙市麓山南路	邮编：410083
	发行科电话：0731-88876770	传真：0731-88710482
□印　　装	广东虎彩云印刷有限公司	

□开　　本	710 mm×1000 mm 1/16	□印张 14.5	□字数 249 千字	
□版　　次	2025 年 7 月第 1 版	□印次 2025 年 7 月第 1 次印刷		
□书　　号	ISBN 978-7-5487-6299-7			
□定　　价	68.00 元			

图书出现印装问题，请与经销商调换

前言

Foreword

习近平总书记指出,我国教育的根本任务是立德树人,要把立德树人融入教育的各个环节,贯穿到教育的各个领域。教育部发布的《中小学德育工作指南》(2017)明确指出,中小学德育工作是落实立德树人根本任务的重要环节,我们必须持续优化和完善中小学德育工作的运作机制,以确保其水平的全面提升,为建设中国特色社会主义事业输送合格的建设者和值得信赖的接班人。同时,一个时期以来,中学德育工作受到网络、手机等因素的冲击,中学生的心理健康问题日益凸显,而时代的发展对中学生的核心素养培育提出了更高的要求。因此,加强和创新中学德育,开展中学德育"四生模式"的理论和实践研究,对于落实立德树人根本任务,培育学生发展核心素养,以及促进学生的全面发展,均具有极其重大的意义。

本书除绪论和结语外,由中学德育"四生模式"研究的依据和理论概述,中学德育的现状、问题及原因分析,以及中学德育"四生模式"的设计、实施及其条件保障三大部分共五章组成。

绪论部分首先从立德树人根本任务、"四生"理论的启发、德育"四无"现实的需要等几方面叙述了选题缘由,然后以立德树人为根本任务,以中学德育"四生模式"为研究对象,运用文献研究法、调查研究法和行动研究法,从理论、现状、实践三个维度,按照"理论研究—现状把握—实践研究"的模式边研究、边实践,边实践、边研究,力图在研究内容、研究视角、研

1

究方法、研究结论等方面有所突破与创新。

第一部分为第一、二章，分别对政策依据、理论依据、实践依据和现实基础，以及中学德育"四生模式"理论的核心观点、理论特质与价值追求等进行了阐释。

第二部分为第四章，在实证调查的基础上，深度分析了中学德育的现状、问题及其原因。

第三部分为第五、六两章。第五章从确立实施目的、提出实施假设、构建实施模式、选定研究学校、组建实施队伍、制定实施方案、明确实施策略、设计效果评价等八个方面对中学德育"四生模式"的实施进行了设计，从课程、文化、活动、实践、管理、协同等六个维度组织了中学德育"四生模式"的实施，并从"四生"的角度进行了实施评价；第六章从加强学校管理、强化队伍建设、培育学生能力、注重课程建设、变革德育方式、创新评价机制等方面，提出了做好中学德育"四生模式"实施的保障措施。

本研究得出的基本结论是中学德育"四生模式"能够凸显德育主体的"生命性"、突出德育目的的"生长性"、彰显德育过程的"生成性"、加强德育内容的"生活性"，是聚焦立德树人根本任务在中学德育领域开展的一种有益探索；中学德育"四生模式"无论从时代发展，还是从青少年成长和立德树人，抑或是从中学德育实践现实角度来说，都显得既有必要也很可行；中学德育"四生模式"是中学德育模式构建的一种创新尝试，已成为"四生"教育理论和德育实践之间的纽带和桥梁。

本研究的创新之处主要有以下几点：一是研究视角新。本研究将中学德育放在"生命性""生长性""生成性""生活性"的视角下进行整体的实践和审视，在全国范围内为首次。二是研究内容新。本研究综合运用文献、调查和行动等方法，从理论、现状、实践三个维度开展研究，着眼于改进和创新中学德育工作，落实立德树人根本任务。三是研究观点新。本研究在理论上创造性地提出中学德育"四生模式"，丰富并发展了"四生"理论和中学德育理论。

　　由于笔者理论基础不够扎实，研究范围不够广泛，分析认识不够深入，对中学德育"四生模式"的学理分析还欠系统深入，实践操作还欠具体有效。在未来的研究与实践工作中，一方面，要加强相关理论的系统深入学习，努力提升和增强自身教育理论素养，深化中学德育"四生模式"理论研究；另一方面，将继续在力所能及的范围内大力推行并深化中学德育"四生模式"实践，提升全体教师的德育理论素养和增强他们的德育实践能力，创新中学德育实践模式，积累更好的中学德育经验以供同行参考借鉴，为新时代中国式教育现代化作出新的贡献。

目 录

Contents

第一章
绪　论

一、选题缘由与研究意义

(一)选题缘由

1. 立足于立德树人根本任务

在 2018 年 9 月 10 日召开的全国教育大会上，习近平总书记发表了重要讲话，重申教育在国家发展中的重要性和主导地位。他明确指出，教育对于党和国家的长远发展具有深远的意义，我们必须毫不动摇地沿着中国特色社会主义教育的发展路径前进，致力于培养德智体美劳全面发展的社会主义建设者和接班人。这一讲话把教育的地位提到了前所未有的高度，为我国教育改革创新指明了方向。

中学时期作为学生生命中极为关键的一个阶段，对于塑造其健全的人格以及培养良好的行为习惯起着至关重要的作用。因此，在中学阶段，我们必须坚定不移地以立德树人为根本任务，深入实施党的教育方针，确保立德树人根本任务得到全面落实。

在这一背景下，开展基于生命性、生长性、生成性、生活性的中学德育"四生模式"研究，用理想信念引领学生、用科学规划指导学生、用先锋榜样砥砺学生，激发学生的主观能动性和生长自主性，使学生学会自我激励、自我管理、自我成长，对深入促进学生全面发展，完成立德树人的根本任务，推动科学合理的教育教学模式形成具有十分重要的意义。

2. 立足于"四生"理论的启发

笔者在多年的中学德育工作实践中，学习了许多教育理念，比如人本主义、建构主义、生活教育等理论。这些理论告诉我们，不能把学生看作碎片化发展的人，而应该促进学生的全面发展。唯有唤起他们对于学习的热情与兴趣，使其感受知识带来的成就感和快乐，才能提高教学效率，达到理想的教育效果。如何激发学生的生命活力？这需要教育工作者从学习品质、人生规划、理想追求等方面对学生施加影响。

为了增强学生的参与感、获得感和幸福感，近年来，一些学者、教育工作者提出了"四生"教育理念，有的学者提出的"四生"为"生存、生活、生命、生长"；有的人认为"四生"是"生命、生活、生存、生态"；也有人将"四生"概括为"生本、生活、生态、生长"。然而，这些"四生"内部的关系并不紧密且缺少逻辑性。比如，第一个观点中的"生存"并不能与其后的"生活、生命、生长"形成同一层次的关系；第二个观点里的"生存、生态"也不能与"生命、生活"形成统一的逻辑结构；第三个观点中的"生本、生活、生态、生长"也是如此。此外，也有专家、学者提出了"四生课堂"的理念，这给了笔者很大启示：可以用以生命性、生长性、生成性、生活性为核心的教育观念来深入审视当前德育工作的实践与发展，同时，将这四大要素紧密相连，将"四生"性与德育相结合，总结中学德育"四生模式"的理论依据、实践现状和落实机制，这对进一步丰富中学德育理论，解决当前阶段中学面临的德育体系衔接不紧密、结构较松散和德育路径创新有困难等问题，具有一定的理论意义和实践价值。

3. 立足于"四无"现实的需要

2021年4月，一则题为《青少年面临"四无"心理挑战：学习缺乏动力、对真实世界缺乏兴趣、社交能力不足、生命价值感受缺失》的新闻在网络上广泛传播，引发热议。调研结果显示，当前青少年面临的心理危机不容忽视。越来越多的青少年表现出学习无动力；厌学；对真实世界缺乏兴趣，断网后甚至出现自残的倾向；社交能力弱，宁愿与机器人建立情感联系；生命价值感缺失，过早地感到枯竭和无力等特征。这些以"四无"为典型特征的心理问题，正如猛烈的风暴一般席卷而来，亟待我们共同关注和应对。[①]

---

① 蒋芳，郑天虹，刘璐璐. 青少年正遭遇的"四无"心理风暴值得警惕[J]. 云南教育(视界综合版)，2021(5)：38-39.

毋庸置疑，"四无"状况的出现与不合理的教育评价机制、人工智能不断进步、社会经济持续发展等因素有关。然而，我们也不能忽视学校教育的不足之处。无法充分满足学生的需求，未能有效引导他们形成正确的世界观、人生观和价值观，没有给予他们及时的心理疏导来解决他们的困扰，这些都可能是导致"四无"现象出现的原因。譬如，笔者所在的 M 中学是 2014 年创办的一所公办完全中学，自创办以来，形成了起点高、势头好、后劲足的发展格局，成为地区新晋名校。即便如此，笔者通过德育观察和实践，还是发现其存在一些问题：一是部分教师、德育管理者理念不清晰，存在一种误解，即将德育的目的错误地限定在完成事务性任务上，而未能充分认识到其真正的内涵与目标——培养具有生命性的"人"。这种理念导致在教育实践中，师生的生命存在及其价值被忽视，尤其是学生的生命体验与成长需求未能得到充分关注与尊重，因而不能很好地调动学生的主观能动性。二是德育目的过于单一，未能充分满足学生多样化的选择需求，缺乏更多学生展示特长的平台，从而未有效助力学生的全面发展，忽视了学生作为生命的生长性。三是德育过程封闭、方法不多，个别教师在进行德育的时候，不是刻板说教就是批评训斥，缺乏生成性的德育方法、手段和能力。四是德育内容仅局限于书本知识，未能与时俱进并贴近生活实际，显得枯燥乏味，难以引发学生的兴趣和共鸣。因此，德育工作达不到理想的效果，部分学生在思想、政治、道德等方面的教育存在缺失，自然就会助推"四无"现象的产生和发展。因此，就生命性、生长性、生成性、生活性的中学德育"四生模式"进行研究，对加强和改进实际工作、应对"四无"现实挑战十分必要。

(二) 研究意义

1. 理论意义

当前我国社会主义市场经济体制和政治体制改革逐步走进深水区，深层次改革实践需要理论的指导，中学德育"四生模式"实践的改革同样需要相应的德育理论作指导。中学德育"四生模式"的实施理念、评价标准和方式等都要体现新时代的特点和中学生德育发展的需求。由于德育具有复杂性和内隐性，过去对基于生命性、生长性、生成性、生活性的德育"四生模式"研究较少，近年来虽然有一些著作及论文对生命教育、生长教育、生成教育、生活教育或其他"四生"教育有所涉及，但多是借鉴国外或者心理学科的研究，并且还处于"粗线条"的研究状态，缺乏系统性研究。本书旨在针对具有生命性、生长性、生成性、生活性的中学德育进行研究，并将四者与中学德育相结合，形成关于中学德育"四生模式"的系统性、整体性研究。

要提高中学德育"四生模式"的实效，首先要了解当前阶段中学德育实践的现状，把握中学德育实践的规律，只有这样才能在中学德育实践过程中做到有的放矢、对症下药。本书力图从理论上界定中学德育"四生模式"的内涵，探讨中学德育"四生模式"要不要实施(必要性)、能不能实施(可行性)、如何实施(目标、原则、内容、策略)等问题，通过综合运用理论分析和实证研究方法，多角度、全方位地了解中学德育实践的状况，揭示中学德育实践的发展规律，挖掘影响中学德育实践的各种因素，找到解决问题的对策，构建起时间全程(起始年级、中间年级、毕业年级等)、空间全位(学校、家庭、社会等)、内容全面(政治教育、思想教育、道德教育等)、方法全样(评价形式、体悟形式、说教形式等)的中学德育"四生模式"体制机制，进而为中学德育"四生模式"实践提供理论指导和实践借鉴。这本身就是对"四生"教育理论的丰富和发展，也是回应立德树人根本任务的理论创新。

2. 实践意义

学生作业负担和校外培训负担的加重，除了当前学校教育不能很好地满足家长和学生对美好教育的需要外，还有一个重要的原因，即很大一部分家长、教师乃至学生本人的教育观念发生了"扭曲"，单纯地把考试分数看作教育的一切，一味增加重复性、机械性的作业和课外培训，过多地消耗学生、教师、家长乃至学校的时间和精力，从而导致德育等方面教育的缺位或缺失。本书立足中学德育的实际，从"四生"的角度审视当前中学德育存在的问题，为中学德育的管理者和一线教育工作者提供指导实践的参考，协助中学德育管理者深入剖析学校内部存在的各项问题及面临的各类挑战，以便更有效地引导中学德育工作的落实与执行；同时，为一线德育工作者提供反思教育实践的科学方法与可行路径，进而推动其更积极地投入教书育人的崇高事业。其实践意义主要体现在以下三个维度：

第一，有助于推动中学德育工作者德育理念的转变。长期以来，德育观念落后、德育方法单一是中学德育工作者始终存在的问题。德育实践活动单一，主要表现为每周仅安排一次班会课，且授课流于形式，准备不够充分，内容没有直抵学生心灵。因此，更新中学德育工作者的教学观念，转变他们育人的方式方法十分必要。对中学德育"四生模式"实践的调查研究和案例推介、理念普及，有助于推动中学德育工作者德育理念的转变。

第二，有利于促进受教育者的全面发展。传统的德育模式侧重于道德知识的单向灌输，使得受教育者在德育过程中沦为被动接受的角色，其主体地位被削弱。德育工作者在这一过程中未充分尊重受教育者的主观能动性，导致受教育者对德育内容兴趣不足，德育效果亦不尽如人意。为全面促进受教育者的成长与发展，我们应从知识、情感、意志与行为等多个维度来开展德育，通过构建富有生活气息、生动有趣的德育环境，强调德育内容的生活化，以更有效地促进受教育者的全面发展。

第三，有利于提高中学德育工作的实效性。近些年来，德育工作者对学校德育管理的重视程度不断提高。但值得注意的是，目前关于中学德育的研究多数还停留在方法论的层面上，而对于中学德育模式在实际构建与运作中遇到的挑战及其解决方案、模式创新等方面，尚未进行深入、全面的探讨和研究。特别是随着教育集团化办学的推进，很多集团化学校或多或少地存在照搬照抄集团母校的德育管理方式方法的问题，因此不可避免地出现了"水土不服"等症状，导致德育工作的实效性并不高。本书对 M 中学的个案研究，有利于启发同行的思维，拓宽视野，进而探索出符合本校实际的德育管理方式方法。

二、文献综述

(一)关于立德树人

本研究依托中国知网数据库，以"立德树人"为核心主题进行了全面而深入的文献检索，截至 2023 年 10 月，共搜集到相关文献 39476 篇。在这些文献中，学术期刊论文占据了相当大的比例，具体数量达到了 21600 篇。同时，本研究还注意到，涉及"立德树人"主题的硕博毕业论文也颇为丰富，累计达到了 1772 篇。其中，博士毕业论文 171 篇，但 95%以上是大学阶段的"立德树人"研究。经过对文献的检索与分析，可以看出，关于"立德树人"这一议题的研究数量颇为可观。然而，在众多的研究中，针对中学阶段"立德树人"实施情况的深入探讨尚显不足。

1.关于立德树人的内涵研究

立德树人的核心理念涵盖"立德"与"树人"两大要素，因此必须明晰"德"

与"人"之间的相互关系。关于"立德"最早的文字记载见于先秦时期,《左传·襄公二十四年》记载:"太上有立德,其次有立功,其次有立言。"而后,春秋时期的《管子》中开始提及"树人"一词:"一年之计,莫如树谷;十年之计,莫如树木;终身之计,莫如树人。""十年树木,百年树人",凸显了人才培养所具备的长远性和重要价值。

《学记》乃我国教育教学领域首部专著,其论述深入且全面。它强调"君子如欲化民成俗,其必由学乎""建国君民,教学为先",教育之根本在于塑造具备爱国情操的公民,借助教育之力引导民众,进而催生优良的社会风尚。3000年前,周朝统治者提出"以德配天"的理论,将君主的德行与天命观结合起来,"皇天无亲,惟德是辅"。春秋战国时期,社会经历了一场深刻变革,传统的礼仪制度逐渐崩溃,士人阶层开始崭露头角。在这个时期,"德"与"人"的关系逐渐从"为政之德"向"修身之德"转变,其约束对象也从统治者扩展至普通民众。诸侯国的统治者们也逐渐认识到,道德教育在政治统治中具有举足轻重的地位。管仲,作为一位杰出的思想家,提出了"礼义廉耻,国之四维;四维不张,国乃灭亡"的道德教育理念。他强调,要维护国家稳定与繁荣,必须坚守这四维道德准则。他还阐述了四维道德的具体内涵:"礼不逾节",意味着人们的行为应受到礼的制约,不得逾越规矩;"义不自进",指的是人们在追求利益时,应遵循道义原则,不得损人利己;"廉不蔽恶",要求人们保持廉洁自律,不掩盖和纵容邪恶行为;"耻不从枉",则是强调人们应具备羞耻心,不做不道德、不正当的事。同时,先秦儒家学者对周公的敬德思想进行了继承与发展,孔子更是将道德教化在政治中的功能提升至"德治"的重要地位。孔子主张以德治国,告诫世人只有正其身才能正天下,"为政以德,譬如北辰,居其所,而众星共(拱)之"(《论语·为政》)。由此可见,"政"与"德"之间的联系密切而重要,历代统治者均将道德教育视为维系社会稳定、治理民众的重要手段。

20世纪初,中国处在一个内忧外患的时期,众多有识之士和爱国志士积极投身于探索国家独立和民族复兴的道路。在这一历史背景下,近代中国社会经历了以"救亡图存的启蒙精神"为核心的"立德树人"教育理念的深刻变革。孙中山先生所领导的资产阶级革命派,以审慎的态度对传统封建道德进行了深入批判,并在此基础上提出了具有前瞻性的新道德教育理念,该理念在当时社会中占据了道德教育的核心地位。孙中山先生特别强调,在道德教育中,爱国主义思想应被置于首要位置,旨在推动国家繁荣、民族复兴以及实现人民的全面福祉。对于传统道德中的忠孝、仁爱、信义、和平等价值观念,孙中山先生进行了富有创新性的转化,赋予了它们革命民主主义的新内涵。但这一主张仍受传统道德束缚,未完全摆脱过去的道德观念的影响。

在新时代的背景下,我国学者进一步厘定了立德树人的内涵。学者们对"立德"的地位达成了共识,如刘娜认为"立德"是树人的根本,李力等指出"德"是检验人才的首要标准。① 戴锐等指出"立德"是"树人"的前提和基础。② 有学者在此基础上提出立德树人的具体内涵,如刘娜等指出将"立德"和"树人"紧密结合以建构全面的目标体系,主要分为三个层次:有德之人、专业之人以及个性之人。③ 李晓华等指出立德树人必须坚持培养建设者和接班人的历史任务,必须坚持以马克思主义为指导的政治方向。④ 李力等十分注重"德"的作用,尤其强调立德树人要综合历史内涵和时代内涵,将个人道德和社会主义核心价值观等社会公德相结合。⑤

2. 关于立德树人的理论研究

立德树人理论与我国古代儒家思想中的道德教育理论一脉相承。在春秋时期,社会礼制逐渐瓦解,道德风尚败坏,孔子针对这一时代困境,提出了"克己复礼"的理念。他主张人们应克制个人私欲,恢复礼制的秩序,并倡导内外兼修,以内在仁德为本、外在礼节为表,来实现社会的和谐与稳定。孔子的这一思想体现了他对社会道德重建的深思熟虑和坚定信念。孟子在孔子的"仁"的学说基础上,进一步阐释了"仁政"的理念,并深化了人人均应具备"德"的观念。孟子强调百姓树立的"德"应包括"仁义礼智"四个方面,这四者构成了善的基石。汉代董仲舒在此基础上,增加了"信"这一要素,形成了"五常",即"仁义礼智信",这反映了当时社会对诚信品质的重视。从汉朝开始,规范百姓道德、优化民风民俗就被视为教化的重要任务,受到了广泛的关注。宋代在承袭前人道德建设智慧的基础上,经过深思熟虑与系统总结,形成了独特的"八德"理念,即"孝悌忠信礼义廉耻"。在这一理念中,前四德直接源自儒家经典

① 李力,金昕. 立德树人的历史进路、时代意涵和实践指向[J]. 中国高等教育,2019(6):37-39.

② 戴锐,曹红玲. "立德树人"的理论内涵与实践方略[J]. 思想教育研究,2017(6):9-13.

③ 刘娜,杨士泰. 立德树人理念的历史渊源与内涵[J]. 教育评论,2014(5):141-143.

④ 李晓华,袁晓萍. 高校立德树人的时代内涵和实践路径[J]. 高等教育研究,2018,39(3):70-73.

⑤ 李力,金昕. 立德树人的历史进路、时代意涵和实践指向[J]. 中国高等教育,2019(6):37-39.

《论语》的伦理教诲,后四德则借鉴了管仲所倡导的"四维"道德准则。这一理念不仅为宋代社会道德建设提供了重要指导,而且影响深远,延续至今,成了中华民族传统道德观念的重要组成部分。

自中华人民共和国成立以来,毛泽东思想一直是立德树人研究的重要基础,随后兴起的"又红又专"思潮,则为该理论提供了宝贵的历史经验。改革开放后,邓小平同志指出"搞社会主义精神文明,主要是使我们的各族人民都成为有理想、讲道德、有文化、守纪律的人民"。"四有"新人是道德教育目标和内容在个体身上的集中呈现。1989年,江泽民在庆祝中华人民共和国成立40周年讲话中,指出"各级各类学校不仅要建立完备的文化知识传授体系,而且要把德育放在首位,确立正确的政治方向。"2006年,胡锦涛同志提出了"将立德树人确立为我国教育的核心使命"的观点;2007年,进一步明确了"育人为本、德育为先"的教育指导原则;2012年,在党的第十八次全国代表大会上,着重强调了"立德树人"这一教育的根本任务。

习近平总书记始终将立德树人视为教育的根本任务。在党的十九大报告中,他再次强调全面贯彻党的教育方针,落实立德树人根本任务,推进素质教育,实现教育公平,以培养全面发展的社会主义建设者和接班人为目标。习近平总书记深入剖析并创新阐释了"立德树人"理念,明确了新时代下立德与树人的核心问题,强调要立大德、公德、私德,并提出"明大德、守公德、严私德"的要求。为了落实立德树人根本任务,习近平总书记提出了六个方面的具体要求,即"六个下功夫"。他明确指出,在培养人才的过程中,我们必须重视坚定理想信念、厚植爱国主义情怀、加强品德修养、增长知识见识、培养奋斗精神以及增强综合素质。这些方面都是人才培养不可或缺的重要环节,需要我们持续投入努力和资源,确保每一位人才都能够全面发展,为社会作出更大的贡献。这"六个下功夫"为新时代学生基本素质和精神品质的培养指明了方向。这些论述不仅揭示了新时代人才培养的核心要求,也为学校的教育实践提供了坚实的理论支撑和明确的实践方向。

3. 关于立德树人的实施路径研究

骆郁廷等提出,立德树人在学校的落实需要课程、实践以及文化育人形成合力,发挥整体效应。① 叶燊对大中小学德育实效性进行了审慎的评估,强调

---

① 骆郁廷,郭莉. "立德树人"的实现路径及有效机制[J]. 思想教育研究,2013(7):45-49.

必须将理想信念教育全面融入各学段学生的学习与生活中，持续且深入地推进。同时，他提出应大力开展社会实践教育，以增强学生的实际操作能力和社会责任感。此外，叶燊还建议加强网络思想政治教育，以适应信息化时代的发展趋势，并深化对中国梦的学习教育，以培养学生的国家意识和民族情怀。① 徐蕾以立德树人的核心理念为指导，站在国家发展的高度，深刻剖析了当前社会中存在的道德失范现象。她指出，这些现象的背后，既有心理层面的根源，也有文化和制度层面的复杂因素。在此背景下，她强调立德树人的核心在于将社会主义核心价值观作为根本的价值导向，确保个体在道德认知、情感认同、意念坚守和行为实践上达到高度统一，以此促进全社会的道德自觉与自我完善。②李梅认为在中小学落实立德树人根本任务，需要凝聚课程、教学、文化建设等方面的育人合力，立足学生发展的全阶段，进行全方位的育人。课程育人就是建立具有特色、科学化、系统化的学校课程体系；教学育人就是通过挖掘现有的德育内容以及补充未有的德育内容两条路径进行落实；文化育人是指通过学校精神文化、制度文化、行为文化，对学生产生深远且不易察觉的影响；合力育人，即构建一个由学校、家庭、社会等多方共同参与、协调一致的全面育人环境。③

(二)关于中学德育

本研究利用中国知网数据库，以"中学德育"为关键词进行检索，截至2023 年 10 月，共搜集到相关文献 5633 篇。其中，学术期刊论文数量为1884 篇，硕博毕业论文共 620 篇。在这些硕博毕业论文中，博士毕业论文仅有3 篇。通过文献的检索结果不难发现：当前阶段关于"中学德育"的研究不在少数，但比较深入、全面、成体系的研究匮乏。

1. 清末至中华人民共和国成立前中学德育的研究

1902 年，清政府正式颁布了《钦定学堂章程》，规定在中学教育阶段引入"修身"这一学科，后又于 1903 年对该章程进行了细致的修订，明确将"修身"科目列为所有学生的必修内容。1912 年，中华民国政府成立后，颁布了《普通

① 叶燊. 立德树人根本任务的实现路径[J]. 中共福建省委党校学报, 2015(5)：40-43.
② 徐蕾. 培养道德自觉：立德树人的现实路径[J]. 当代教育科学, 2016(15)：56-59, 64.
③ 李梅. 立德树人的价值意蕴及其实践路径[J]. 教学与管理, 2019(6)：12-15.

教育暂行办法》，其中明确规定废除小学阶段的"读经科"。同年 12 月，其又颁布了《中学校令施行规则》，在这份文件中新增设了"修身"等科。其中，"修身"科的教学重点涵盖道德基础理念与对国家、社会和家庭的责任感，以及伦理学的基础知识，尤其注重培养学生对本国道德特色的理解和尊重。随着教育的深入发展，1923 年，新学制课程标准起草委员会制定并颁布了《新学制课程标准纲要》。根据这份纲要，初中阶段的课程体系新增了"公民"科目，而高中阶段则新增了"人生哲学"和"社会问题"这两门课程。

在土地革命时期，为了培养革命事业的后继人才，中国共产党在部分中学设置思想政治课程。例如，1929 年，在广西革命根据地创办了广西劳动第一中学，并开设了"革命理论"课程，旨在向学生传授革命的理念和思想；1933 年在川陕革命根据地创建工农中学，也开设了"革命三字经"及"红色战士丛书"等相关课程，以增强学生的革命意识。这些举措体现了中国共产党对培养革命事业后继者的重视和决心。在抗日战争时期，中国共产党决定正式将德育课程纳入中学教育体系。例如，《晋察冀边区中学暂行办法》和《陕甘宁边区暂行中学规程草案》明确规定，中学阶段必须开设"政治常识"和"时事政策"等课程，以培养学生的政治素养和时事洞察力。同时，初中阶段还需特别设置"公民知识"课程，以培养学生的公民意识和基本素养。对于高中阶段，则进一步开设了"社会科学概论"和"哲学"等课程，以深化学生对社会科学和哲学的理解，培养其独立思考和理性分析的能力。在解放战争期间，各解放区人民政府及其教育行政部门紧密围绕党的教育方针，积极采取行动，推动其下辖的学校有效实施了思想政治教育。这些课程为中华人民共和国成立后中学德育课程及其实践的发展奠定了坚实的基础，并提供了宝贵的经验和借鉴。

2. 中华人民共和国成立后至 20 世纪末中学德育的研究

新中国成立以后，中学德育工作根据其发展特点，大概可以划分为以下六个阶段。①

一是中学德育工作初创时期。中华人民共和国成立初期，教育部对旧有的"公民""党义"等课程进行了改革，废除了这些课程，并在全国范围内开展了党的政策和形势教育，以适应新的社会形势。1956 年后，因过度借鉴苏联经验，我国中学德育课程被调整，原独立设置的"政治课"被取消，德育内容被分散到

① 任园，陈宁. 改革开放 40 年中学德育课程回顾与展望[J]. 思想政治课教学，2018(12)：4-8.

其他学科(如历史、语文)和课外活动中。1959 年教育部发布《中等学校政治课教学大纲》，明确中学需设置"道德品质教育""社会发展简史""政治常识""辩证唯物主义常识"等课程。

二是中学德育工作加强和发展时期。这一时期主要是 20 世纪 60 年代初期。在中学德育课程建设上，教育部于 1964 年编订了全国统一的中学政治课教材。此举为我国中学德育课程建设的深入发展注入了强大动力，并为提升教育质量奠定了坚实基础。

三是中学德育工作低潮期。在"文化大革命"时期，各年级没有固定的课程和教材，教学内容以毛主席语录、马列著作选编、报刊文件为主。

四是中学德育工作初步重建探索期。这一时期主要是 1978 至 1986 年。1978 年，教育部正式颁布了《全日制十年制中小学教学计划试行草案》，规定初一阶段的学生需接受"社会发展简史"课程的学习，初二和初三的学生则需进一步学习"科学社会主义常识"。对于高中阶段的学生，高一需学习"政治经济学常识"，高二则需深入学习"辩证唯物主义常识"。

五是中学德育工作逐步规范化发展时期。在 1987 年至 1997 年的这段时间里，中共中央出台了多项文件，其主要目的是加强和改善我国中小学阶段的德育工作。1988 年，我国对中小学德育工作的指导思想、主要任务以及功能进行了明确的界定，并正式颁布了《中学德育大纲》。1994 年，中共中央颁布了两个重要的文件：《关于进一步加强和改进学校德育工作的若干意见》《爱国主义教育实施纲要》。这些文件中明确提出了一个全面的计划，旨在对学校的德育工作进行进一步的加强和改进，构建一个完善的学校德育体系。1996 年和1997 年，国家教委也相继发布了《全日制普通高级中学思想政治课课程标准(试行)》《九年义务教育小学思想品德课和初中思想政治课课程标准(试行)》两个教育指导文件。这些文件详细规定了小学、初中和高中阶段德育工作的具体内容和要求，为学校德育工作的实施提供了明确的方向和依据。[①]

六是中学德育工作专业化发展时期。1998 年，教育部正式发布了《中小学德育工作规程》，以规范化、系统化地指导中小学德育工作的实施。为持续优化和提升中小学德育工作的品质与成效，2000 年，中共中央办公厅、国务院办公厅发出了《关于适应新形势进一步加强和改进中小学德育工作的意见》，旨在

---

① 胡田庚. 中学德育课程与教学论[M]. 武汉：华中师范大学出版社，2010.

适应社会发展新形势,对中小学德育工作进行进一步的强化与改进。进入21世纪的第一年,我国启动了第八次基础教育新课程改革,对初中阶段的思想政治课进行了实质性的改革与调整,将其更名为"思想品德"课,同时,对高中阶段的思想政治课程也进行了相应的优化,新增了"文化生活"必修模块以及六个选修模块,旨在更全面地培养学生的思想政治素养和综合能力。

3. 21世纪以来中学德育的研究

21世纪以来,我国学者基于中学德育工作的不同理论和视角提出了诸多设想,并进行了实践。本研究对德育工作的七个核心方面,即德育计划、德育方法、德育组织、德育文化、德育活动、德育课程以及德育评价进行了系统性的梳理(表1-1)。

表1-1　德育工作的七个核心方面

分类	研究者	主要观点
德育计划	胡厚福①	德育计划是一份正式文件,旨在详细阐述教育者如何贯彻落实党的教育方针,以及为实现德育目标所采取的一系列工作步骤、具体措施和方法
	姚晓峰②	德育计划旨在保障德育及其管理工作的规范运作,为德育管理者、教育工作者及受教育者提供清晰明确的指导与支撑,从而推动各项工作的有序开展
德育方法	杨希③	重视对学生进行隐性的道德教育。教师与学生需自觉加强自我教育,以唤醒和增强自身在德育构建方面的能力。同时,亦需重视德育实践的重要性,积极引导学生通过实践活动来促进其德行的自我构建
	任静④	道德教育方法可划分为两大类:显性德育方法和隐性德育方法。这两种方法各有利弊,各有其适用范围和限制

① 胡厚福. 德育原理[M]. 沈阳:辽宁大学出版社,2008.
② 姚晓峰. 学校管理理论与务实[M]. 兰州:甘肃人民出版社,2011.
③ 杨希. 改进德育方法,进一步加强大学生党员德育教育[J]. 人口与经济,2012(S1):176-177.
④ 任静. 浅谈对高校德育方法中显性与隐性教育整合的思考[J]. 高教探索,2016(S1):152-153.

续表1-1

分类	研究者	主要观点
德育组织	方展画、张凤娟①	"德育导师制"乃学校班主任工作不可或缺且极具实效的补充。此制度将学校班级德育的多元目标与任务逐一落实到担任导师的各位科任教师身上,确保他们在传授知识的同时,亦能肩负起培育人才的重任
德育文化	宗爱东②	为了推动德育文化的深入发展,必须在三个层面进行创新机制的构建。一是实践导向机制,精心设计各类实践活动并引导青少年积极参与。二是必须构建尊重个体需求的机制,并培养青少年独立思考的能力。三是还需构建文化继承与创新机制,既要深入挖掘古今中外德育文化的精髓,又要积极拓展德育文化资源的获取渠道
德育活动	郑伯坤③	德育活动的目的在于引导受教育者将所学的学科理论应用于实践,培养其解决实际问题的能力,从而增强其综合素质
德育活动	李乃涛④	在德育活动的评价方面,应建立以过程性评价体系为主导的机制,确保评价工作始终以学生为中心,促进学生的全面发展
德育课程	王林义、龙宝兴⑤	德育课程是指在特定道德场景中的生活事件、德育活动、道德规范等因素相互联结、相互影响、彼此沟通而呈现出来的道德生活事件的连续体
德育评价	张忠华、张典兵⑥	我国德育评价的方法体系包括整体印象评判法、操行评语鉴定法、操行加减评分法、积分测评法、加权综合测评法、模糊综合评判法、评分评语测评法、考试考核测评法、写实测评法和工作实践考查法。这些方法各有特点,互为补充,共同构成了我国德育评价方法体系的完整框架

① 方展画,张凤娟. 新型德育模式探索:浙江省长兴中学德育导师制调研报告[J]. 教育发展研究,2004(11):46-50.
② 宗爱东. 论全球化时代德育文化创新的主要机制[J]. 思想理论教育,2015(7):107-111.
③ 郑伯坤. 京郊农民远程教育研究[M]. 北京:中国农业大学出版社,2009.
④ 李乃涛. 论中小学德育活动"娱乐化"的原因与对策[J]. 课程.教材.教法,2014,34(6):45-48.
⑤ 王林义,龙宝兴. 重新认识德育课程[J]. 课程.教材.教法,2005(9):62-65.
⑥ 张忠华,张典兵. 对德育评价研究的回顾与反思[J]. 高教发展与评估,2011,27(1):89-97+124+120-121.

(三)关于"四生模式"

1.关于生命教育的研究

就生命教育而言,自20世纪下半叶以来,全球范围内已有部分国家开始着重提倡与实践以敬畏生命为核心的道德教育理念。值得一提的是,1968年,美国杰·唐纳·华特士提出生命教育理念并付诸实践。1979年,澳大利亚成立"生命教育中心",正式提出"生命教育"概念。

近年来,我国学术界亦不乏对生命教育的独到见解,部分学者从不同角度对生命教育进行了深入且理性的探讨。本研究在中国知网数据库中,针对"生命教育"这一关键词进行了全面且系统的检索工作,截至2023年10月,共计检索到23416篇相关文章。其中,硕士与博士研究生毕业论文数量达到2310篇。经过对检索到的文献进行详尽研读、缜密分析以及系统归纳,笔者发现对于生命教育的研究主要集中于以下几个方面。

一是关于生命与教育的研究。自20世纪90年代起,生命教育在我国逐渐受到广泛关注,并吸引了大量学者进行深入研究。这些学者利用生命与教育间的紧密关系,从多个角度和领域深入探讨了生命教育的理论和实践。叶澜教授创立了"生命·实践教育"理论,并提出了"生命·实践"学派的全面教育观。[①] 黄克剑教授等提出了"生命化教育"理论,认为教育的终极目标应是致力于实现人的生命本真的回归。[②] 冯建军教授也持"生命化教育"论,并通过深入剖析生命与教育之间的辩证关系,对教育的本质进行了深入探讨,详细阐述了生命化教育的核心内涵、特性及其指导理念。[③] 生命与教育间的紧密联系引发了学者们的深入研究。刘济良教授的《生命教育论》和《生命的沉思:生命教育理念解读》,以及刘慧的《生命道德教育》等是该领域的重要研究成果。

二是关于生命教育的内涵研究。何源等在《大学生生命教育及实施途径》中指出,生命教育的核心是推动全人教育进步。陈斯拉进一步阐释了生命教育的内涵,强调应以个体生命为基础,通过教育手段,全方位、科学化和人性化地培养生命意识。

---

① 叶澜. 回归突破:"生命·实践"教育学论纲[M]. 上海:华东师范大学出版社,2015.

② 黄克剑,张文质. 教育的价值向度与终极使命[J]. 教育评论,1993(4):3-7.

③ 冯建军. 生命与教育[M]. 北京:教育科学出版社,2004:112.

三是关于生命教育的内容研究。在《论大学生生命教育》中，任丽平指出生命教育内容包括四个方面：自我认知、人际交往、环境适应和世界观念。① 王晓虹将生命教育内容划分为四大类：生命意识教育、忧患意识教育、和谐意识教育和奉献意识教育。② 陈文斌等认为生命价值教育、生命历程教育和生命安全教育是生命教育的主要内容。③

四是实施生命教育的具体途径研究。这类研究可大致归纳为两个研究方向：其一，针对不同主体，如学校、家庭、社会和学生，进行深入研究。王晓虹等学者在此方面作出了显著贡献，他们明确指出学校教育在生命教育中占据主导地位，同时家庭教育和社会教育亦不可忽视。其二，从课堂、实践等具体环节出发，进行研究。在此方面，钟恩富的《生命化音乐课程与教学研究》等研究成果颇具代表性。这些研究为我们深入理解和实施生命教育提供了有益的参考。

总体而言，关于生命教育的研究已经比较全面且深入，既有理论研究，也有实践探索。

2. 关于生长教育的研究

笔者利用中国知网数据库，经过对"生长教育"这一主题词的全面文献检索，截至 2023 年 10 月，共搜集到 668 篇相关文章，其中包括 22 篇硕士和博士研究生毕业论文，并且主要集中在以下两个方面。

一是对杜威与陶行知关于生长教育的思想的研究。1916 年，杜威在其著作《民主主义与教育》中，特别设立了一个名为"教育即生长"的章节，用以阐述其对于教育目的的理解。杜威强调，教育的核心且唯一宗旨在于推动个体的全面成长与发展，除此之外，教育不应承载其他额外的目标。④ 我国著名教育家陶行知强调，要关注个体的生长过程，并积极地把教育纳入个体的生长过程之中。不少学者对杜威或陶行知关于生长教育的思想进行了研究，比如：向葵花在其文章《浅析杜威的"教育生长论"及其启示》中明确指出，杜威所提出的"教育生长论"，是其整个教育理论体系的核心支柱。她进一步对该观念的生长含

---

① 任丽平. 论大学生生命教育[J]. 绵阳师范学院学报, 2004(4)：93-96.
② 王晓虹. 生命教育论纲[M]. 北京：知识产权出版社, 2009：108-117.
③ 陈文斌, 刘经纬. 大学生生命教育探析[J]. 中国高等教育, 2006(9)：83-84.
④ 杜威. 民主主义与教育[M]. 王承绪, 译. 北京：人民教育出版社, 2001：97.

义、独特性质及必要条件进行了全面且深入的分析。① 此外，杜文丽所著的《民主与教育：杜威教育哲学初论》以及阳红所撰写的《陶行知教育思想之启示》等文章，均对杜威和陶行知的生长教育思想进行了深入的分析与系统的论述。这些文章不仅全面梳理了两位教育家的核心理念，还提出了若干具有创新性的见解，对于进一步理解和研究他们的教育思想具有重要的参考价值。

二是关于生长教育的具体实践研究。张传燧认为，促进人的生长，亦即学生的生命的生长，是教育的根本目的。教学目的的生长性，包括知识的增长、能力的提升和个性的养成。② 孟晓东在其《课堂应具有生长性》中对儿童这一课堂的主体进行了深入探究，并从儿童的角度出发，提出了课堂的生长性特征。他们认为，将课堂定义为"生长"，不仅是因为人类具有与生物相似的生长特性，更是因为这种定义体现了教育观念的转变，即从传统的"教师中心"转变为以"儿童立场"为核心。这种转变不仅重新定义了课堂的角色，而且赋予了儿童在成长过程中建构生命意义的重要任务。为了实现这些目标，生长教育采取了一系列实践方式，包括实施生长课程模块模式、采用生长式评价方式以及保护生长环境等。这些实践方式旨在提供一个有利于儿童生长和发展的教育环境，以帮助他们实现潜能的最大化和个人价值的提升。③

综上可知，关于生长教育的研究尚处于初级阶段，相关理念尚未形成完整的体系，缺乏系统性。同时，对于生长理念的探讨尚未全面拓展至生长教育层面。因此，生长教育的理论体系尚未完善。在实践应用中，如何切实开展生长教育尚存诸多困惑，亟待进一步深入研究和实践探讨。

3. 关于生成教育的研究

1974年，美国心理学家维特罗克在《作为生成过程的学习》一文中提出了"生成学习"的概念。他指出，学习并非被动接受的过程，而是主动建构的过程。陈旭远教授等认为这一过程强调学生的主动性和参与性，以及教师与学生的互动和合作。通过生成性教学，学生不仅能够获得知识，还能够发展自己的思维能力和创新精神。④

---

① 向葵花. 浅析杜威的"教育生长论"及其启示[J]. 湖北省社会主义学院学报, 2004(3)：64-65+72.

② 张传燧. "四生性"：我的课堂教学观[J]. 湖南师范大学教育科学学报, 2019, 18(1)：108-113.

③ 刘芳. 生长教育：我校的办学理念[J]. 中小学管理, 2010(6)：53-55.

④ 陈旭远, 杨宏丽. 论交柱教学[J]. 教育研究, 2006(9)：37-42.

笔者在中国知网数据库针对"生成教育"这一关键词进行检索，截至2023年10月，共获得了1352篇文章，其中包含121篇硕博毕业论文。笔者对搜集到的相关文献进行了系统性分类和整理，经过深入研究，发现这些文献主要集中于对生成教育思想内涵的精确解析与深入探讨，以及如何将生成教育思想与具体学科相结合。

关于生成教育的内涵，张广君等人认为"生成教育所提倡的基本的价值取向是追求个性与社会性的统一，其主要是通过具体的实践、交往、体验与理解的机制，达到让学生充满生命活力、领悟生活意义、体现文化生成的教育目的"①。在《教育即生成——雅斯贝尔斯〈什么是教育〉的启示》这篇文章中，叶龙花提出了一个深刻的教育理念，那就是生成实际上是一个习惯不断形成和超越的过程。叶龙花进一步阐释，这种生成理论在课堂上的具体体现，就是教学过程和教学内容的双重生成。也就是说，教育不仅仅是知识的传授，更是通过不断的实践和思考，形成新的习惯，超越过去的自己。② 此外，一线教师的课堂实录反思也涉及生成教育，如刘秀玲的《一个单纯的偶然发现，一次成功的生成教育——记科学活动〈有趣的蚂蚁〉》和孙珍群的《捕捉灵动的生成 促进精彩的课堂——小学英语教学中的生成教育》等。

综上，生成教育正受到研究者的青睐，其研究范围和领域也不断扩大。然而，目前关于生成教育的理念仍较为零散，缺乏系统性。

4. 关于生活教育的研究

在18世纪的欧洲，卢梭积极倡导"自然生活"与"自然教育"的理念，并坚信每个人的心灵都独具特色，应顺应其自然发展。19世纪，瑞士教育家裴斯泰洛齐提出了"生活是伟大的教育家"这一观点。而到了20世纪，杜威进一步指出，个体在社会生活中的交往经验是品德养成和知识技能习得的关键，并认为生活经验是个人成长的重要驱动力。基于此，杜威提出了"教育即生活"的命题，强调教育应紧密围绕生活展开。

笔者在中国知网数据库以"生活教育"为主题词进行检索，截至2023年10月，共获得23304篇相关文章，其中包含硕博毕业论文1135篇。由此可见，生活教育作为学术研究的重要议题，已经吸引了大量学者的关注和研究。此

---

① 张广君,孙琳,许萍. 论生成教育[J]. 中国教育学刊, 2008(2)：6-9.
② 叶龙花. 教育即生成：雅斯贝尔斯《什么是教育》的启示[J]. 中国电力教育, 2008(5)：7-8.

外，相关文章数量逐年递增的趋势也反映了该领域研究的不断深入和拓展。笔者对搜集的文献进行系统性的分类与整理，发现研究重点主要是以下几个维度。

一是生活与教育的关系。裴斯泰洛齐在其《天鹅之歌》中，提出"生活具有教育的作用"的观点。他强调引导学生适应并融入生活才是教育的核心目标。① 德国著名哲学家胡塞尔强调，教育应致力于回归实际生活。他主张教育应当与生活实践相融合，以此提升个体的理解和应用能力。

二是生活教育的内涵。在对生活教育内涵的探讨方面，杜威与陶行知两位教育家的观点尤为引人注目。杜威坚信"教育即生活，教育过程与生活过程紧密相连，不可分割"。而陶行知则认为"生活教育旨在通过生活实践来教育个体，以满足生活向前向上的需求"。在杜威与陶行知的理论基础上，后来的学者们纷纷结合自身实践，对生活教育的内涵提出了不同的解读。王阳在其《大学生低碳生活教育的现状与对策研究》一文中，严谨地阐述了生活教育所应涵盖的各个方面。他指出，生活教育不仅应传播积极的生活理念，普及必要的生活知识，更应着重培养大学生的良好生活行为，并努力塑造其健康的生活价值观。

三是将生活教育融入具体学科教学。韦丽凤在所著的《在高中美术教育中融入生活教育》一文中，提出了一个核心观点：在高中美术的课堂教学过程中，实施生活教育是至关重要的。韦丽凤主张通过紧密结合生活教育与美术课堂教学，将抽象的美术内容通过生动展示生活中的实物来具象化，从而强化美术与生活的内在联系。② 郑美春在所著的《生活教育对生物教学的启示》一文中，深入结合生物教学实际，探讨了如何在教学中紧密联系生活实际。她在文章中还有针对性地提出了一系列富有创意和实用性的教学策略，为生物教学的实践提供了宝贵参考。③

综合上述分析可知，人们对于生活教育的研究起步较早，对生活教育的理解也相对深入。然而，我们亦应看到，目前对生活教育的研究主要集中于理论

---

① 裴斯泰洛齐. 天鹅之歌[M]. 北京：人民教育出版社，1990：46-47.
② 韦丽凤. 在高中美术教育中融入生活教育[J]. 美术教育研究，2015(4)：106.
③ 郑美春. 生活教育对生物教学的启示[C]//福建省陶行知研究会. 福建省行知实验校校长论坛论文集. 泉州台商投资区惠南中学，2012：175-176.

层面的阐述，而在实践层面的探索相对较少。

5. 关于"四生"的研究

笔者在中国知网数据库以"四生"为关键词进行精确检索，截至 2023 年 10 月，共获得了 881 篇相关文章。在这些文章中，硕士与博士研究生所撰写的毕业论文有 12 篇。这些检索结果为我们提供了关于"四生"主题的丰富学术资料。但其中很大一部分属于宗教、医学等研究范畴，真正与本研究相关的著述并不多。经过整理，已有的相关研究主要集中在以下两个方面。

一是从学校教育的宏观层面谈"四生"教育。如刘丽的《当代大学生的"四生"教育研究》。但她所说的"四生"指的是生命、生存、生活、生态，且其研究学段为大学阶段，与中学的实践基础、教育对象有很大的不同。当然，也有针对中学阶段的"四生"教育，如常宝亭在《打造"四生"教育，践行生态文明——济南高新区第一实验学校生态文明教育纪实》中，介绍了济南高新区第一实验学校的"四生"教育实践。但其中的"四生"是指以生态教育为基础，渗透着生命教育、生长教育、生机教育的四位一体的"四生"教育新理念。[①] 刘学芳在《兰州七中以"四生教育"奠基学生阳光成长之路》一文中，又将"四生"教育定义为生理教育、生存教育、生活教育、生命教育。[②] 这与我们提倡的"四生"，即生命、生长、生成、生活，还是有所不同。

二是从课堂教学的微观层面谈"四生"课堂。笔者在中国知网数据库检索"四生"课堂关键词，截止至 2023 年 12 月，得到了 24 条结果，其中包括 5 篇硕博毕业论文。

有人将"四生"定义为生活化教学、生态化状态、生成性创造、生长性体验；[③]也有人将"四生课堂"看成"生本课堂""生态课堂""生成课堂""生创课堂"。[④] 值得注意的是，湖南师范大学张传燧教授首创的"四生课堂"理论，将"四生"定义为生命、生长、生成、生活。王煌和庄华英在其指导下完成了硕士毕业论文。王煌的论文《中学课堂现状的"四生"教育观透视》和庄华英的论文

① 常宝亭. 打造"四生"教育，践行生态文明：济南高新区第一实验学校生态文明教育纪实[J]. 环境教育，2021(6)：78.
② 刘学芳. 兰州七中以"四生教育"奠基学生阳光成长之路[J]. 发展，2017(6)：95-96.
③ 金波. "绿色智慧"课程理念下"四生"美术课堂的教学实践初探[J]. 美术教育研究，2019(14)：156-157.
④ 周汉锋. "四生课堂"理念下就业导向的护理课堂教学评价[J]. 职业教育研究，2013(8)：153-156.

《小学数学"四生课堂"的实践研究》的研究方向虽与本研究有所不同，但提供了有价值的参考。

（四）关于现有研究的分析评价

综上所述，我们不难发现，近年来，对立德树人、中学德育的研究和对生命性、生长性、生成性、生活性及"四生"的研究都在逐年增加。这些已有的研究成果为笔者深入研究立德树人视域下中学德育"四生模式"提供了强大的理论支撑和实践指导，具有重要的参考和借鉴价值。但中学德育"四生模式"的相关研究较少，学术界把研究重点放在德育理论、德育方法、德育管理上，缺乏实践性和创新性研究。此外，根据相关文献的整理分析，目前对于高校德育的研究相对较多，而针对中学德育的研究则相对较少。这种状况导致中学阶段的德育工作在理论支持和实践经验指导方面存在不足。

需要指出的是，关于生命性、生长性、生成性、生活性与中学德育的关系，相关研究尚显不足，相关的教育教学研究也缺乏系统性。本书试图用"四生"教育理念来研究中学德育，旨在实现四个方面的统一，为中学德育提供新的思路和方法。首先，生命性是中学德育的基石。教育应该尊重每一个学生的生命，关注他们的成长和发展。在德育过程中，我们要引导学生认识生命的价值，尊重生命的多样性，培养他们的生命意识和生命责任感。其次，生长性是中学德育的目标。德育不仅仅是传授知识，更重要的是培养学生的道德品质，帮助他们成长为有道德、有责任感的人。因此，中学德育应该注重学生的生长性，关注他们的道德发展，提供适当的引导和支持。再次，生成性是中学德育的重要特征。教育是一个动态的过程，学生在与环境的互动中不断生成新的认知、情感和价值观。中学德育应该关注这种生成性，鼓励学生主动参与、主动体验，通过实践活动来培养他们的道德品质。最后，生活性是中学德育的源泉。德育与生活紧密相连，生活中的点滴细节都是德育的素材。中学德育应该融入学生的生活，关注他们的日常行为，引导他们养成良好的生活习惯和行为规范。

综上所述，用"四生"教育理念来研究中学德育，是一种创新性的尝试，有助于实现生命性、生长性、生成性、生活性的统一，而这也是本研究的创新所在。

三、研究内容与概念界定

(一)研究内容

1.回答时代之问:立德树人视域下中学德育"四生模式"研究的必要性有哪些?

随着时代的发展,中学德育面临着许多挑战和机遇。

首先,中学德育面临着数字化、网络化的挑战。随着互联网普及程度的日益提升,信息传播的速度正在不断加快,范围也越来越广。但是,网络信息的良莠不齐给中学生的价值观和道德观念带来了冲击。一些不良信息、虚假新闻甚至有害内容通过网络传播,给中学生的身心健康带来了负面影响。因此,如何引导中学生正确使用网络,提高他们的信息素养和辨别能力,是中学德育面临的重要挑战之一。其次,中学德育还面临着社会多元化、价值观念多样化的挑战。随着社会的不断发展,人们的价值观念日益多样化。但是,这种多样化给中学生带来了困惑和矛盾。某些不良的价值观念,诸如拜金主义与享乐主义等,对中学生的健康成长产生了负面影响。因此,如何引导中学生树立正确的价值观,是中学德育面临的又一重要挑战。

当然,中学德育也面临着许多机遇。首先,随着我国对德育的日益重视,中学德育工作的地位也在逐步提升。例如,各级政府和教育部门相继发布了一系列相关政策文件,加强对德育工作的指导和管理,为中学德育的开展提供了有力的政策支持。其次,随着教育信息化、现代化的不断推进,中学德育的手段和方式也在不断创新。现代信息技术的发展为德育工作提供了更多的手段和工具,如网络教育、在线课程等。这些新型教育方式能够更好地契合中学生的特点和需求,增强德育工作的目标导向和实际效果。最后,社会各界对德育工作的关注和支持也在不断增加。越来越多的企业、社会组织和个人参与到德育工作中来,共同营造良好的德育氛围。这种社会合力的形成有助于提高德育工作的整体水平和社会影响力。

如何迎接上述挑战和抓住上述机遇,构成了立德树人视域下中学德育"四生模式"理论与实践研究的必要性。

2. 回响理论之思：立德树人视域下中学德育"四生模式"应该如何建构？

中学德育"四生模式"作为一种新提出的德育理念，强调将德育融入学生的日常生活、学习和成长过程中。为了实现这一目标，我们要从目标机制、内容机制和评价机制三个方面来构建中学德育"四生模式"。首先，目标机制的构建应注重三个方面：一是明确德育目标，使德育目标具有时代性、针对性和可操作性，旨在培养学生的道德品质、公民素养、人文素养和综合素质。二是层次化设计，根据学生的年龄特点、认知水平和兴趣爱好，分阶段、分层次地设定德育目标，确保目标的可实现性和有效性。三是全过程育人，将德育贯穿于教育教学的全过程，实现课内课外、校内校外、线上线下相结合，形成全方位、全过程的德育格局。其次，内容机制的构建应包括三个方面：一是融入课程体系，将德育内容融入国家课程、地方课程和校本课程，确保德育在课程设置、教学内容和教学方法等方面得以体现。二是丰富课程资源，开发多样化的德育课程资源，包括德育读本、实践活动、道德与法治教育、心理健康教育等，满足学生不同阶段和不同领域的需求。三是强化实践育人，注重学生实践能力的培养，组织开展志愿服务、社会实践、劳动教育等，使学生在实践中感受道德价值，提升自身素质。最后，评价机制的构建应关注三个方面：一是多元化评价，充分考虑学生的道德品质、公民素养、人文素养和综合素质等方面，采用过程性评价与结果性评价相结合的方式，全面评价学生的德育表现。二是主体性评价，注重学生自我评价、同伴评价和教师评价相结合，提高评价的客观性、公正性和有效性。三是创新评价方法，运用现代信息技术手段，如大数据、人工智能等，实现德育评价的精准化、智能化。

3. 回应现实之需：立德树人视域下中学德育"四生模式"实施的保障措施有哪些？

自党的十八大以来，习近平总书记一直高度重视教育事业的发展，特别是在人才培养方面，他多次强调了立德树人的重要性。立德树人，即德育为先，是我国教育事业的根本任务。这为我们深化教育改革，提升教育质量指明了方向。在中学教育阶段，德育工作尤为重要。本研究旨在梳理中学德育"四生模式"在 M 中学的实践现状，总结其有益的经验，以期建构起中学德育"四生模式"实施的有效策略和机制体制。通过实地调查、访谈和案例分析，笔者深入了解了中学德育实践的具体运作情况，以及师生对中学德育的认知和反馈，从而为后续中学德育"四生模式"的相关工作提供了借鉴和思考。

(二) 概念界定

1. 四生

在过去的教育实践中,人们曾经提过"四生"。他们或将"四生"理解为"生存、生活、生命、生长",并解释为技能成就生存、实践体验生活、书香润泽生命、快乐相伴生长;或将"四生"理解为"生本、生活、生态、生长",即教育应以学生为本,应从生活角度来体验与实践,应当顺应自然人性生态的要求,也应当为孩子终身发展奠基。① 经过观察与分析,可以发现这些关于"四生"的观点各自独立,侧重于从教育的不同维度进行探讨,而未能从教育活动的整体流程与综合视角进行考量,与我们提的"四生"有质的区别。② 本研究所说的"四生"是从教育活动过程整体来说的,指教育活动主体的生命性、目的的生长性、过程的生成性、内容的生活性四个要素。

2. 四生模式

本研究所说的"四生模式"即在尊重教育活动主体的生命性、目的的生长性、过程的生成性、内容的生活性的基础上构建的,一种介于理论和实践之间的,具有一般性、简单性、重复性、结构性、稳定性、可操作性的教育模式。它主要包含目标机制、内容机制、评价机制等三个方面的内容。当然,"四生模式"在实际运用中必须结合具体情况,实现一般性和特殊性的衔接,并根据实际情况的变化随时调整要素与结构,才有可操作性。

3. 中学德育"四生模式"

本研究认为中学德育作为中学阶段教育的核心组成部分,贯穿于整个教育过程。它是教育工作者为中学生创造一个有利于其成长的环境,引导他们主动塑造自身价值观的教育行为。这一过程体现了教育工作者与中学生之间的双向互动,并形成了良性的教育循环机制。

德育模式,作为道德教育理论与实践相结合的产物,其形成依据特定的道德教育理论,并遵循德育过程的内在规律。它构建了一个稳固的教育程序及其

① 小学学科融合"四生四味"助力课改[EB/OL]. http://www.csjiaoyan.com/goNews2? id = 88, 2016-06-15.

② 张传燧. 基于学生发展核心素养培育的"四生课堂"建构研究[J]. 陕西师范大学学报(哲学社会科学版), 2017, 46(5):146-157.

方法的策略体系，涵盖了教育过程中各要素的有机组合方式、教育程序，以及相应的实施策略。德育模式既是对德育理论的范型化体现，又是对具体德育实践经验的概括总结。其独特之处在于，它具备范式所特有的具体性和可操作性，区别于一般的德育理论；同时，又以其内在的逻辑性和完整性显示出与一般德育经验的不同。因此，德育模式在德育理论与德育实践之间起到了关键的联结和桥梁作用。[1]

中学德育"四生模式"是在中学教育工作者与受教育者的双向互动过程中，体现德育主体的生命性、德育目的的生长性、德育内容的生活性、德育过程的生成性的，一种关系紧密、逻辑清晰、系统全面且可操作性强的、系统的德育观念与方法的集合。

四、研究思路与研究方法

(一)研究思路

本书以立德树人为根本任务，以中学德育"四生模式"为研究对象，从理论与实践两个维度对中学德育"四生模式"进行系统性研究。在分析了选题缘由，全面梳理了文献，对相关概念进行了明确界定，并深入阐述了研究的重要意义之后，本书采用了以下详细的研究思路。

首先，从政策基础、理论基础、实践基础和现实条件等维度探讨了中学德育"四生模式"的研究基础。其次，对中学德育"四生模式"理论的核心观点、相互关系、价值追求、理论特质等进行分析阐述。再次，对中学德育的实践现状进行梳理，通过问卷调查和访谈等方法，了解师生、家长、社区居民等对中学德育现状的看法及建议，并基于"四生"(生命性、生长性、生成性、生活性)视角对中学德育现状进行分析。又次，从实践设计、实践过程、实践价值等维度展开中学德育"四生模式"的实施与分析。最后，总结中学德育"四生模式"的保障措施。

---

① 张忠华，耿云云. 对生活德育理论研究的反思[J]. 教育科学研究，2009(10)：62-66.

（二）研究方法

1. 文献研究法

本研究利用现代网络信息技术及图书馆资源，系统搜集了涉及学校德育管理和"四生"教育教学的各类文献资料。

2. 调查研究法

①问卷调查法。

本次问卷调查旨在从教师、学生视角出发，深入探究中学德育实践在实际运行中所遭遇的困境与挑战，进而为相关研究提供确凿的数据支撑。

②访谈法。

本研究计划制定一份半结构性访谈提纲，旨在就如何改善当前阶段的中学德育实践提出意见和建议。此外，也希望借此机会倾听教师、学生、中学德育管理者、家长、社区居民等对于中学德育实践的真实看法，并收集他们对于改进和优化中学德育实践的宝贵意见和建议。

③观察法。

通过对研究者所在中学的德育实践进行观察和思考，观察教育管理者、教育工作者、受教育者的行为和品德表现，在自然教育情景中对施教者、受教者的行为进行有目的、有计划的系统观察和记录并进行分析。

3. 行动研究法

按照"研究—实践—研究"的模式，边研究、边实践，边实践、边研究。一方面，研究的问题从实践中来；另一方面，研究的成果又可以及时指导实践，避免了只研究不实践或者只实践不研究的现象。

五、研究框架与创新点

（一）研究框架

在对立德树人视域下中学德育"四生模式"的理论与实践进行研究的基础上，分析影响中学德育"四生模式"实践的各种因素，进而提出有针对性的教育建议。其基本框架如图1-1所示。

| 研究思路 | 研究内容 | 研究方法 |

提出问题

绪论

选题缘由与研究意义 ── 文献综述 ── 研究内容及关键词界定

分析问题

理论分析

研究依据 ── 理论阐释

文献研究法

现状调查

调查设计及实施 ── 问题描述 ── 归因分析

调查研究法

解决问题

组织实施

实施设计 ── 实施过程 ── 实施评价

生命性
生长性
生成性
生活性

行动研究法

保障措施

加强学校管理强化队伍建设 ── 培养学生能力注重课程建设 ── 变革德育方式完善评价机制

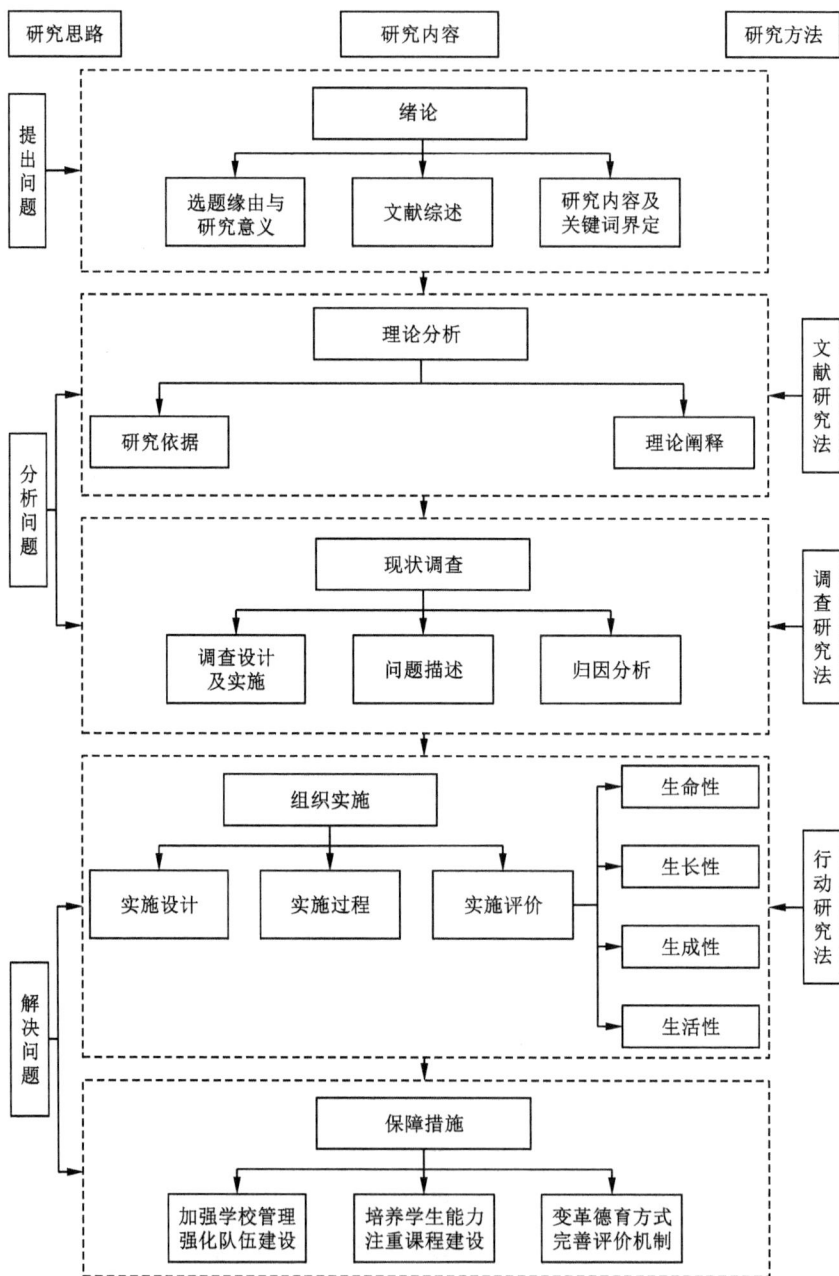

图 1-1 基本框架

26

(二) 创新点

1. 研究视角新

目前，国内外关于德育的研究多如牛毛，关于中学德育的研究也不在少数。然而，将中学德育放在"生命性""生长性""生成性""生活性"的视角下加以整体的实践和审视，本研究在全国范围内属于首次。本研究从中学德育的"生命性""生长性""生成性""生活性"视角出发，考察中学德育的现状，进行中学德育"四生模式"的实践，提出中学德育"四生模式"的保障措施，具有一定的创新意义。

2. 研究内容新

因为本研究是从"生命性""生长性""生成性""生活性"四个新的视角审视和构建中学德育，所以带来了新的研究内容，即如何构建中学德育的"四生模式"，它们的相互关系、价值追求、理论特质分别是什么，如何设计、实施和评价中学德育"四生模式"，中学德育"四生模式"的保障措施有哪些。以上这些都属于内容上的创新研究。

3. 研究观点新

在视角新、内容新的基础上，本研究将提出富有创新性的研究观点，即中学德育"四生模式"能够凸显德育主体的"生命性"，突出德育目的的"生长性"，彰显德育过程的"生成性"，加强德育内容的"生活性"，是聚焦立德树人根本任务在中学德育领域开展的一种有益探索；中学德育"四生模式"无论是从时代发展还是从青少年成长和立德树人，抑或是从中学德育实践现实角度来说，都既有必要也很可行；中学德育"四生模式"是中学德育模式构建的一种创新尝试，将成为"四生"教育理论和德育实践之间的纽带和桥梁。

第二章

立德树人视域下中学德育"四生模式"的研究依据

中学德育"四生模式"的提出，既不是与时代背景的割裂，也不是对过往理论的轻视，更不是对当前德育实践的抛弃；恰恰相反，中学德育"四生模式"是研究者在结合过往理论的基础上，响应新时代立德树人根本任务，审视当前德育实践存在的种种问题而提出的。这些因素正是研究中学德育"四生模式"的重要前提和依据。

第一节 政策依据

一、立德树人根本任务与中学德育"四生模式"

教育是国之大计、党之大计。自新中国成立以来，我国的教育方针始终是致力于培养全面发展的人才。1957 年 2 月，毛泽东提出："我们的教育方针，应该使受教育者在德育、智育、体育几方面都得到发展，成为有社会主义觉悟的有文化的劳动者。"[1]1978 年，邓小平同志在全国教育工作会议上重申了这一方针，强调了全面发展的重要性。1982 年，经过修订的《中华人民共和国宪法》第四十六条，对国家在青年、少年等方面的全面培养责任进行了明确阐述。2002 年，党的十六大报告强调，教育服务于社会主义现代化建设和人民，培养

---

① 毛泽东. 毛泽东文集：第 7 卷[M]. 北京：人民出版社，1999.

全面发展的社会主义建设者和接班人。2007 年，党的十七大报告首次提出"育人为本、德育为先"。2012 年，党的十八大报告强调立德树人为教育的根本任务，要求培养中国特色社会主义事业的建设者和接班人。2017 年，习近平总书记在党的十九大报告中强调全面贯彻党的教育方针，落实立德树人根本任务。2018 年，在全国教育大会上，习近平总书记明确了立德树人的实施路径，强调融入各环节。2022 年，党的二十大报告再次强调立德树人的重要性，要求培养德智体美劳全面发展的社会主义建设者和接班人。因此，将立德树人确立为我国教育的根本任务，是社会发展的必然趋势。

在全球经济一体化进程不断加快、信息化浪潮扑面而来的大背景下，我们面临的道德挑战日益加剧。为了实现中华民族伟大复兴的中国梦，教育工作者承担着强化道德教育、提高全民族道德素质这项重要而紧迫的历史重任。

中学阶段是德育的重要阶段，中学生正处于身心发展的关键期，对中学生进行德育有助于培养其健全的人格和良好的行为习惯。那么，应如何在中学德育中落实立德树人呢？"四生模式"提供了一个很好的落实路径，"四生模式"重视学生生命，着眼学生生长，指向过程生成，关注现实生活。中学德育与"四生模式"具有内在一致性。从德育主体看，德育应坚守以师生为主体的原则，尊重并珍视其生命价值，依靠其内在力量，推动其生命成长与发展。从德育目的看，德育应当聚焦于学生的核心素养与全面发展，兼顾其个性与未来潜力的培养，而非局限于一般化、预设的教育目标。从德育过程看，生成性德育过程应当是由一系列紧密相连、互为补充的环节与形式所构成的完整过程，其特点在于过程的动态演变以及方法的灵活多样。从德育内容看，教师在德育工作中应紧密结合学生的生活实际，紧扣时代脉搏，紧密联系社会背景，确保将德育从书本知识中解放出来，融入学生的日常生活，从课堂拓展至广阔的社会舞台，实现从知识传授到人生智慧的升华，从局限的视野走向更广阔的天地。只有这四个方面相互协调、互为补充，德育才能充分展现其内在本质，全面落实立德树人根本任务。

二、学生核心素养培育与中学德育"四生模式"

随着经济全球化、信息化和知识经济时代的到来，教育究竟应该培养怎样的人？或者说，我国青少年一代应当具备什么素养才能够很好地适应未来社会发展的需要？教育部委托北京师范大学资深教授林崇德先生组建专家工作组，于 2013 年着手启动了对中国学生发展核心素养的深入研究。该课题组广泛征求了社会各界的意见和建议，经过反复修改和完善，历时三年，最终形成了一份具有深远意义的研究成果。2016 年 9 月 13 日，中国学生发展核心素养研究成果发布会在北京师范大学举行，公布了中国学生发展核心素养总体框架及基本内涵。[①] 这份研究成果深入回答了"立什么德、树什么人"的根本问题，明确了"21 世纪应该培养学生什么样的品格与能力"[②]，充分反映了新时期经济社会发展对人才培养的新要求，是我国今后很长一段时期的育人指南。在核心素养的总体框架下，为了引导不同学段的教育教学活动开展并促进学生的全面发展，各学科均提出了学生必须掌握的核心素养。这些核心素养与总体框架共同形成了完整的核心素养体系，为学生的学习和发展提供了明确的指导。

从德育视角来看，中国学生发展核心素养具有以下四个特征：一是生命性。中国学生发展核心素养紧紧围绕立德树人根本任务，坚持以人为本，重视学生生命，关注学生身心健康发展。"人文情怀""珍爱生命""健全人格"是中国学生发展核心素养总体框架的要点，强调具有以人为本的意识，尊重、维护人的尊严和价值；关切人的生存、发展和幸福；具有积极的心理品质，自信自爱、坚韧乐观等，这些无一不是生命性的体现。二是生长性。中国学生发展核心素养紧紧着眼于学生的成长与发展，包括六大核心素养和十八个基本要点，系统全面地反映了德智体美劳等多个方面的核心要求。同时，对于素养内涵的界定，坚持将必备的品格与关键能力紧密结合，使每种素养既体现了品格的特质，又展示了能力的特点。三是生成性。中国学生发展核心素养指向学生成长发展和学习的过程。根据中国学生发展核心素养总体框架，课题组持续深入地进行基础理论研究和实证调查，明确了六大核心素养指标在小学、初中、高中及大学等不同教育阶段的具体体现与核心意义。这一工作不仅实现了核心素养总体框架在各学段的纵向连贯，还为将核心素养进一步融入各学段的具体学科奠定了坚实基础。四是生活性。中国学生发展核心素养着重关注学生的全面发展及实践应用能力，强调其在现实与未来生活中的融入与成长。

---

① 核心素养研究课题组. 中国学生发展核心素养[J]. 中国教育学刊，2016(10)：1-3.

② 林崇德. 中国学生发展核心素养：深入回答"立什么德、树什么人"[J]. 人民教育，2016(19)：14-16.

综上可以看出，中国学生发展核心素养体现了鲜明的"生命性""生长性""生成性""生活性"特征，即"四生"，这也表明学生发展核心素养培育与中学德育"四生模式"具有内在的一致性。在德育工作中，我们应坚持以中国学生发展核心素养为导向，根据中学生的年龄特点和发展需求，确定核心素养在中学阶段的具体表现和关键内涵，采用中学德育"四生模式"的育人方式，处理好"生命性""生长性""生成性""生活性"四者的关系，切实提高德育实效，全面落实立德树人根本任务，培育具备核心素养的人才。

三、教育"双减"政策与中学德育"四生模式"

近些年来，教育"内卷"的现象越来越严重。从学校层面看，学校为了追求高升学率，提升"知名度"，跻身所谓的"一流名校"，表面高举素质教育的大旗，实则依然坚持"知识本位""学科本位"，学生、教师乃至整个教育界被知识、考试、分数、升学"四大绳索"严重束缚，学生的作业负担、心理压力愈加沉重。[①] 从家长层面看，为了让孩子赢在起跑线上，许多家长认为孩子仅靠在学校的学习训练还不够，课余时间还需进一步强化，因而不惜花大把的时间和金钱送孩子到校外培训机构补习。校外培训机构抓住家长的"内卷"心理，在各路资本的加持和推动下，赚得盆满钵满，"内卷"现象随之愈加严重，教育乱象频繁发生。为了改变这一现状，创造良好的教育生态，促进学生全面发展，提升我国核心人才竞争力，2021 年，中共中央办公厅、国务院办公厅印发《关于进一步减轻义务教育阶段学生作业负担和校外培训负担的意见》(以下简称《意见》或"双减")。《意见》指出，要坚持学生为本、回应关切，依法治理、标本兼治，政府主导、多方联动，统筹推进、稳步实施，强化学校教育的主阵地作用，深化对校外培训机构的治理，切实减轻家长的焦虑情绪，坚决杜绝侵害群众利益的行为，营造健康有序的教育环境，以促进学生的全面发展和健康成长。[②]

---

① 张传燧. 基于学生发展核心素养培育的"四生课堂"建构研究[J]. 陕西师范大学学报(哲学社会科学版)，2017，46(5)：146-157.

② 中共中央办公厅 国务院办公厅印发《关于进一步减轻义务教育阶段学生作业负担和校外培训负担的意见》[EB/OL]. http://www. moe. gov. cn/jyb_xxgk/moe_1777/moe_1778/202107/t20210724_546576. html，2023-12-02.

"双减"政策的实施，是教育改革的必然趋势，是人才可持续发展的必然要求，同时也是顺应社会发展的必然结果。"双减"政策不仅有效减轻了学生的学业负担，同时也创造了一个全新的校园德育环境，为德育实践提供了更多的可能性和机会。"双减"政策对学生身心发展的回归，不仅使学校德育地位进一步凸显，还推动了学校德育实践的变化。"双减"之后，学生有了更多的闲暇时间，那么应如何利用"双减"之后的闲暇时间呢？学校可以通过与社会资源合作，开展更多的创新性德育活动。这些活动可以涉及文化、艺术、科技、体育等多个领域，让学生根据自己的兴趣和特长进行选择。这不仅能够丰富学生的课余生活，还能够培养学生的综合素质和创新能力。在参与校外实践活动的过程中，学生有更多的机会接触不同领域的道德行为，感知不同的道德标准。他们可以观察和体验各种道德情境，了解不同社会角色所承担的道德责任和义务。此外，通过组织和参与校外实践活动，学生还可以培养团队合作、沟通协调等社交能力。他们可以在实践中学习如何与人合作、如何解决问题、如何应对挑战，这些能力对于他们的个人成长和社会适应都非常重要。

同时，"双减"政策以学生为主体，以关注学生的身心健康发展为着力点，遵循教育教学规律，减轻学生作业负担，让学生的学习回归自然。"双减"政策蕴含了生命性、生长性、生成性和生活性，即"四生性"。教师要在德育教学活动中更新德育观念，充分渗透"双减"理念，打破传统德育模式的禁锢，用理想信念引领学生，用科学规划指导学生，用先锋榜样砥砺学生，激发学生生命的主观能动性和生长自主性，使学生学会自我激励、自我管理、自我成长，从而实现德智体美劳全面发展。学校作为开展德育的主阵地，应充分发挥"双减"政策的导向性作用，为学校优化德育管理、教师提升教学质量、学生增强综合能力拓展路径，使师生在"双减"与中学德育"四生模式"融合下，拉近彼此的心灵距离，结合具体问题进行深入探究，助力学生全面提升道德品质、人格素养并强化民族意识，为学生全面发展提供有力的教育支持。

第二节　理论依据

一、"四生"相关理论

（一）生命教育论

所谓生命教育，可以概括为以生命为核心，尊重、珍视、激发、促进和提升生命价值的教育活动。通过深入探究传统儒家思想，我们可以发现其中蕴含着丰富的生命教育理念。孔子、孟子等儒家先贤的教育思想中，已初见生命教育观的端倪，他们的众多理念都深刻体现了对生命的强烈尊重和重视。儒家思想强调"仁爱"，认为每个人都应该尊重和关爱他人，这种尊重和关爱可以扩展到对所有生命的珍爱。这与生命教育的理念相契合，即尊重和珍爱每一个生命。儒家思想中的"礼"和"义"，意味着人们应该遵循社会的道德规范和价值观，从而保持和谐的人际关系和社会秩序。这教导人们在日常生活中要遵循道德原则，避免做出伤害自己或他人的行为，进一步体现了对生命的尊重和珍视。此外，儒家思想强调"修身齐家治国平天下"，认为个人应该通过自我修养来实现个人和社会的和谐。这种自我修养的过程，实际上也是激活、发展生命以及提升生命意义的过程。同时，儒家经典《论语》中提出的"己所不欲，勿施于人"的原则，也是对生命尊重和关爱的体现。这种换位思考的方式，有助于培养对他人的同理心，从而更好地珍视和尊重每一个生命。

现代生命教育论的代表性倡导者包括谷口雅春和华特士。谷口雅春于1964年出版了《生命的实相》，强调生命教育。华特士于1968年提出生命教育思想，并在加州实践。我国自20世纪90年代中期起研究生命教育，代表人物有叶澜、冯建军、刘济良、朱永新等。在生命教育论下，教学活动不仅是一个传授知识的过程，而且是需要充分体现教师和学生生命主体及其地位的过程。首先，要重视生命的主动参与及体验。课堂教学活动应该激发学生的主动性和创造性，鼓励他们积极参与、体验甚至创造学习的过程。这不仅能够增强学生对知识的理解和掌握，还能够推动他们情感、态度和价值观的发展。其次，激发学生的潜能是生命教育的一个重要目标。通过多样化的教学方法和手段，教师可以帮助学生发现和发展自己的潜能，培养他们的兴趣爱好和特长，使他们更加自信和有成就感。再次，关爱生命、尊重生命是生命教育的基本原则。在课堂教学中，教师应该尊重每一个学生的个性差异和需求，关注他们的情感体验和成长过程。同时，教师还应该引导学生学会尊重他人、关爱他人，培养他们的同理心和社会责任感。最后，发展生命、提升生命是生命教育的终极目标。通过课堂教学活动，教师应该帮助学生认识生命的意义和价值，培养他们积极向上的人生态度和价值观。同时，教师还应该引导学生学会自我反思和自我提升，不断追求个人成长和发展。

(二) 生活教育论

生活教育论的核心观点是将教育与生活密切结合，强调教育应来源于生活、应用于生活，教育活动应关注生活的各个方面。首先，生活教育论认为教育和生活是密不可分的，两者相互影响、相互促进。生活中的各种经验和场景都可以成为教育的素材和背景，而教育则可以帮助人们更好地理解和应对生活中的各种挑战和问题。其次，生活教育论强调教育应关注生活的实际需求。这意味着教育活动应该与人们的实际生活经验相结合，满足人们在现实生活中的知识和技能需求。这样的教育不仅能够使人们更好地适应社会，也能够提高人们的生活质量。最后，生活教育论主张教育应该回归生活。教育不仅是为了传授知识，更是为了帮助人们更好地生活。

在中外教育史长河中，诸多杰出的教育思想家对生活教育问题进行了深刻的研究与探讨。孔子、荀子、墨子、朱熹、王守仁、颜元、陶行知等中国历史上的多位思想家均对此作出了卓越贡献。英国的斯宾塞与美国的杜威也在该领域取得了显著成就。

《论语·学而篇》中，子夏有曰："贤贤易色，事父母能竭其力，事君能致其身，与朋友交言而有信，虽曰未学，吾必谓之学矣。"这强调了生活的教育性。《论语·子路篇》曰："诵诗三百，授之以政不达，使于四方不能专对，虽多，亦奚以为哉？"这强调了学以致用的重要性。教育应联系生活实际，在生活中进行教育。荀子在《劝学》篇中写道，"学恶乎始，恶乎终？曰：其数则始乎诵经，终乎读礼""学至于行之而止矣"。墨子强调"士虽有学而行为本"，坚持教学应以社会实践为基础。朱熹则认为知为先行为后。王守仁则反对这种说法，主张"知行合一"，认为知行原本是一个整体。清朝思想家、教育家颜元继承墨子的

"行为本"思想，本着"经世致用"的原则，主张培养有实力的人才，反对静坐读书，主张习行实践，其教育思想开辟了走向实践的道路。陶行知先生积极倡导"生活即教育"和"社会即学校"的教育理念，强调"教学做合一"的实践方法。他明确指出，生活本身是教育的根本来源，教育应紧密贴合生活实际，从生活中汲取养分，使教育充满活力和生命力。生活是教育的内容，生活处处是教育。生活是教育的途径，教育要在生活中进行。

英国著名教育家斯宾塞在其经典著作《教育论》中明确指出，教育的终极目的应当是"为构建一个充实与和谐的生活奠定基础"。他强调，人生的核心在于如何经营与享受现实的生活，并寻求其中的幸福与满足。因此，教育的核心任务与职责就在于引导与支持个体学会如何更好地生活。与此相对，杜威对教育目的持有不同见解。他坚持"教育即生活"的观点，并认为"教育应当被视作当前生活的直接体现，而非对未来生活的简单预备"。基于这一理念，他提出学校应当积极呈现真实的生活场景，并确保课程内容紧密围绕学生的现实生活展开。

在当今的教育环境中，许多教育场所仍然主要集中在教室，过分强调书本知识的传授，而与社会生活的联系相对较少。这种教育方式可能导致学生缺乏实际的生活经验和道德体验，难以真正理解道德教育的意义和价值。中学德育"四生模式"则试图改变这一现状，通过开放式的教学方式，立足于学生的生活来进行教育。这种模式强调让学生更多地了解现实生活，从现实生活中获得更为丰富的道德体验和训练。通过与实际生活的紧密联系，学生可以更好地理解道德教育的实际意义，提高道德认知和道德实践能力。具体来说，中学德育"四生模式"可以采取多种方式来加强与现实生活的联系。例如，教师可以引导学生观察和思考生活中的各种现象，从中发现道德问题并探讨解决方案。此外，学校可以组织各种社会实践活动，让学生亲身体验社会生活，增强道德意识和社会责任感。同时，学校还可以与家庭、社区等建立合作关系，共同营造良好的德育环境，为学生提供更多的实践机会和资源。

(三)"四生课堂"理论

湖南师范大学张传燧教授创立的"四生课堂"教学理论，其根源可追溯至孔孟等古代思想家的生命教育思想，是对中国传统生命教育思想的延续与革新。[①] 同时，该理论在深度整合中西方现代课程与教学论的基础上，展现了鲜明的本土创新、原创思考、科学论证和前沿探索的特点。其核心理念紧密围绕"生"展开，即构建一种具备生命性、生长性、生成性和生活性的课堂教学模式。

从课堂教学主体的视角看，生命性是基础、前提和核心。课堂教学本质上是生命体间的互动，凸显生命性作为其根本属性。为尊重生命、遵循规律、激发潜能，课堂教学应充分体现生命性，促进学生全面发展。教学目的的生长性同样重要。生长是生命特征、本能反应和终极目标。因此，教学过程应以促进学生生长和发展为核心。生成性则从课堂教学过程角度考虑，强调事物发展的动态性和变化性，要求关注教学过程中的变化和发展，以促进学生学习和成长。在课堂教学上，生成性课堂允许师生互动超越预设教案，需要教师根据实际情况灵活调整教学内容、方法、进度等，以保持教学动态和创新。生活性课堂则强调课程与生活的紧密联系，要求课堂教学与学生现实生活相连，融入生活元素，以丰富教学内容，最终引导学生热爱和创造更美好的生活。在现实中，学生常受知识、考试等束缚，而生活性课堂有助于打破这一局面。

二、道德发展阶段论

道德发展阶段论由美国心理学家劳伦斯·科尔伯格提出。科尔伯格在皮亚杰道德发展理论基础上，提出了"三水平六阶段"的道德发展理论。三水平，即前习俗水平(0—9岁)、习俗水平(9—15岁)、后习俗水平(16岁及以后)。其中，每种水平又分两个阶段，共六个阶段，即以惩罚与服从为定向的阶段、以工具性的相对主义为定向的阶段、以人际关系的和谐一致或"好孩子"为定向的阶段、以法律或秩序为定向的阶段、以法定的社会契约为定向的阶段、以普遍的伦理准则为定向的阶段。[②] 个体自踏入学校大门起，直至完成学业的漫长的十余年，均在学校度过。随着岁月的流逝和认知能力的提升，个体的道德发展贯穿了整个学生时代。科尔伯格继承杜威、涂尔干的思想，创立了适用于学校

---

① 左鹏，张传燧. 发展小学生核心素养的"4S"课堂模式理论构建[J]. 湖南第一师范学院学报，2018，18(1)：15-19.

② 覃鑫渊. 研究生思想政治教育的复杂性及其创新发展[J]. 学位与研究生教育，2024(1)：34-40.

的"公正团体法"等德育方法。他认为学校在个人道德成长中扮演着重要角色，主要体现在四个方面：一是发展逻辑认知和智力，为学生道德认知成熟奠定基础；二是构建集体环境，提升道德水平，提供实践机会；三是由专业德育工作者负责德育工作，遵循自然规律，运用恰当手段；四是把握关键时期，提供必要条件和支持，推动道德发展。德育教学不应当仅仅停留在让学生机械背诵教条和遵循既定规则的阶段，而应当鼓励学生主动领会和践行道德规范，使之内化为个人的行为准则。团体环境对于塑造个体品德具有不可忽视的作用，学校作为这样的团体，为学生提供了品德充实与自我完善的场所。

德育工作者在中学阶段需深刻理解受教育者的道德层次与发展阶段，并采取与之匹配的教育策略与手段，确保学生在当前阶段能够顺利完成道德养成任务。若未能及时完成，后期补救的难度将会显著增大。历史上诸多著名教育家，如卢梭、康德等，均强调教育者需精准把握学生各阶段的道德成长特性，以促进其道德素质的有序提升，并防止出现道德认知上的断层或缺陷。科尔伯格亦指出，教师应根据学生的当前道德判断与认知水平，灵活调整教学内容、教学方式及互动性，通过教育者的灵活应变，对青少年的道德品质与学习能力产生积极而深远的影响。

三、教育目的论

教育目的论阐述的核心问题就是培养什么人、怎样培养人。这是一个涉及教育根本方向和价值取向的核心问题，也是教育理论和实践中的重要课题。在古今中外教育史上，许多教育家都对教育目的论进行过深入的探讨和论述。他们从不同的角度和层面，提出了各自的教育目的观，为后人提供了丰富的思想资源和理论启示。

首先，从培养什么人的角度来看，教育目的论主要关注的是人的本质和发展。在西方教育思想中，亚里士多德提出了"自由教育"的目的论，旨在培养人的理性和自由；而法国启蒙思想家卢梭则强调"自然教育"的目的论，主张让儿童在大自然中自由成长，培养其自主性和创造性。在中国古代教育思想中，《大学》提出了"大学之道，在明明德，在亲民，在止于至善"的教育目的论，旨在培养具有高尚品德和治国安邦之才。近代以来，为了拯救中国、培养新兴人才，严复倡导废除科举、推动学校教育，以培养体魄强健、智慧深邃、品德高尚的国民。王国维认为，教育的核心目的在于塑造拥有体魄、智慧、品德及美感等要素，全面发展的人才。1912 年，蔡元培提出了"军国民教育、实利主义教育、公民道德教育、世界观教育、美感教育"五大教育方针，后又进一步在题为《普通教育与职业教育》的演讲中，强调通过"体育、智育、德育、美育"四育并重的方针，来培养具备"健全人格"的共和国公民。他们提出的有关教学目的的思想，具有鲜明的时代烙印；他们作为先进的知识分子，致力于用教育改变国人思想，实现国家独立，民族振兴。

其次，从怎样培养人的角度来看，教育目的论关注的是人的素质和能力的全面发展。在西方教育思想中，美国教育家杜威提出了"实用主义"的教育目的论，强调教育的实用性和社会价值；而德国教育家凯兴斯泰纳则主张"公民教育"的目的论，旨在培养具备道德、文化和政治素养的公民。在中国现代教育中，陶行知提出了"生活教育"的目的论，旨在培养具有生活能力和创造精神的人才。不难发现，教育的核心目标始终聚焦于推动学生在德智体美各方面全面发展。这些思想为我们进一步探索如何促进学生全面发展，以及深化对"四生"教育理论生长性的理解，提供了宝贵的启示。

在教育实践中，教育工作者应采取多样化的教育方法和手段，注重学生的个体差异和个性化需求。教育工作者应该创造一个积极、开放、互动的教育环境，提供丰富的学习资源和多元化的学习体验，引导学生主动参与、探索和创新，促进学生在德智体美各方面全面发展。同时，教育目的论还强调了学生个人发展的道德层面。学生不仅需要学习知识和技能，还需要培养良好的道德品质、情感态度和价值观。教育工作者应该注重德育的实施，引导学生树立正确的道德观念和遵守相应的行为准则，培养学生的社会责任感和公民意识。

第三节 实践依据

一、历史上的德育实践

我国古代真正意义上的官学始于汉代，汉代大力推行儒学教育，在长安兴办太学，以儒家"五经"(《诗》《书》《礼》《易》《春秋》)作为教材，培养统治阶级需要的儒学人才。儒家主张"修身齐家治国平天下"，倡导个体积极进行社会参与，即"入世"。这种"入世"的价值导向赋予了个体强烈的社会责任感，从而使个体持续发挥对社会发展的助推作用,有利于政治局面的稳定。由此,汉代形成了一个由太学、郡国学和私学交织的层级式学校教化系统。唐宋时期,中央官学和地方官学得到进一步发展,教学内容仍以儒家典籍为主。但清朝末年,学校的课程设置和教学内容发生了重大变化。1902年,清政府颁布《钦定学堂章程》,在中学堂设置"修身"科,而后又在《奏定学堂章程》(1903年)中规定"修身"科,每周1学时。1912年元旦,中华民国政府成立,颁布了《普通教育暂行办法》,宣布废除小学的"读经"科。同年12月,中华民国政府颁布《中学校令施行规则》,规定设置"修身"科。1923年,中华民国政府颁布《新学制课程标准纲要》,在初中设置了"公民"科,在高中设置了"人生哲学"科和"社会问题"科。

在土地革命时期,中国共产党在中学开设思想政治课,如广西劳动第一中学的"革命理论"和工农中学的"革命三字经"等。抗日战争时期,中国共产党正式在中学设立德育课程,如《晋察冀边区中学暂行办法》规定的"政治常识"等课程。解放战争时期,各学校继续开设丰富的思想政治课,如"政治常识"等,为学生提供了全面的政治和德育,也为新中国中学德育课程的发展提供了经验。

二、中学德育相关实践

(一)通过课堂教学活动进行德育

《中小学德育工作指南》明确规定,必须将课堂教学确立为实施德育课程的核心途径,确保德育课程的严格落实,切实保障道德与法治课程的课时安排。此外,其还强调德育课程应紧密联系学生的生活实际,深入挖掘课程的深层思想内涵。同时,其他课程也应充分发挥其德育功能,以全面提升学生的道德素质。学校的德育体系并非局限于道德与法治课程的教学,其他学科亦应融入德育元素,共同塑造学生的道德观念。此外,学校还设计了一系列趣味性课程,这些课程以实践课、拓展课等形式为载体,旨在让学生在获取知识的同时,形成正确的道德认知,并以此为基础驱动道德行为。

(二)通过主题性仪式活动进行德育

仪式教育是指通过典礼形式进行集体活动,具有秩序性、情境性和体验性,旨在对学生进行德育,并通过实践形成良好的仪式感,包括庄重感、在场感、参与感与意义感等,以增强公民意识、社会意识与国家意识,形成基本道德认知。① 比较常见的学校仪式教育有开学典礼、升旗仪式、成人礼、入党入团入队仪式等。这些仪式活动不仅是学校生活的重要组成部分,更是德育的重要途径。通过参与庄重的仪式,学生能够深刻感受自己的成长和变化,增强对国家和社会的责任感。例如,在开学典礼上,他们可以表达对新学期的期待和决心;在升旗仪式中,他们可以表达对祖国的热爱和尊敬;在成人礼上,他们可以宣告自己已经长大成人,需要承担更多的责任和义务;在入党入团入队仪式中,他们可以宣誓加入组织,为共同的目标而努力奋斗。

(三)开展社会实践活动

社会实践活动是学校德育的重要组成部分,包括志愿服务、文化艺术活动等。这些活动可以让学生在实践中体验社会生活,增长见识,锻炼能力,培养责任感。同时,社会实践活动也是培养学生社会责任感和公民意识的有效途径。通过参与社会实践活动,学生可以深入了解社会现实,增强对社会的认知和理解。在志愿服务等活动中,学生可以亲身感受帮助他人的快乐和意义,培养爱心和社会责任感。在文化艺术活动中,学生可以培养自己的审美能力和创造力,也可以更好地理解和传承中华优秀传统文化。另外,学校还可以通过开展"寻访红色足迹 助力乡村振兴"等活动,组织学生深入了解"三农"问题。这些活动不仅丰富了学生的课余生活,而且有助于他们深刻理解社会责任,为未来的成长奠定坚实的基础。

(四)建立德育导师制度

德育导师制度旨在构建以班主任为主导,任课教师共同参与的导师团队。此制度可全面、个性化地指导与帮助学生在学术、生活、道德和心理等多个方面发展。作为班主任工作的重要补充,德育导师制度遵循"整体、合作、优化"

---

① 张凤池. 知行合一:中学德育实践模式研究[J]. 现代基础教育研究,2019,33(1):221-227.

的教育理念,将德育目标和任务细化至每位导师,确保每位教师都能积极参与学生的德育工作。[1] 德育导师制度规定,每位导师需负责五至十名学生的指导工作。导师应确保每周至少与学生进行一次深入交流,以全面把握学生的思想动态。在学生的学习时间规划、方法优化等方面,导师应提供切实可行的建议与计划。此外,导师还需为学生建立成长档案,详细记录学生在成长过程中的亮点与待改进之处,以便有针对性地制定个性化的发展目标,并提供相应的指导。为确保家校之间的有效沟通,导师需每月与学生家长取得联系,为家长提供有关家庭教育的指导和建议。同时,导师还需制作工作记录袋,全面记录与学生互动的整个过程,以便日后回顾与总结。浙江省长兴中学自 2002 年 3 月起实施"班级德育工作小组"制度,逐步引入德育导师制。湖北省夷陵中学也自2002 年起探索德育导师制,旨在解决教学与德育脱节问题。2005 年,浙江省教育厅发布指导意见,要求各地结合实际情况贯彻落实德育导师制。2012 年,辽宁省颁布德育工作指导意见,在全省推进落实德育导师制。德育导师制有效弥补了传统德育模式的缺陷,提升了教师德育能力,加强了师生沟通,实现了教学与德育的有机融合。然而,在实践过程中,它也暴露了一些亟待解决的问题,需要进一步研究和改进。

三、"四生"相关实践

"四生模式"由湖南师范大学教育学院张传燧教授提出,他对"四生模式"进行了最早的探索与实践。2012 年,张传燧教授在教育学本科专业的"中国教育史"课堂上,正式启动了"四生课堂"教学实验。2013 年,张教授进一步将此教学模式拓展至全校范围,将其应用于全日制学科课程教学论专业硕士研究生以及教育硕士在职研究生的"课程与教学论"课程中,此举获得了该专业研究生的普遍认可与欢迎。此外,在张教授的悉心指导下,硕士研究生王燨、庄华英在教育实习期间,成功地将"四生模式"引入初中和小学数学课堂,并取得了显著的教学成效。他们基于这一实践,撰写了硕士学位论文,为教育学领域的教学改革贡献了宝贵的经验。为了进一步推广"四生课堂"教学模式,张教授还指导长沙高新区明华实验小学进行"四生课堂"实验,取得了良好的效果。

---

① 方展画,张凤娟. 新型德育模式探索:浙江省长兴中学德育导师制调研报告[J]. 教育发展研究, 2004(11):46-50.

第四节　现实基础

一、学校条件

笔者担任 M 中学的校长，所以关于中学德育"四生模式"构建的理论和实践研究主要也是在这所学校完成的。M 中学创办于 2014 年，占地面积近 110 亩，建筑面积超过 5.2 万平方米，建设过程充分体现了"两型"理念。按照湖南省绿色建筑星级标准，学校采用了屋顶绿化技术、太阳能光热技术等先进的绿色环保技术，融合了科技、环保和人性化的设计。因此，该学校被市教育局列为绿色校园计划的一部分。该校校园环境优美，宛如花园一般，绿树成荫，干净整洁，为学生提供了理想的学习和生活空间。学校的布局非常合理，功能齐全，拥有各种现代化的教育教学设施，如室内恒温游泳馆、机器人实验室、科技活动室、电子阅览室、计算机控制中心、多功能报告厅、多媒体教室、阶梯教室、电脑室、语音室、舞蹈室、美术室、排演厅、形体训练室、心理辅导室以及理化生实验室等。此外，学校还拥有独具特色的英语活动中心、藏书丰富的图书馆、400 米标准塑胶田径场（带有人工草皮）和可容纳 1500 名学生寄宿的学生公寓，以及可容纳 3000 人同时就餐的学生餐厅。所有这些教育教学配套设施均超过了省一类学校的标准，为学生展现个性、全面发展提供了广阔的平台。

学校现在初、高中部共有教学班 72 个，学生近 4000 人，教职工 280 人。学校为实施三年制初中义务教育和三年制普通高中教育的完全中学。初中部按照市教育局统一筹划，面向对应区域招收小学六年级毕业生，目前共有 46 个教学班。高中部面向城区择优招收全日制初中毕业生，目前共有 26 个教学班。近三年，学校中、高考成绩均在同层级学校中名列前茅。

二、保障措施

(一)扎实过硬的师资队伍

教师是中学德育"四生模式"的主要实施者,教师素质的高低直接关系到中学德育"四生模式"的实施效果。因此,打造一支扎实过硬的师资队伍是实施中学德育"四生模式"的重要保障。学校要秉持"慎选良师,精育名师"的理念,把好教师入口关,搭好教师成长梯。首先,转变教师的德育观念,破除"唯分数论""唯升学论",树立培育全面发展的人的德育观;其次,丰富教师的德育手段,一方面加强"软件"建设——对教师的培训和培养,使之了解和掌握更多的德育手段并付诸实践,另一方面加强"硬件"建设——创建更多的体验场景或实践基地,尤其是加强信息技术在德育中的作用;再次,激励教师,肯定、奖励其德育成果,使教师拥有研究德育、实践德育的不竭动力。当教师取得一定德育成果时,学校应在物质或精神层面给予奖励,并鼓励其进一步研究,总结提炼成果并物化成论文、课题、专著等。此外,学校还可以通过各种手段加强中学德育"四生模式"的师资队伍建设,其结构如表2-1所示。

表2-1 中学德育"四生模式"师资队伍结构表

区域	构成
校内	班主任团队;团、队辅导员团队;学科教学团队;德育名师团队
校外	优秀家长;道德模范;团市委青年讲师团;特聘专家(辅导员)

(二)丰富多样的课程资源

课程是中学德育"四生模式"的主要载体。这里的课程是广义上的,是一种教育性经验,是对主题产生积极影响的各种因素的总和。为了达到中学德育"四生模式"的目标和效果,必须建设与之匹配的课程资源库,主要包括校本教材、校本课程、德育活动、德育基地、信息资源等。中学德育"四生模式"课程资源结构如表2-2所示。

表 2-2　中学德育"四生模式"课程资源结构表

类型	构成
校本教材	学生常规必读、《中小学生心理健康读本》《学生安全教育读本》《新时期爱国主义教育读本》等
校本课程	主题周会、主题班会、新闻收视、音乐教唱等
德育活动	"四大节"：体育文化节、文化艺术节、社团文化节、科技读书节 "三体验"：军营生活体验、农村生活体验、企业生活体验 "两服务"：志愿服务、社区服务 "一学习"：研究性学习
德育基地	校内：广播站、电视台、心理中心、社团活动中心、消防安全教育馆等 校外：学工学农学军基地、爱国主义教育基地、志愿服务活动基地等
信息资源	消防安全模拟软件、数字化教室、德育微课资源库、新闻收视资源库等

第三章

立德树人视域下中学德育"四生模式"的理论阐释

理论对实践有能动的反作用，理论产生的最终目的是更好地指导实践。理论和实践是相辅相成、缺一不可的，不能任意割裂两者的辩证关系，孤立地强调某个方面。所以，要进行中学德育"四生模式"的实践，首先便要进行中学德育"四生模式"的理论构建和阐释。

第一节　中学德育"四生模式"的核心观点

中学德育"四生模式"是一个系统性的德育理念，它包含德育主体的生命性、德育目的的生长性、德育过程的生成性和德育内容的生活性四个要素。下文将具体阐述这四个要素的核心观点。

一、生命性

生命性概念源于德育主体的视角，它强调的是师生在德育实践中的互动性活动。生命，作为教育活动的基石，不仅决定了德育的存在与发展，更赋予了德育实践以基本属性。中学德育实践需尊重生命本质与内在规律，以学生生命基质为出发点，采用科学有效的教育方式，强化生命意识、拓宽精神世界视野、发展生命潜能，兼顾生命个体全面和谐发展。

首先，我们必须明确一点，即学生是德育过程中的主体，而非被动接受者。因此，关注学生的生命存在，首要的就是尊重学生生命的主体性。这不仅包括尊重他们的思想、情感和意愿,更包括为他们创造一个和谐、自由、充满活力的德育环境。在这样的环境中,学生的生命能够得到自主发展,他们可以自由地探索、发现和成长,而不是被束缚在既定的框架内。同时,发挥学生生命的自主性也是至关重要的。在德育实践中,教育工作者应该尽量把自主权还给学生,让他们成为自己生命的主人。这意味着教育工作者需要多听学生言并鼓励学生言,让他们在感受和体验学习中不断自我完善和自我发展。只有这样,学生才能真正地理解什么是责任、什么是独立、什么是尊重,从而建立起自己的道德观念和行为准则。此外,教育工作者还要激活学生生命的创造性。每个学生都有自己独特的思想和创造力,这是他们生命中最宝贵的财富。作为教育者,应该鼓励他们去探索、去尝试、去创新,让他们在探究的过程中享受乐趣,体验创造的快乐。这样,学生不仅能够更好地理解和掌握知识,而且能够在探索和创新中成长为具有独立思考能力和创新精神的人。

其次,在当今的教育领域,不仅要关注学生的成长,更要关注教师的生命存在。教师作为德育实践的重要主体,其地位不容忽视。尊重教师生命的主体性,意味着要明确教师在德育实践中不可或缺的地位。教师不仅是知识的传授者,更是学生品德培养的引导者。因此,应该充分发挥教师生命的自主性,让教师在德育实践中发挥主导作用。为激发教师的创新潜能,提升其生命活力,我们应当积极倡导并鼓励教师持续探索创新路径,让他们形成个性化且独特的德育教学风格。这种风格的塑造,不仅需要教师的个人努力,也需要学校和社会的支持与鼓励。例如,学校可以提供更多的培训和学习机会,帮助教师提升德育理论素养和实践能力;社会应该更加重视教师的地位和作用,给予他们更多的尊重和支持。此外,关注教师的生命存在,还需要关注他们的心理健康和工作负担。有的教师的工作压力大,需要得到适当的缓解和释放。我们应该通过合理的评价机制和工作安排,减轻教师的工作负担,让他们在工作中获得更多的幸福感和满足感。尊重教师生命的主体性是提升德育实践效果的关键,应该从多个方面入手,关注教师的生命存在,激发他们的创造性,让他们在德育实践中发挥更大的作用。只有这样,才能真正培养出品德高尚、全面发展的学生,为社会的进步和发展作出更大的贡献。

世界上最具生命的事业就是教育,因为它基于生命的需求,关注生命的发展。① 因此，在中学德育中凸显德育主体即师生的生命性，无疑是关键所在。只有当我们真正关注并尊重每一个生命的独特性，才能真正实现德育的目标，培养出既有健全人格又有创新精神的学生。

二、生长性

从德育目标的视角出发，生长性主要体现在学生的发展进程中。生长不仅是每个个体生命的固有属性，更是其存在的核心本质。德育的核心目的即在于促进学生的全面生长与发展。在德育实践中，必须深刻理解学生的生长具有未完成性、自觉性和选择性等特性，并基于这些理解，采取多元化、创新性的教育方法和手段，不断激发学生的潜能，丰富和拓展他们的生活经验，以最大限度地满足他们的生长需求。通过这样的方式，能够让学生充分展现其生长性，使其真正成为德育实践活动的主体。

第一，学生的生长具有未完成性。学生正处于生命中充满变化和发展的关键阶段，可塑性极强，拥有无限的发展潜能和可能性。他们如同一块未经雕琢的玉石，需要精心打磨和塑造。德育的目的并非只是让学生学会遵守规则和规范，更重要的是促进他们的生长与发展。德育应当关注学生的个体差异，尊重他们的个性，激发他们的潜能，帮助他们更好地适应社会、成为有用之才。在德育实践中，应该注重培养学生的品德、能力和素质。品德的培养是德育的核心，主要包括诚实、守信、尊重他人、有责任感等品质的培养；能力的培养则包括学习、沟通、合作、解决问题等技能的培养；素质的提升主要关注学生的心理健康、自我管理、创新思维等方面。为了实现这些目标，需要采用多种德育方法。例如，通过课堂教学、校园文化活动、社会实践等方式，让学生在实践中体验、感悟、成长。同时，还需要建立良好的师生关系，让教师以身作则，成为学生的榜样。此外，德育还需要关注学生的心理健康。在当今社会，学生面临着种种压力和挑战，如学业压力、人际交往等。因此，需要关注学生的情感需求，提供心理支持和辅导，帮助他们建立积极的心态和培养应对压力的能力。总之，学生的生长具有未完成性，德育的目的应该是促进他们的生长与发展。

第二，学生的生长具有自觉性。这是由于中学生好奇心强，乐于探究，并

---

① 冯建军. 生命与教育[M]. 北京：教育科学出版社，2004.

具有敢于尝试的勇气。因此，教师在德育实践中应采取各种方式和手段，不断地激励学生，满足学生生长的需要。首先，教师应关注学生的兴趣和需求，尽可能地丰富和充实学生的现有生活经验。例如，教师可以组织各种实践活动，让学生亲身体验，增强他们对德育内容的理解。同时，教师还可以通过引导学生阅读、讨论等方式，拓宽学生的视野，增强学生的思考能力。其次，教师应注重培养学生的自主性。学生是德育实践的主体，教师应引导学生积极参与教学过程，发挥学生的主体作用。例如，教师可以让学生参与课堂讨论，发表自己的观点和看法，培养学生的独立思考和表达能力。最后，教师应将学生的发展引向未来。德育实践不仅仅是让学生掌握德育知识，更是要培养学生的品德和能力，为学生未来的发展打下坚实的基础。因此，教师应注重培养学生的创新精神和实践能力，引导学生树立正确的价值观和人生观。

第三，学生的生长具有选择性。学生生长具有选择性，这是由学生的个体差异和主观能动性所决定的。每个学生均具备无可替代的独特性，随着年龄的增长，他们会逐渐形成各自独特的价值观体系，并对自己的未来持有不同的期望与规划。因此，在德育实践中，应该充分认识到学生的这种选择性，尽可能地满足他们的兴趣需求，激发他们的动机。为了更好地满足学生的兴趣需求，学校应该提供多种可供选择的机会和条件。例如，在课程设置上，除了必修课程外，可以开设更多的选修课程，让学生根据自己的兴趣选择。此外，学校还可以组织各种社团活动、社会实践等，让学生在实践中发现自己的兴趣和优势。当然，学生的选择并不是随意的，需要教师的指导和引导。教师应该帮助学生了解自己的兴趣和优势，明确自己的发展方向，同时也要教育学生学会承担选择所带来的责任。在学生选择的过程中，教师还应该注重培养学生的自主性和创造性，让他们在选择中不断成长和进步。最后，做选择并不是一件容易的事情，需要学生不断地积累经验、克服困难。在这个过程中，教师应该给予学生足够的支持和鼓励，让他们在做选择的基础上不断成长和进步。只有这样，学生才能真正地发挥自己的主观能动性，走出适合自己的正确道路，实现自己的价值和梦想。

总之，"生长"意味着学生具有发展的无限潜能和可能性。生长性德育承担着促进学生生长与发展的重要责任。在德育实践中，我们应该充分认识到学生的生长特点和发展需求，采取各种有效措施促进学生的全面发展。只有这样，我们才能真正实现德育的目的——促进学生的生长与发展。

三、生成性

生成性是就德育过程来说的,与"生成"相对的一个概念就是"已成"或者"现成",相对于它们而言,生成强调的是事物发展变化过程本身,而不是事物本身。从德育实践中的德育过程来讲,生成指在教育实践中,师生德育行动与既定思路或实践方案产生偏差或超越既定轨迹,进而转向另一方向的现象。因此,教师应针对德育实际情况,灵活调整德育流程、方法、结构乃至组织形式,确保德育过程保持动态、应变的状态,以适应不同情境与需求。

正如过程哲学所揭示的那样,一切事物都处于永恒的变化之中,不存在一个预定的样式或本质属性。过程哲学强调事物的过程性存在,将事物视为动态发展的。这种观点要求我们摒弃传统的静态、孤立思考方式,转而借助事物自身的普遍联系和动态发展去思考问题,认为只有这样,才能真正理解事物的本质和内在规律。只有用发展和动态的眼光去看待事物,才能真正地推动事物的发展,实现个人和社会的进步。

德育实践虽有周密计划,但在实施过程中难免遇到诸多不可预见的情境。因此,必须根据实际情况灵活应对,不可将预设情形视为必然达成的目标。同时,师生的德育生成应得到充分的允许与鼓励,以促进德育实践的深入发展。我们必须明确一点:德育实践并非一成不变的。尽管制定了详细的计划和目标,但在实际操作中,学生的反应、外部环境的变化以及其他不可预见的情况都可能影响计划。因此,需要具备一种开放的心态,随时准备根据实际情况做出调整。例如,在课堂上进行一项关于团队合作的德育活动时,可能会遇到某个小组内部出现矛盾的情况。这时,不能仅仅按照原定的教学计划进行,而应该及时介入,引导学生通过沟通、理解和妥协来解决矛盾。这样的处理方式不仅能够帮助学生解决实际问题,还能够让他们在实践中学习如何处理人际关系,提升他们的道德判断和行为选择能力。此外,德育实践的成功与否并不仅仅取决于是否达成了预定的目标,更在于学生是否真正从中受益。因此,应该鼓励师生在实践中不断探索、尝试和创新。例如,可以邀请学生参与到德育活动的策划中来,听取他们的意见和建议,让他们感受到自己的价值和重要性。同时,也可以借鉴其他学校的成功案例,结合本校的实际情况进行创新,使德育实践更加贴近学生的实际需求。

中学德育的生成性是一种不把事物僵硬化、静态化，而注重过程性、灵活性的思维方式。在德育实践中，这种思维方式有助于更好地理解和应对各种复杂的情况和问题。通过调整和改变德育过程与方法，可以更好地促进学生的全面发展，培养他们的道德品质和综合素质。

四、生活性

生活性是就德育内容来说的，主要涉及应然和实然两个层面。

从应然的角度看，教育是人类特有的活动，它既是人为的，也是为人的。教育源于生活，同时也是生活的一部分。杜威的"教育即生活"和陶行知的"生活即教育"这两个观点，虽然表述形式有所不同，但实质上是相通的。它们都强调了教育与生活的紧密联系。教育在生活中，生活也在教育中。杜威认为，教育不仅仅是传授知识的过程，更是塑造人格、培养能力和价值观的重要途径。教育应该与生活紧密相连，让学生在生活中体验、学习和成长。只有这样，教育才能真正发挥其应有的作用，帮助学生更好地适应社会、发展自我。陶行知的"生活即教育"则进一步强调了生活的教育价值。在他看来，生活中的每个瞬间、每个场景都蕴含着教育的可能性。无论是学习做饭、修理家电，还是与人交往、处理问题，都是生活中的教育。陶行知认为，真正的教育不应该局限于学校和课堂，而应该贯穿于生活的方方面面。许多研究表明，那些在真实生活情境中学习的学生，往往能够更好地掌握知识和技能，同时也更有可能将所学应用到实际生活中。这是因为生活为教育提供了丰富的情境和真实的反馈，使得学习更加有意义和实用。

从实然的角度来看，当前学校教育活动特别是德育实践存在与生活脱节的问题。由于过度强调知识、考试、分数和升学，教育活动变得越来越远离现实生活。这种与生活完全隔绝的教育状况亟须改变，因为它已经无法满足现代社会对人才培养的需求。针对此问题，德育的生活性特点强调德育实践需紧密结合师生的实际生活，应将生活元素融入德育实践中，深入挖掘师生周边生活中的知识信息，以此扩充和深化教学内容。这种全新的德育资源观将使德育实践更加贴近师生的生活实际，从而更有效地提升他们的生活技能。具体来说，德育实践应该关注学生的实际需求，了解他们的兴趣爱好、性格特点和生活经历。同时，将生活内容融入德育实践还可以帮助学生更好地理解抽象的道德观念和价值观，使他们更好地融入社会、学会与人相处、创造美好的生活。为了实现这一目标,学校和教育工作者需要采取一系列措施。首先,应该改革教育评价体系,减少对分数和升学的过度关注,增加对学生综合素质和实际能力的评价。其次,应该加强德育课程与现实生活的联系,使课程内容更加贴近学生的实际需求。此外,还应该注重实践教学,通过开展各种社会实践活动和志愿者服务,让学生亲身体验社会生活和人际关系,培养他们的社会责任感和团队合作能力。

此外,德育的生活性还强调要关注学生的个体差异和个性发展。每个学生都是独一无二的,他们带着各自的生活经历和体验走进学校,这些经历和体验深刻地影响着他们的成长和发展。我们必须认识到,个体差异是自然的、合理的,不同的学生有不同的兴趣、天赋、学习方式和节奏。作为教育者,应当接纳并尊重这些差异,而不是试图将他们塑造成统一的模式。只有这样,才能真正激发每个学生的潜能,帮助他们找到适合自己的成长道路。关注学生的个性发展是德育生活性的另一个重要方面。每个学生都有自己的性格特点和优势,德育的目标之一就是帮助学生认识并发展自己的个性。这需要深入了解每个学生的情感需求和心理状态,为他们提供有针对性的支持和引导。例如,对于内向的学生,应鼓励他们发挥自己观察力强和深思熟虑的优势;而对于外向的学生,则应培养他们的团队合作和沟通能力。为了实现这一目标,可以采取一系列措施。例如,开展多样化的德育活动,让学生有机会展示自己的特长和兴趣;创设宽松、包容的学习环境,鼓励学生勇敢表达自己的观点和感受;实施个性化评价,更加全面、客观地反映每个学生的德育发展状况。此外,还应帮助学生树立积极的生活态度和价值观。这不仅包括对道德原则的理解和遵守,更包括对生活的热爱、对他人的尊重以及对社会的责任感。通过引导学生参与社会实践、志愿服务等活动,可以让他们在亲身经历中感受和理解德育的真谛。

总之,德育的生活性是一种强调教育与生活紧密联系的德育理念。它要求中学德育实践关注学生的现实生活和个体差异,将生活内容融入中学德育实践中,培养学生的生活能力和个性。只有这样,才能使德育真正发挥出应有的作用,帮助学生更好地成长和发展。

五、"四生"之间的内在联系

(一)生命性是中学德育"四生模式"的关键因素

首先，必须高度尊重生命个体的地位和人格。每个学生都是一个独立的个体，拥有自己的思想、情感和个性。在德育过程中，教师应当充分尊重学生的主体性，避免简单地将知识灌输给学生。教师应该引导学生独立思考、自主探索，让他们在探索中成长。这种尊重不仅有助于培养学生的自尊心，还能激发他们的学习热情和创造力。为了更好地尊重学生的主体性，教师可以采取多种策略。例如，教师可以采用启发式教育，引导学生发现问题、分析问题和解决问题。这样可以培养学生的独立思考能力和解决问题能力。其次，教师可以采用小组合作的形式，让学生在交流、合作中共同成长。这不仅可以培养学生的合作精神，还能提高他们的交流能力。此外，教师还可以通过关注学生的情感需求来更好地尊重他们的主体性。学生是有情感需求的个体，他们渴望得到关注和认可。教师可以通过关心学生的情感状态，了解他们的内心世界，从而更好地引导他们成长。

其次，要充分发挥生命的积极作用。学生不是德育的被动接受者，而是德育活动的积极参与者。通过组织学生参与多样化的道德实践活动，如志愿服务、社区活动等，可以让他们在亲身实践中感受道德的力量，培养他们的道德情感和责任感。这种参与式的教育方式有助于学生形成正确的道德观念，提高他们的道德判断力和行为选择能力。在德育活动中，学生能够亲身体验人与人之间的互动关系，理解自己的行为对他人和社会的意义。这种体验式的学习方式能够让学生更加深入地理解道德观念。例如，在志愿服务活动中，学生能够亲身感受帮助他人的快乐和成就感，从而培养他们的爱心和同情心。在社区活动中，学生能够了解社区的运作和公民的责任，从而培养他们的社会责任感。此外，参与式教育还有助于提高学生的自我认知和自我管理能力。在亲身实践中，学生会遇到各种挑战和困难，需要独立思考、自主决策，这种过程能够帮助学生发现自己的优点和不足，激发他们的自我提升意识。同时，通过参与德育活动，学生还能够学会如何管理自己的情绪和行为，提高自我管理能力。

再次，要十分注重生命的和谐发展。德育的目标不仅仅是提高学生的道德水平，更是促进学生的全面和谐发展。在德育实践中，教师应当关注学生的心理健康、人际关系等方面，帮助他们树立积极的人生观和价值观。心理健康是学生全面发展的重要基础，德育实践中，我们应注重培养学生的心理素质，提高他们的心理适应能力和抗压能力。例如，可以通过开展心理健康教育活动、心理咨询等方式，帮助学生解决心理问题，增强他们的自信心和自我调节能力。良好的人际关系是学生成长的重要保障，德育实践中，我们应注重培养学生的社交能力，让他们学会与人相处、尊重他人、理解他人。例如，可以通过组织团队活动、社交训练等方式，提高学生的沟通能力和团队协作精神。此外，还要注重培养学生的社会责任感。学生作为社会的一员，应当承担一定的社会责任。德育实践中，我们应注重培养学生的社会责任感，让他们学会关心社会、服务社会，让学生参与到社会公益事业中，增强他们的社会责任感和奉献精神。

最后，要建立体现生命性的师生关系。在传统的教学模式中，教师往往扮演着权威的角色，学生则处于被动接受的位置。然而，这种关系已经无法满足现代教育的需求。教师与学生之间的关系不仅是教育者和被教育者的关系，更是一种生命的交流与互动。教师应以平等、开放的心态对待学生，每个学生都应是一个独立的个体，拥有自己的思想、情感和潜能。教师应该尊重学生的个性差异，理解他们的需求和困惑，并给予积极的引导和支持。只有在平等和开放的环境中，学生才能充分发挥自己的主观能动性，积极参与学习过程。教师应关注学生的情感需求，因为除了知识的学习，学生的情感发展同样重要。教师应当关注学生的情绪变化，倾听他们的心声，了解他们的喜怒哀乐。通过与学生建立深厚的情感纽带，教师可以更好地理解学生，发现他们潜在的问题和困惑。这种情感联系不仅有利于学生的心理健康，还能激发他们的学习热情和创造力。教师应当引导学生健康成长。学生的成长是一个复杂的过程，需要教师的引导和帮助。教师应当关注学生的全面发展，不仅关注他们的学业成绩，还要注重培养他们的品德、情感和社交能力。

教育是人类社会的一种重要活动，其根本目的是培养人的全面素质和能力。而人的全面素质和能力，离不开对生命的认识和尊重。生命是教育的起点和归宿，是教育存在的基础。教育必须以生命为出发点，关注生命的成长和发展，才能真正实现其价值。德育是教育的重要组成部分，其目标是培养人的道德品质和道德行为。而道德品质和道德行为，离不开对生命的认识和尊重。只有对生命有深刻理解，才能真正懂得什么是道德，什么是伦理，什么是责任。

因此，在德育实践中，必须把握好德育工作的生命性这一关键所在，构建更富有生命性的德育体系。构建更富有生命性的德育体系需要从多个方面入手。首先，要注重生命教育，引导学生认识生命的本质和意义，珍惜生命、尊重生命、关爱生命。其次，要注重情感教育，引导学生体验生命的情感和价值，培养积极向上的情感态度和价值观。最后，要注重实践教育，引导学生将所学知识运用到实际生活中，培养实践能力和创新精神。

经过上述讨论，可以明确的是，生命的存在与发展是教育的基石和核心，这一观点已经在社会各界达成共识。生命的生长、发展和生活实践，都深深植根于生命的本质。因此，在德育的实际工作中，必须深刻理解并把握德育工作的生命性这一核心要素，从而构建更加具有生命性的德育体系。

（二）生长性是中学德育"四生模式"的根本宗旨

生长，是生命的本质特性，也是人们后天努力追求的最终目的和承担的根本任务。杜威指出："教育就是不断地生长，在它自身之外，没有别的目的。"他进一步强调，学校教育的目的在于组织保证生长的各种力量，以保证教育得以继续进行。① 从这个意义上讲，生长不仅是一个目标，更是一个过程。教育的过程就是一个持续不断地促进生命生长的过程。在这个过程中，学校德育工作扮演着至关重要的角色。它不仅需要关注学生的知识积累，更需要关注学生的道德成长和人格完善。因此，学校德育工作的最终目的应该是促进和实现生命的生长。

必须明确一点，生长不仅仅局限于知识的积累，还涵盖了更为广阔的领域，包括个体的人格完善、道德成长以及价值观的形成。这就意味着，学校德育工作不能仅仅停留在传统的知识传授上，还应该更加注重学生的全面发展。德育工作是促进学生全面发展的重要一环。它不仅关乎学生的知识积累，更关乎他们的道德品质和人格塑造。在这个过程中，学校需要关注学生的个体差异，尊重他们的个性发展，引导他们形成正确的价值观和人生观。② 为了实现这一目标，学校需要采取一系列的措施。例如，开展丰富多彩的德育活动，让学生在实践中体验和感悟德育知识；营造良好的校园文化氛围，让学生在潜移

---

① 赵红亚. 论杜威"生长理论"中的终身教育思想[J]. 继续教育研究, 2005(4)：23-26.

② 张晓霖. 高校人性化教学管理改革的探讨[J]. 知识文库, 2015(21)：90.

默化中受到熏陶；加强师生之间的交流与互动，让学生在关爱与陪伴中成长。

此外，学校德育工作还需要与时俱进，不断创新。随着社会的不断发展，德育工作在学校教育中的地位越来越重要。然而，传统的德育工作方式已经不能满足现代教育的需求。首先，学校德育工作的内容需要不断更新和完善。在当今社会，学生的思想观念和价值观念较以往发生了很大的改变，德育工作的内容也需要随之变化。其次，学校德育工作的形式需要不断创新。传统的德育工作方式往往是单一的、机械的，缺乏互动和参与性，很难引起学生的兴趣和共鸣。再次，学校德育工作还需要注重学生的个体差异和个性化需求。每个学生都是独特的个体，他们的思想观念和价值观念都有所不同。因此，学校德育工作应该注重学生的个体差异和个性化需求，针对不同的学生采取不同的德育方式，让每个学生都能得到适合自己的德育。最后，学校德育工作还需要加强与家长的沟通和合作。家庭教育是学校教育的重要组成部分，家长的思想观念和行为举止对学生的影响非常重要。只有不断更新和完善德育工作的内容和形式，注重学生的个体差异和个性化需求，加强与家长的沟通和合作，才能真正发挥学校德育工作的作用，为学生的生命生长提供有力的支持。中学德育"四生模式"正是基于这样的理念提出的。它以生长性为唯一宗旨，将生命性、生成性、生活性都作为其航向，不断向前发展。通过这样的模式，我们能够更好地关注学生的全面发展和终身成长，培养更多具有健全人格和良好道德品质的人才。

（三）生成性是中学德育"四生模式"的过程要求

生命性、生长性、生活性都需要生成性过程来达成。在中学德育实践中，生成性是一个至关重要的基本要求。德育，作为塑造学生品德、价值观的重要过程，本身就是一个动态发展的过程。在这个过程中，由于新情况不断出现，有时会偏离预定的轨道，从而出现新的结果。这种动态性和生成性，正是德育实践的魅力所在。

首先，德育工作的开放性、复杂性和变化性决定了其生成性。在中学德育实践中，教师面对的是一群具有不同背景、性格和经历的学生，而每个学生都是独特的个体，他们的思想、行为和情感各不相同。这就要求教师在德育过程中，不能简单地采用一刀切的方法，而是要根据每个学生的特点，灵活应对，因材施教。同时，社会环境也在不断变化，新的社会问题、价值观和行为方式不断涌现，这也要求德育工作要与时俱进，不断调整和更新。其次，师生生命的独特性和创造性也是德育实践生成性的源泉。每个学生都有自己的潜能和天赋，他们的思想、行为和情感都具有创造性。教师在德育过程中，要尊重学生的主体性，激发他们的创造性，引导他们自主探索、思考和行动。同时，教师自身也要发挥创造性，不断探索新的德育方法、途径和手段，以更好地满足学生的需求。最后，社会生活的多变性也让德育实践过程充满了生成性。随着社会的不断发展，人们的价值观、行为方式和人际关系也不断变化。这些变化对德育工作提出了新的挑战和要求。在德育实践中，教师需要关注社会生活的变化，引导学生正确认识和应对这些变化，培养他们的适应能力和创新能力。

德育实践并非道德知识的简单传授与掌握，而是一段涉及师生生命体验与共同成长的旅程。作为教师，需要以关注学生终身发展为出发点，真诚地尊重并悉心呵护每一个学生的生命，并且在此基础上，积极营造民主、平等、和谐的交流氛围，以激发学生的思维活力。通过这样的方式，德育实践得以在动态生成中展现出其独特的美感和丰富性。因此，生成性成为中学德育"四生模式"实施过程中的核心要求。为了确保中学德育"四生模式"的有效性，必须在德育实践中注重生成性的具体落实。

（四）生活性是中学德育"四生模式"的内容要求

教育和生活，这两者之间存在着千丝万缕的联系，良好的教育需要生活的支撑，而生活的丰富与多彩也需要教育的引导和启迪。生活，这个看似平凡的词汇，却蕴含着无尽的教育智慧。生活中的点点滴滴，无论是琐碎的日常还是重大的事件，都可以成为教育的素材。例如，生活中的挫折与困难，可以教会我们坚韧与刚毅；生活中的美好与善良，可以激发我们对真善美的追求。因此，教育应当紧密结合生活实际，让教育内容更加贴近生活，更加具有现实意义。德育，作为教育的重要组成部分，更应该注重与生活的结合。在德育内容中融入生活世界的内容，可以帮助学生更好地理解道德的内涵，更好地践行道德行为。无论是学校还是家庭，无论是课堂还是社会，到处都有教育的机会和可能。

因此，生命性、生长性和生成性均离不开生活性这一坚实的基石。就教育与生活的关系而言，无论是杜威提出的"教育即生活"，还是陶行知所倡导的"生活即教育"，均未能完全揭示其内涵。笔者认为"教育即生活"的理念具有多重含义。首先，这一理念表明教育源于生活，是生活的一个重要组成部分。其次，它强调教育不仅仅是学校的事情，还涵盖了生活的各个方面，学校只是教育的一部分，而非全部。再次，现实生活应当被视为教育的重要载体，要将生活融入教育之中，赋予其深远的教育意义。最后，教育应当服务于生活，满足人们追求更高品质生活的需求，既根植于生活，又超越生活，引领生活的发展方向。

第二节 中学德育"四生模式"的价值追求

中学德育"四生模式"是从德育活动过程整体展开来说的，即从德育活动的主体(生命)、目的(生长)、过程(生成)、内容(生活)出发来组织和实施德育活动，彰显德育主体的生命性、着眼德育目标的生长性、强调德育过程的生成性、注重德育内容的生活性。"四生模式"的结构如图3-1所示，它是基于德育的基本理论，针对现实德育存在的问题，在"四生"观的指导下提出来的。

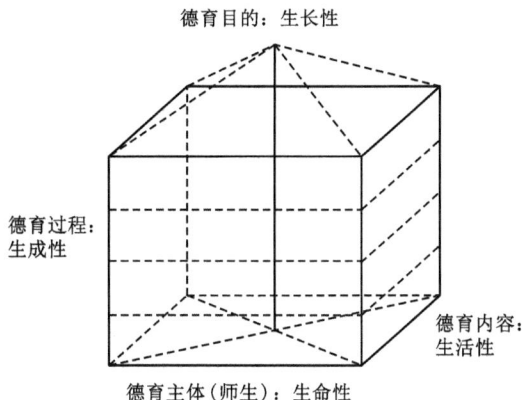

图3-1 中学德育"四生模式"立体四维模式图

在这一理念下，中学德育"四生模式"不仅关注个体的内在需求，也兼顾社会的外在期望。它强调学生的生命价值，尊重他们的生长规律，引导他们积极参与社会生活，促进他们的全面发展。同时，该模式也注重德育活动的开放性和生成性，允许教育者根据实际情况进行灵活调整，使德育活动更加贴近学生实际，更具针对性和实效性。

在实施过程中，"四生模式"以"四生"观为指导，通过丰富多彩的教育活动，让学生在亲身体验中感悟生命的尊严和价值，培养他们的社会责任感和公民意识。同时，该模式也强调德育与其他学科的融合，让学生在获取知识的同时，也能提升道德品质，形成健全的人格。

总之，中学德育"四生模式"是一种富有创新性和实践性的德育理念，它旨在构建一种德育模式，让每一个学生都能在其中得到全面、和谐的发展。随着该模式的不断推广和实践，我们有理由相信，中学德育将迎来更加美好的明天。

立德树人是当今学校教育的根本任务，中学德育"四生模式"是立德树人任务实现的主要途径。立德树人和"四生模式"都必须落实到学校德育的各个方面、各个环节，二者之间具有内在的逻辑一致性，即二者都必须通过各科课堂教学、各种学校教育活动(班会活动、团队活动、文体活动、节假日社会实践活动等)、各种校外社会实践活动来进行。换句话说，立德树人是学校德育和教育的根本任务和基本内容；中学德育"四生模式"是立德树人重要的甚至是最佳的途径。中学德育"四生模式"中，尊重主体生命是核心要素，促进学生全面发展是根本目的，关注现实生活是教育内容的重点，而强调过程生成则是独特之处。要想充分展现德育的生机与活力，获得最佳的德育效果，必须确保这四个方面相互协调、相互促进。就德育而言，深刻理解和把握这些属性，对于实现立德树人根本任务、提升育人效果具有至关重要的意义。

一、凸显中学德育的生命性

生命性在于回答德育的主体是具有生命的"人"。"激活生命"也就是发挥德育主体的作用。在德育过程中，应该尊重个体的差异，激发他们的内在潜能，让他们在自我实现的过程中得到成长。这不仅是对个体生命的尊重，更是对人类文明的传承和弘扬。通过德育，可以引导个体树立正确的世界观、人生观和价值观，培养他们良好的道德品质和社会责任感。只有这样的教育才能真正为个体的生命发展奠定坚实的基础。德育是塑造人的灵魂和品德的教育。灵魂是一个人的内在本质，品德则是其外在的表现。德育的目标就是引导个体追求真善美，培养他们高尚的道德情操和人文精神。在这个过程中，应该注重个体内在的修养和外在的行为表现，让德育真正成为塑造灵魂和品德的教育。

要凸显德育的生命性，就必须高度尊重师生(特别是学生)作为生命存在的价值，激发师生作为生命个体的活力，充分发挥师生作为德育主体的作用。在中学德育"四生模式"实践中，要高度尊重学生的主体性，充分发挥学生的自主性，尽量激活学生的能动性，着眼学生发展的整体性和多样性。《学记》要求教育做到"由其诚、尽其才"，从学生的内在需要出发，充分发挥学生的才能特长，让学生自觉主动、生动活泼地去实践去体验，使其生命性得到充分激活、体现和凸显。在新时代立德树人总方针指导下，学校德育应当充分凸显学生，真正把学生当成人，真正重视学生的生命存在，尊重他们的个性，激发他们的活力，充分发挥其作为德育主体的重要作用。

二、着眼中学德育的生长性

德育，简而言之，就是教育人们如何做人。它不仅关乎个人的品行修养，更涉及社会的和谐稳定。做人，不同于做事，它是一门需要用一生去研习的学问。与做事相比，做人更注重内在的修养和品格的塑造。品格是行为的基石，它决定了人们对待自己、对待他人和对待社会的态度。德育就是要培养人具备正直、善良、诚实、宽容等基本品质，从而在人生的道路上走得更远、更稳。一个具备良好品德的人，不仅能够赢得他人的尊重和信任，更能够在社会中发挥积极的作用。因此，德育对于社会的和谐稳定至关重要。

中学德育"四生模式"的目的，就是促进学生一生的持续生长，并拓展他们发展的长度和宽度，使他们成为一个对社会有用的人、一个符合社会需求的人。生命发展的核心特性和终极目标是持续成长与进步。在中学德育实践中，"四生模式"必须紧密围绕学生成长的四大特性展开。首先，是学生的未完成性。他们的成长潜力无穷，教育者应避免过早地对学生进行负面评价，如认为他们不能成功、不善处世或无用等。这种主观偏见可能对学生的成长产生不利影响。教育者应该以公正客观的态度，为每个学生提供平等的关爱和发展机会。其次，学生是充满好奇和挑战欲的个体，教育者应充分利用这一点，通过提问引导学生思考，而非简单地告知答案。再次，学生具有选择性，每个人都有自己的兴趣和目标。德育活动应多样化，以满足不同学生的需求。最后，学生的成长过程具有不确定性，他们容易受到外部环境的影响。因此，如何减少消极影响，增加积极影响，以及如何引导学生接受并内化社会主流的人生观、价值观和世界观，是德育工作者需要深思的问题。

三、注重中学德育的生成性

德育的目的在于立德树人，而空洞的理论和机械的宣讲往往难以实现这一目标。因此，应当将德育与生活紧密结合起来，以更加实际、生动、有趣的方式来进行德育。生活中的点点滴滴，无论是喜怒哀乐还是悲欢离合，都是塑造个体品德的素材。生活中的每一次经历，都是理解世界、理解他人的窗口，也是塑造自我品德的基石。德育并非空中楼阁，而是要落地生根，服务于实际生活。空洞的理论、机械的宣讲，如果不能与实际生活相结合，就如同一纸空文，无法达到立德树人的目的。只有将德育与生活紧密结合，才能让个体在实际生活中践行道德理念，实现德育的价值。真正的德育，并非刻意地灌输，而是潜移默化地影响。生活中的一言一行、一举一动，都可以成为德育的载体。正如孔子所说："君子欲讷于言而敏于行。"真正的德育，是行动中的德育，是生活中的德育。

德育既来源于生活，服务于生活，又通过生活得以实施。因此，应该将德育与生活紧密结合，让德育在生活的土壤中生根发芽，茁壮成长。在中学德育"四生模式"的实践中，应着重关注以下四点：一是唯有提出贴近学生生活的问题，才能充分激发他们的学习兴趣，而这类问题往往具有卓越的德育价值；二是利用与学生生活紧密相连的德育素材，有助于他们理解并应对实际生活中所面临的挑战与难题；三是构建与学生日常生活紧密相关的德育情境，不仅能够唤起他们的生活经验，还能助力他们解决实际问题，从而树立正确的世界观、人生观和价值观；四是生活具有鲜明的时代性和多样性，不同时代的流行元素各异，每个人的生活经历也迥然不同，因此，教师在组织生活化德育活动时，应避免以自身视角和经验来替代学生的视角和经验，应以学生的生活环境为基点，运用他们熟悉的生活经历和素材来提出问题、寻找德育资源、构建情境。这样做不仅有助于消除"代沟"，还能确保德育活动的成效。

四、实现中学德育的生活性

生成与预设在德育工作中相辅相成，不可或缺。德育既需周密的策划与前置设定，又应重视过程中的动态生成，避免一成不变、缺乏惊喜。生成的特点在于其丰富多样、开放包容、灵活多变且错综复杂。因此，德育的实施时间、空间布局、内容选择以及方法运用都应体现出这些特质，而不应局限于学校环境，内容单调乏味，方法刻板僵化，缺乏持续性与深度。

在时间的维度上，德育应当作为学生成长历程中不可或缺的一环，自学生初入校园的入学教育开始，贯穿中间年级的常规教育，直至毕业年级的励志教育，全程贯穿、持续深化。从空间的维度来看，德育的实施不应局限于校园之内，而应广泛拓展至家庭与社会环境之中，实现全方位、多角度的覆盖。在学校环境中，教师作为德育的主要实施者，承载着传授德育知识、引导学生形成正确价值观的重要使命。然而，德育的推进同样需要家长和社会相关人士的积极参与和配合，共同肩负起德育的责任，形成家校社协同育人的良好局面。在德育的内容层面，应当全面涵盖政治教育、思想教育和道德教育三大类别。这包括但不限于爱国主义教育、集体主义教育、理想教育、自觉纪律教育、心理教育、民主与法治观念教育，以及个人品德与社会公德教育、科学世界观和人生观教育等内容。这些教育内容旨在培养学生的爱国情怀、集体意识、理想追求、自律能力、心理素质、法治观念以及良好的品德修养和社会责任感。在德育的方法层面，可以采取说教、体悟和评价三种形式。说教形式包括说服教育和榜样示范，通过言语讲解和优秀人物事迹展示，引导学生形成正确的道德观念和行为习惯。体悟形式涉及实际锻炼和陶冶教育，让学生在实践中体验道德的力量，陶冶情操、提高修养。评价形式则包括品德评价和品德修养，通过对学生品德的评估和指导，促进其品德的不断提升和完善。只有德育在时间、空间、内容和方法上具有丰富性、开放性和多样性，才能构建起一个四元一体的"立体德育"体系，实现德育的时时生成、事事生成、人人生成和处处生成。

第三节　中学德育"四生模式"的理论特质

一、理论性与实践性相统一

科学的理论性。中学德育"四生模式"继承了中外重要德育理论、中国古代优秀德育文化、马克思主义及其中国化的德育思想。这一模式不仅汲取了古今中外的德育智慧，更结合了新时代的特点和要求。首先，中学德育"四生模式"的理论创新性不容忽视。它不仅顺应了新时代立德树人的根本任务要求，更紧密结合了中学及师生的实际情况。这种创新性的理论构建，既是对传统德育理论的继承，也是对现代德育实践的回应。其次，中学德育"四生模式"的理论体系完整性是其另一大特点。这一模式在继承和借鉴的基础上，对中学德育理论进行了进一步的创新与完善。它不仅涵盖了德育的基本理论，还结合了中学教育的实际情况，形成了一套完整的、具有可操作性的理论体系。这一体系为中学德育实践工作的顺利开展提供了有益的借鉴和指导，使得德育工作更加科学、规范、有效。

积极的实践性。中学德育"四生模式"是一种基于新时期我国国情和中学德育现状的重要理论。这一模式的提出，站在了新时代的前沿，紧密结合了立德树人的根本任务与核心素养培育的时代要求。首先，中学德育"四生模式"注重以广大中学师生为主体，强调德育内容的生活化。这一模式认为，德育不应仅仅停留在课堂和理论层面，还应与中学生的日常生活紧密结合。通过引导学生在生活中实践德育，能够使他们更好地理解和内化德育的价值观念，从而形成良好的道德品质。其次，中学德育"四生模式"强调解决实际问题的能力。在中学德育工作中，不可避免地会遇到各种实际问题。而"四生模式"鼓励德育工作者快速有效地解决这些问题，这有助于提高中学德育工作的针对性和实效性。

在中学德育"四生模式"中，理论性与实践性的统一是至关重要的。只有将德育理论紧密结合实际，才能在具体工作中取得实效。中学德育"四生模式"理论作为德育工作的重要指导思想，需要在实践中不断深化与细化，以更好地指导德育工作的开展。从深度方面来看，需要对中学德育"四生模式"理论进行深入研究。这包括对其基本概念、理论框架、实施方式等进行深入探讨，挖掘其内在的价值和意义。同时，还需要关注中学德育工作的具体实践，了解学生在成长过程中面临的问题和挑战，以及教师在德育工作中的困惑和难点。通过深入了解实际情况，可以对德育理论进行有针对性的完善和改进，使其更加符合实际需要。从广度方面来看，需要将中学德育"四生模式"理论的实践范围不断扩大。这不仅包括在德育课程中实施该理论，还需要将其融入学校教育的各个方面，如班级管理、校园文化、社会实践等。通过全方位的实践，可以更全面地检验德育理论的实效性，并不断总结经验教训，推动德育工作的持续改进。此外，还需要高度重视中学德育"四生模式"的客观实践活动。实践是检验真理的唯一标准，只有通过实践才能真正了解德育理论的优劣。

二、继承性与创造性相统一

中学德育"四生模式"理论的继承性主要体现在以下几个方面。首先，它不仅继承了中华民族优秀的德育传统，还广泛吸收了国外重要的德育理论。这些理论是中学德育工作的基础和指导思想，例如，杜威、陶行知等人的思想在德育工作中发挥着重要的指导作用。杜威强调教育即生活，认为学校应该为学生提供有意义的生活经验，让学生在实践中学习和成长。陶行知则主张教育要与生活实际相结合，强调实践的重要性。这些思想对于中学德育工作具有深刻的启示作用，引导我们在实践中不断探索和创新。其次，中学德育"四生模式"继承了中国古代优秀的德育文化。例如，"因材施教"思想，强调教育者应根据学生的个性、特长、兴趣等，采用不同的教育方法，从而达到更好的教育效果。这一思想在中学德育"四生模式"中得到了充分体现：教育者根据学生的实际情况，制定个性化的教育方案，使每个学生都能得到最适合自己的教育。再如，"有教无类"思想，主张教育不应受身份、地位、年龄、性别的限制，每个人都有接受教育的权利。在中学德育"四生模式"中，这一思想得到了进一步的贯彻，无论学生的背景如何，都能得到关注和培养。这也充分体现了中学德育"四生模式"的公平性和普及性。中国古代的这些德育思想，为中学德育"四生模式"提供了深厚的文化支撑和思想基础。在德育工作中，我们应该珍视这份宝贵的文化遗产，深入挖掘其内涵，为现代德育工作注入更多的智慧和力量。最后，中学德育"四生模式"继承了马克思主义及其中国化中蕴含的德育思想。这些思想是指导我国德育工作的理论基础。例如，毛泽东思想中的"为人民服务"

强调了人的主体性和人民利益的重要性，为中学德育工作提供了重要的指导原则。在德育实践中，应该始终坚持以人为本，关注学生的需求和利益。邓小平理论中的"三个面向"也为中学德育工作提供了重要的启示。这一思想强调教育要面向现代化、面向世界、面向未来，要求我们在德育工作中注重培养学生的国际视野和创新能力，以适应未来社会的发展需要。江泽民同志提出的科教兴国战略思想中蕴含着"以人为本"的发展理念。他认为，发展科技教育应该以人的全面发展为目标。胡锦涛同志提出的"社会主义荣辱观"强调了爱国主义、集体主义、诚实守信、服务人民等基本道德规范，同时也提出了尊重科学、保护环境等现代社会应有的价值观念。习近平同志的"立德树人"思想强调把德育放在人才培养的首位，注重培养学生的思想品德、政治素质、心理素质等内在品质，以及创新精神和实践能力。这些思想在德育工作中发挥着重要的作用，为中学德育"四生模式"提供了理论支撑和思想基础。

同时，中学德育"四生模式"理论也具有创造性。它不仅是对传统德育理论的继承，更是在新时代背景下，结合立德树人的根本任务要求和广大中学及中学师生的实际情况，进行的理论创新和实践创新。在新时代背景下，社会对人才的要求越来越高，不仅需要具备扎实的专业知识，还需要具备良好的道德品质和综合素质。因此，中学德育工作需要不断创新，以适应时代发展的要求。在实践中，中学德育"四生模式"理论注重学生的全面发展，注重培养学生的创新精神和实践能力。它通过开展各种形式的实践活动，如社会实践、志愿服务、科技创新等，让学生在实践中体验、感悟、成长。同时，它也注重培养学生的自我管理和自我教育能力，让学生成为自我发展的主人。中学德育"四生模式"理论的创新不仅体现在对传统理论的改造和提升上，更体现在对新时代德育工作的探索和尝试上。它通过不断探索新的教育模式和方法，使德育工作更加符合学生的实际需求和时代发展的要求。同时，它也注重总结实践经验，不断完善和丰富理论体系，为德育工作的进一步发展提供有力的支持。

中学德育"四生模式"的继承性和创造性相统一，体现了它既是对传统德育理论的继承和发展，也是对新时代德育工作的创新和探索。这种统一性使得中学德育"四生模式"既具有深厚的理论基础，又具有鲜明的时代特征，为新时代中学德育工作的开展提供了有力的理论支撑和实践指导。

三、理想性与现实性相统一

中学德育"四生模式"理论具有理想性。首先，这种理想性体现在对德育目标的设定上。中学德育"四生模式"理论将培养具有高尚品德、健全人格、创新精神和实践能力的社会主义建设者和接班人作为目标，这不仅是对德育目标的理想化设定，更是对未来社会和未来德育的期望。它不仅关注学生的知识水平，更关注学生的品德、人格、创新精神和实践能力，体现了全面发展的教育理念。其次，这种理想性也体现在对德育过程和德育结果的期望上。中学德育"四生模式"理论强调在德育过程中注重学生的主体性、自主性和创造性，鼓励学生积极参与、自主探索和创造性思考。此外，中学德育"四生模式"理论的理想性还体现在它所倡导的德育理念和采用的德育方法上。它强调以人为本、以德为先、全面发展的教育理念，注重培养学生的综合素质和创新能力。同时，它也倡导采用多种德育方法和手段，提高德育效果和质量。

中学德育"四生模式"理论具有现实性。在当今社会，学生面临着各种压力和挑战，德育的生命性显得尤为重要。通过激发德育主体的生命性，学生可以更好地认识生命、珍惜生命、尊重生命，提高生命质量，形成积极向上的生命观。在当今社会，学生面临着多元文化的冲击和价值观的碰撞。通过德育的生活性要求，学生可以学会如何正确处理人际关系、合理规划时间、培养良好的生活习惯，形成积极向上的生活态度。中学德育"四生模式"理论关注德育的生长性，培养学生的创新精神和创造力。在当今知识经济时代，创新是推动社会进步的重要力量。通过德育的生长性，学生可以学会如何发现问题、解决问题，培养创新思维和实践能力，为未来的发展奠定基础。

理想性与现实性相统一，使得中学德育"四生模式"既具有前瞻性和引领性，又具有针对性和可操作性。它不仅关注未来的发展方向和目标，也关注当下的实际情况和问题，并且可以通过不断探索和实践，为实现理想目标提供有力的支持和保障。

四、整体性与阶段性相统一

在整个中学阶段的德育过程中，整体性和阶段性是两个相互依存、相互促进的方面。整体性是指中学六年的全局性、整体性，阶段性则是指中学时期的不同阶段、不同年级。

　　整体性是中学德育"四生模式"中的核心要素。这不仅因为中学教育是一个长期、复杂的过程，更因为德育本身就是一个涵盖了知识、情感、态度和价值观等多方面的教育体系。中学六年，从初一到高三，是学生人生观、价值观形成的关键时期。在这六年中，学校需要为学生提供全面而系统的德育，以确保他们在人格、道德和社会责任感等方面得到充分的培养和发展。在这个过程中，整体性至关重要。首先，整体性体现在德育目标的设定上。学校需要根据学生的年龄特点和认知水平，为每个年级、每个阶段的学生设定明确的德育目标。这些目标不仅需要相互衔接，还需要形成一个有机的整体，以确保德育工作的系统性和连贯性。其次，整体性体现在德育内容的安排上。除了传统的道德教育课程外，学校还需要将德育融入其他学科的教学中，使学生在学习知识的同时，潜移默化地接受道德教育。此外，学校还可以通过组织各种德育活动，让学生在实践中体验和感悟德育的价值。最后，整体性还体现在德育评价上。学校需要建立一个科学的德育评价体系，将学生的道德表现与学业成绩同等对待。通过这种方式，学校可以全面、客观地评价学生的德育发展水平，从而为进一步优化德育工作提供依据。

　　阶段性也是中学德育"四生模式"中的重要方面。中学时期是个人成长的关键阶段，这一时期的学生正处于身心发展的快速变化期，他们的心理和认知特点会随着年级的提高而不断变化。因此，德育过程中的阶段性显得尤为重要。只有根据不同年级、不同阶段的学生特点，制定相应的德育目标和内容，才能更好地满足学生的成长需求。例如，在初一、高一起始年级阶段，学生的主要特点是适应新环境和角色转换。此时，德育工作的重点应放在培养学生的行为习惯和礼仪规范上。学校可以通过组织新生入学教育、制定校规校纪、开展文明礼仪课程等方式，引导学生树立正确的价值观和行为准则，培养良好的行为习惯。进入初二、高二中间年级阶段，学生的自我意识开始觉醒，他们开始关注自身的内心世界和自我价值。此时，德育工作应注重培养学生的自我认知和自我管理能力。学校可以通过开展心理健康教育、组织自我探索活动、引导学生制定个人发展计划等方式，帮助学生认识自己、发掘自己的潜能，提高自我管理能力。到了初三、高三毕业年级阶段，学生开始更多地关注社会和未来职业发展，他们的社会责任意识逐渐增强。此时，德育工作应注重培养学生的社会责任感和公民意识。

　　整体性和阶段性在中学德育"四生模式"中是相互依存、相互促进的。整体性为阶段性提供了宏观的指导和方向，阶段性则为整体性提供了具体的实施和落实方法。只有将整体性和阶段性有机结合，才能更好地实现中学德育"四生模式"的目标，促进学生的全面发展。

第四章

"四生"视角下中学德育现状调查与分析

现状调查是指对某一领域、某一问题进行全面、系统的调查和研究，收集客观的数据和信息，了解其现状、特征和存在的问题。现状分析则是对所收集的数据进行分析，以找出问题和问题的根源，为后续工作的改进提供各种数据支持和参考。因此，对中学德育现状开展生命性、生长性、生成性、生活性视角下的调查与分析，对后续中学德育"四生模式"的构建和实施具有重要意义。

第一节 现状调查设计

一、调查对象

笔者担任 M 中学校长，对 M 中学各项德育实践情况比较了解和熟悉。为了更全面地了解 M 中学的德育实践现状，笔者进行了一次深入的调查。这次调查的主要目标是在"四生"视角下对 M 中学的德育实践进行审视与研究，找出 M 中学在德育实践中存在的问题并进行归因分析，为下阶段中学德育"四生模式"在 M 中学的实践提供有益的经验和参考。

为了确保调查的全面性和准确性，本研究选择了 M 中学七年级至高三年级的所有学生、教师及部分家长、社区居民作为调查对象。这样的样本选择旨在涵盖来自不同年龄段的学生、教师、家庭和社区的影响因素，从而更全面地了解和分析"四生"视角下 M 中学德育实践的现状。

二、调查工具

本次调查主要采用问卷调查、访谈和德育观察等方法进行。其中，问卷调查主要针对学生和教师，以了解他们对中学德育实践现状的认知、态度等情况；访谈主要采用个别访谈和集体访谈的方式，以了解教师、学校德育管理层、家长、社区居民等对中学德育实践的看法和建议等情况；德育观察主要针对中学德育实践，以了解中学德育实践的设计、组织、实施和效果等情况。

(一)调查问卷编制

本次调查问卷的设计主要分为学生层面和教师层面。学生层面的调查问卷共计16道题，分为三个部分：第一部分是学生人口统计学变量；第二部分是主体部分，涵盖学生对中学德育及参与中学德育的态度、"四生"视域下学生视角的中学德育实践现状、"四生"视域下学生参与中学德育实践的意愿和能力等三个维度；第三部分是拓展部分，主要了解学生对中学德育实践现状的意见和建议。学生调查问卷具体情况如表4-1所示。

表4-1 学生调查问卷各部分问题分布情况

部分		内容	题号
一		基本信息	1、2
二	主体部分	学生对中学德育及参与中学德育的态度	3、4、5、6
		"四生"视域下学生视角的中学德育实践现状	7、8、9、10
		"四生"视域下学生参与中学德育实践的意愿和能力	11、12、13、14
三	拓展部分	学生对中学德育实践现状的意见和建议	15、16

教师层面的调查问卷共计18道题，同样分为三个部分：第一部分是教师的人口统计学变量；第二部分是主体部分，涵盖教师对中学德育实践的态度、"四生"视域下教师视角中学德育实践的现状、"四生"视域下教师参与中学德育实践的能力等三个维度；第三部分是拓展部分，主要了解教师对中学德育实践现状的意见和建议。教师调查问卷具体情况如表4-2所示。

表4-2　教师调查问卷各部分问题分布

部分	内容		题号
一	基本信息		1、2、3、4
二	主体部分	教师对中学德育实践的态度	5、6、7、8
		"四生"视域下教师视角中学德育实践的现状	9、10、11、12
		"四生"视域下教师参与中学德育实践的能力	13、14、15、16
三	拓展部分	教师对中学德育实践现状的意见和建议	17、18

为了检验问卷质量，本研究在数据收集前进行了小规模预测。其中，教师预测样本97份，有效88份，有效率为90.72%；学生预测样本294份，有效256份，有效率为87.07%。笔者根据样本进行了项目分析、效度与信度检验，发现均符合要求，于是确定了最终版本的调查问卷。

（二）访谈提纲编制

在问卷调查的基础上，笔者进一步拟定了访谈提纲。提纲涵盖了四个层面：教师、学校德育管理者、学生家长和社区居民。通过对这四方的访谈，希望能够全面了解各方对中学德育的态度、看法与建议。同时，在提纲的设计过程中，注重问题的层次性、逻辑性与开放性，以确保访谈能够深入挖掘各方对中学德育的真实想法与观点。

为了确保访谈顺利进行与结果的可靠性，在正式开始之前，进行了小范围内的预访谈。预访谈的对象包括个别教师、学校德育管理层、学生家长和社区居民。通过预访谈，发现了提纲存在的问题与不足，并及时进行了修改与调整。这一环节对于提高访谈质量与效果至关重要。正式的访谈开始后，严格按照提纲进行。在访谈过程中，注重倾听与引导，让受访者能够充分表达自己的观点与想法，同时也关注受访者的情感反应与态度变化，以获取更为真实、深层的信息。

（三）德育观察方案编制

德育观察是本次调查的重要组成部分，旨在通过实地观察深入了解M中学德育实践的具体操作和实施效果。为了确保观察的针对性和有效性，本研究制定了详细的德育观察方案。其主要包含以下几个方面的内容：

1. 观察目标

德育观察的主要目标是了解 M 中学德育实践活动的组织、实施和效果，包括德育课程、德育活动、德育环境等方面的情况。通过实地观察，发现德育实践中的亮点和问题，为后续分析和改进提供依据。

2. 观察内容

（1）德育课程设置与实施情况：观察德育课程的内容、教学方式、课堂互动等方面的情况，评估德育课程的有效性和吸引力。

（2）德育活动开展情况：观察学校组织的各类德育活动，如主题班会、志愿服务、社会实践等，了解活动的参与度和影响力。

（3）德育环境建设情况：观察学校的校园环境、文化氛围、师生关系等方面的情况，评估学校德育环境的营造情况。

（4）德育评价与反馈机制：观察学校德育评价体系的建设、实施和反馈情况，了解学校如何对德育实践进行监督和改进。

3. 观察方法

德育观察采用实地观察、记录和分析的方式进行。观察者将深入课堂、活动现场和校园环境，通过观察、记录、拍照等方式收集数据。同时，观察者还将与学生、教师、学校管理人员等进行交流，了解他们对德育实践的看法和建议。

4. 观察安排

德育观察将分阶段进行，包括预观察、正式观察和后续跟踪观察。预观察旨在熟悉观察环境和流程，正式观察是全面收集数据，后续跟踪观察则关注德育实践的改进情况。在观察过程中，观察者应保持客观、中立的态度，确保观察结果的客观性和准确性。

5. 观察结果处理

观察结束后，观察者将对收集到的数据进行整理和分析，并将其作为本研究后续内容的重要组成部分。

三、调查过程

(一)发放调查问卷

本次问卷调查采用全样本调查的方法,以 M 中学七年级至高三年级的 3412 名学生和 285 名教师为调查对象。学生调查问卷利用信息技术课的时间,由各班信息技术教师组织学生在机房完成,一共发放了 3412 份学生调查问卷,收回了 3412 份学生调查问卷,剔除无效问卷 503 份,剩余有效问卷 2909 份,有效率为 85.26%。具体情况如表 4-3 所示。

表 4-3　学生调查问卷基本情况分析

年级	性别	人数/人	百分比/%	总人数/人
七	男	365	53.76	679
	女	314	46.24	
八	男	351	52.54	668
	女	317	47.46	
九	男	257	52.02	494
	女	237	47.98	
高一	男	171	49.42	346
	女	175	50.58	
高二	男	181	51.57	351
	女	170	48.43	
高三	男	178	47.98	371
	女	193	52.02	

教师调查问卷利用问卷星进行收集和整理，一共回收 285 份教师调查问卷。具体情况如表 4-4 所示。

表 4-4 教师调查问卷基本情况分析

项目	选项	人数/人	百分比/%
性别	男	124	43.51
	女	161	56.49
年龄	未满 35 岁	157	55.09
	35~45 岁	96	33.68
	45 岁以上	32	11.23
职称	副高及以上	68	23.86
	中一	91	31.93
	中二	93	32.63
	未定或无	33	11.58
政治面貌	中共党员	139	48.78
	共青团员	14	4.91
	无党派或民主党派	2	0.70
	群众	130	45.61

(二) 组织实施访谈

除了进行问卷调查之外，笔者还对 M 中学的教师、学生家长、(周边)社区居民进行了访谈。访谈主要集中在 2022 年 3 月中下旬进行。为保护受访者的个人隐私权益，其真实姓名将使用英文字母进行替代。被访谈人员基本情况如表 4-5 所示。

表4-5　教师、家长、社区居民访谈基本情况分析

类别	姓名	性别	职务	年龄/岁
教师	A	男	班主任兼高中语文教师	32
	B	女	初中道德与法治教师	42
	C	男	高中历史教师	47
	D	女	班主任兼初中数学教师	24
	E	男	学工处副主任兼高中年级组长	40
	F	女	校团委书记	31
家长	G	男	高中部班级家委会主任	44
	H	女	初中部学生家长	39
社区居民	I	男	社区工作人员、居民	50
	J	女	社区居民	35

(三)进行德育观察

德育观察将采用多种方式进行,包括实地观察、记录、交流等。观察者深入学校各个角落,观察德育实践的各个环节,记录真实的情况和感受。同时,观察者还将与学生、教师、学校管理人员等进行深入交流,了解他们对德育工作的看法和建议。德育观察重点关注学校德育评价体系的设置、实施和反馈情况。观察者将深入了解学校德育评价标准的制定、评价方法的选择以及评价过程的实施情况。同时,观察者还关注学校德育实践的具体内容和形式,包括德育课程的设置、德育活动的开展等。此外,德育观察对德育实践的监督和改进情况也进行关注。

第二节　调查资料分析

结合问卷调查、访谈和德育观察,本研究在"四生"的教育观下审视 M 中学的德育实践,发现其在生命性、生长性、生成性、生活性等方面存在一些问题。

一、中学德育主体的"生命性"分析

中学德育主体强调"生命性"，要求教师关注学生生命并追求自我生命价值。学校顶层设计需同时关注学生和教师生命价值，调动他们的积极性，激发他们的生命激情。美国行为主义者华生曾说："给我一打健全的孩子，我可以用任何特殊的方法来改变，或者使他们成为医生、律师，或者使他们成为乞丐、小偷。"①在中学德育实践中，这种观念同样影响着一些"自我中心"的教师。他们像园丁一样，在教育领域辛勤耕耘，渴望将每个学生塑造成他们心目中的完美形象。他们期待成为塑造学生命运的艺术家，但往往忽视了学生是拥有独立思考能力和鲜明个性的个体。学生不仅是可以被塑造的，更是有着自己的成长路径和潜力。在学生问卷调查中，仅有24.34%的同学认为在学校德育实践过程中，学生的自主性和主体性得到了尊重，有58.75%的学生则认为"有些尊重，有些不尊重"（图4-1）。这说明，在过去中学德育的实践中，确实存在教师不太尊重学生自主性和主体性的情况。在教师问卷调查中，有29.13%的教师认为学校在布置中学德育实践工作过程中尊重了教师的主体性和自主性，有65.75%的教师认为"有些尊重，有些不尊重"（图4-2）。这表明，学校层面在布置中学德育实践工作时，有不少时候没有充分考虑尊重教师的生命性，机械地把教师当成了完成德育任务的工具。结合以上调查和笔者的观察、访谈，当前中学德育实践中确实存在漠视教师和学生主体性的现象，并主要表现在以下两个方面。

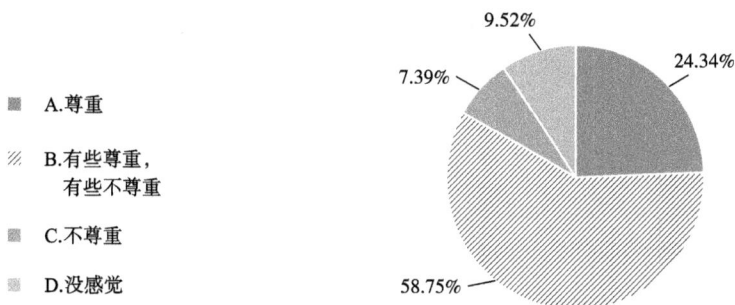

A.尊重

B.有些尊重，
有些不尊重

C.不尊重

D.没感觉

9.52%

7.39%

24.34%

58.75%

图4-1　你觉得学校、老师在组织德育实践过程中，尊重了学生的自主性和主体性吗?

---

① 陈琦、刘儒德. 教育心理学[M]. 北京：高等教育出版社，2005.

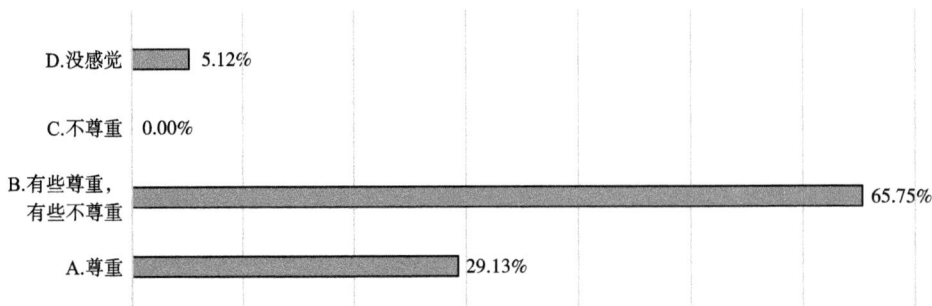

图4-2 你觉得学校在布置中学德育"四生模式"实践工作过程中,
尊重了教师的主体性和自主性吗?

(一)德育活动存在形式化问题

德育活动旨在实现德育目标,依据教育规定,开展促进学生品德成长的活动。笔者通过观察,发现 M 中学德育活动中存在的主要问题有:学校德育活动设计参与者过于集中,缺乏民主性;德育活动形式呈现出制度化、强制性的特征;学校在德育活动开展的整个过程中,忽视学生的主人公地位。在学生问卷调查中,对于问题"你喜欢学校现在的中学德育相关实践吗?",只有 19.73%的学生"喜欢"学校现在的中学德育相关实践,有 64.35%的学生"有些喜欢,有些不喜欢"学校现在的中学德育相关实践,甚至还有 7.29%的学生"不喜欢"学校现在的中学德育相关实践(图4-3)。大多数学生的观点是:学校德育活动有意义,但缺乏多样性和吸引力,并且德育活动多为强制参加,自主选择权有限。在对教师的访谈中,A 老师提到:其实活动还是蛮多的,有全体市直属学校举办的活动,有集团学校举办的活动,也有学校举办的活动。但是,学生参与率并不是很高,很多学生不愿意参与,愿意参与的学生很少。B 老师认为:学生在德育活动中的参与度显著不足。目前,德育活动的决策与实施主要由管理者直接负责,而教师与学生在前期设计与制定中参与度极低。这一现状导致德育活动内容多体现成人视角,未能充分考虑学生的实际需求与兴趣,从而影响了学生的参与意愿和实践效果。德育活动的形式化,忽略了学生自身的积极主动作用。所以,在调查中,有 47.40%的学生表示在中学德育实践过程中,感觉自己多半时候并没有主动提出自己的意见和建议,还有 13.13%

的学生不会提出自己的意见和建议。这也就意味着，有 60.53% 的学生感觉自己的主动性、积极性并没有完全被调动起来，德育实践中的"生命性"也没有得到充分体现(图 4-4)。

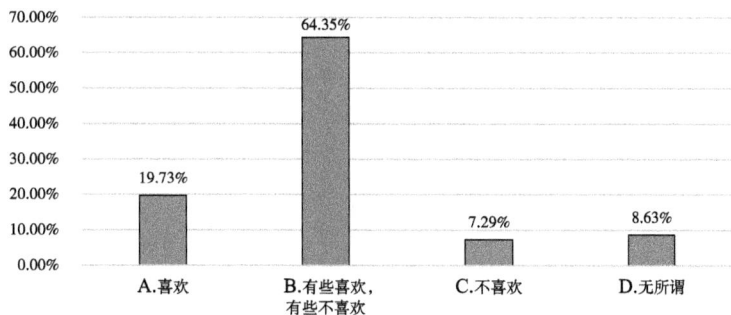

70.00% 　64.35%
60.00%
50.00%
40.00%
30.00%
20.00% 19.73%
10.00% 　　　　　7.29%　　8.63%
0.00%
A.喜欢　B.有些喜欢,　C.不喜欢　D.无所谓
　　　　有些不喜欢

图 4-3　你喜欢学校现在的中学德育相关实践吗？

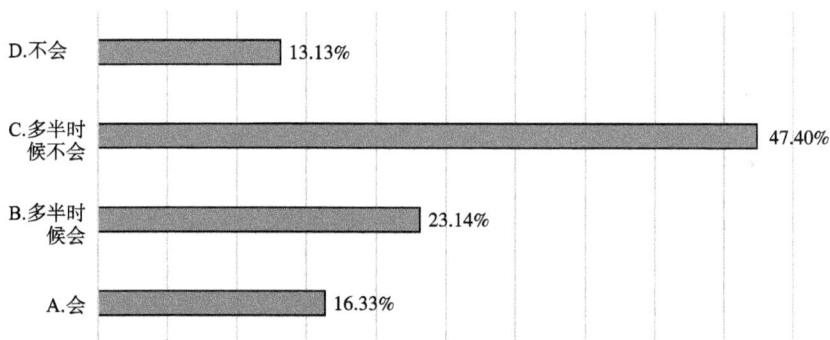

D.不会　13.13%

C.多半时候不会　47.40%

B.多半时候会　23.14%

A.会　16.33%

**图 4-4　在参与学校、老师组织的德育实践过程中，
你会主动提出自己的意见和建议并主动践行吗？**

(二)德育管理有时候欠缺人性

在德育管理方面，许多德育实践包括课程在内，大多数是教师对学生单方面地说教和传授，并没有让学生积极思考知识后面深刻的内涵，没有让学生主动感悟活动背后蕴含的情感、态度和价值观。在德育管理过程中，方法的正确运用是十分重要的，将直接影响德育管理的最终效果。当前，许多德育实践缺乏互动,学生积极性低。德育管理过于强硬,学生违规管理者进行处理时态度傲慢,言辞激烈,导致学生感到难堪和委屈。这加深了师生隔阂,使学生更不愿意遵守规章制度。同时,学校德育管理层对普通德育教师(班主任)的管理也缺乏人性,正如一位老师说的:每个星期开一次班会,班会课有主题班会,比如最近的安全主题班会。每个星期的主题班会,学工处和团委会发通知,各班必须按照指定的主题开,基本没有自由发挥的空间。到了班会时间就会有学生干部来检查,然后相关工作人员在工作群中进行班会情况通报,给予表扬或批评。这种情况,对于教师积极性的调动存在一定的负面影响。因为他们只需要机械执行学校的通知,不需要自己主动进行主体的选择、内容的安排。这样也就没有主动性可言。在调查中,有48.43%的教师认为自己在落实中学德育的过程中,尊重了学生的主体性和自主性,还有31.89%的教师认为自己"有些尊重,有些不尊重"(图4-5)。这表明,教师在组织实施德育实践过程中有一定的"生命性"意识,但还有进一步提升的空间。

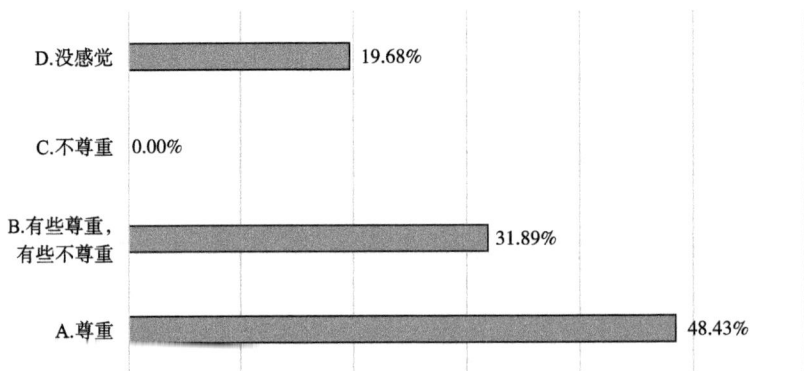

图4-5 你在落实中学德育的实践过程中,尊重了学生的主体性和自主性吗?

二、中学德育目的的"生长性"分析

中学德育的"生长性"讲的是中学德育的目的问题。教育目的是"对处在一定阶段受教育的学生在知识、能力、品德、体力、态度、情感等方面应产生的变化和达到的预期结果的基本要求"。[①] 中学阶段的德育工作应当关注学生的健

———————————

① 张传燧. 课程与教学论[M]. 北京:人民教育出版社,2008.

康成长和全面发展。然而，在现实中，学校的德育活动往往过于侧重考试成绩和短期行为规范的培养，而忽视了学生作为一个独立个体，其自我成长和发展的重要性。这种忽视可能会导致学生在道德认知、情感态度以及社会行为等方面发展不平衡，从而影响他们未来的成长。同样需要引起重视的是，教师作为德育过程中的另一关键主体，在德育专业领域的生长和发展情况也不容忽视。教师的专业成长直接关系到德育质量的高低。在学生问卷调查中，对于问题"你觉得学校、老师在组织德育实践过程中，有意识地激发了学生的潜能性和持续性吗？"，有65.59%的学生认为在学校德育实践过程中，学校、教师有意识地激发了学生的潜能性和持续性，这说明在中学德育的"生长性"方面，教师有较强的意识(图4-6)。不可否认的是，也有不少学生对这方面的感受并不十分强烈。这种个体差异的产生，与学生所处的学段不同、面临的教师不同有较大的关联性。在教师问卷调查中，对于问题"你觉得学校在布置中学德育实践工作过程中，有意识地激发了教师的潜能性和持续性吗？"，有25.20%的教师认为学校在布置中学德育实践工作过程中，有意识地激发了教师的潜能性和持续性，有68.11%的教师则选择了"有些有，有些没有"(图4-7)。这表明，与学生的感受不同，更多的教师觉得学校在布置中学德育实践工作过程中，激发教师的潜能性和持续性的意识还比较薄弱。这和教师群体对学校德育情况更加了

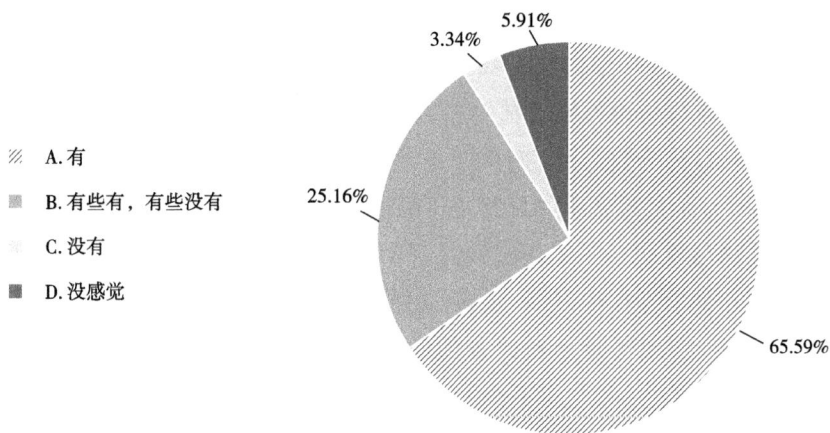

图4-6 你觉得学校、老师在组织德育实践过程中，有意识地激发了学生的潜能性和持续性吗？

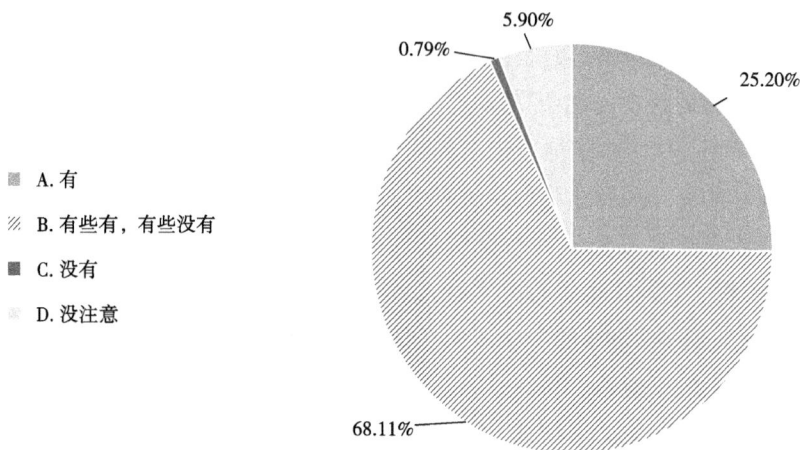

5.90%

0.79%

25.20%

■ A. 有

▨ B. 有些有，有些没有

■ C. 没有

░ D. 没注意

68.11%

**图 4-7　你觉得学校在布置中学德育实践工作过程中，
有意识地激发了教师的潜能性和持续性吗?**

解和熟悉有关。结合访谈和观察，本研究认为，中学德育实践过程中存在忽视"生长性"的情况，并主要表现在以下方面：

(一) 以生长的终结性代替生长的过程性

杜威认为："教育的本质是生长的，教育上争取的一切措施都应有利于儿童经验的生长。"[①]在中学德育实践中，教师常常忽视学生发展过程，违背教育生长本质。在唯分数论英雄的时代背景下，学校教师和学生把他们的所有精神与注意力都转移到分数之上，对他们来说，成绩优异是成功的唯一标准。在知识传授过程中，他们最在乎的始终是正确的"答案"，而不是学生在探索"答案"过程中的感悟与收获。在德育实践过程中，他们最在乎的是让学生铭记某种"道理"，而不是学生在认识该"道理"过程中的体验和体会。这样注重生长结果的终结性，代替了注重生长体验的过程性，往往得不到好的实际效果。例如，在一次语文课上，发生了下面的对话：

教师：今天咱们的口头作文话题是"高中生应不应该谈恋爱"。

学生：应该，我们都已经长大啦。

---

① 杜威. 民主主义与教育[M]. 王承绪, 译. 北京：人民教育出版社, 1990：79.

教师：真的觉得应该吗？好多同学其实没想清楚，就图个浪漫。这样会影响学习。

学生：老师，我之前在电视上看到过，有一对高三的情侣，最后都考上了北大。

教师：那都是骗人的。总之，高中生最好不要谈恋爱。在学校要搞好同学关系，作文里也别写支持高中生谈恋爱，这种想法消极，分数也不会高。

此次语文课，本是一次绝佳的学科渗透德育机会，但因为教师急于让学生知道"高中生不应该谈恋爱"这个"结果"，而忽视了学生体验和感受的"过程"，实际效果并不理想，甚至还打击了学生的积极性，以致不少学生对教师的讲述嗤之以鼻。其实，学生是很愿意在课堂和德育实践中承担相关任务，分享自身感悟的。

在调查中，有82.54%的学生在德育实践过程中会根据自己的兴趣爱好承担相关任务(图4-8)。这说明，绝大部分学生都愿意在不同平台上展现自身的才华，问题在于部分学生没有与德育实践相匹配的兴趣爱好，或者教师不给予充分的过程性机会。就拿上述"高中生应不应该谈恋爱"的案例来说，如果教师给予学生更多的表达机会，就会产生"真理越辩越明"的效果。笔者课后得知，该班主任因班上存在早恋情况，选此方式让学生不谈恋爱。但高中生情窦初开，受社会影响，憧憬恋爱，教师不应否定学生情感，而应以平等身份，通过互动引导，注重学生在习得"高中生不应该谈恋爱"这个"结果"的过程中的体验和感受，只有这样才能取得良好的德育效果。

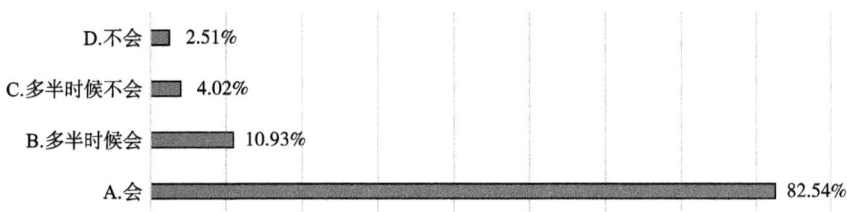

图4-8 在参与学校、教师组织的德育实践过程中，
你会根据自己的兴趣爱好承担相关任务吗？

（二）以评价的单一性代替评价的多元性

根据调查，目前 M 中学德育评价存在评价主体单一、评价标准单一的问题。这会导致德育评价结果带有主观色彩，不够全面。在访谈中，A 老师提及：学生德育评价由班主任负责撰写，其他科任老师不参与。遇到学生有问题，其他老师会跟班主任交流，但直接跟学生沟通的情况比较少。不是说完全没有，只是相对较少，主要是让班主任来负责沟通。在调查问卷的扩展部分，部分学生提出关于学校德育评价的建议，希望德育评价除了教师评价外，可以增加其他评价方式，如学生之间互评。

"龙生九子，各有不同。"这句古老的中国谚语富有深邃的哲理。在自然界中，即便是同一种生物，也存在着千差万别的个体特征。就如同龙所生的九个儿子，每一个都有着独特的形态和能力，各不相同。这一原理同样适用于人类，尤其是在教育领域。但在学校德育评价中，评价标准单一是一个比较普遍的问题。学校、教师往往习惯于为学生设立统一标准，期待他们在学术、技能等方面达到一个固定水平。然而，这种"一刀切"的做法忽视了学生个体的差异性，是不科学的。每个学生都是独一无二的，他们拥有不同的天赋、兴趣、成长背景和学习速度，这些因素影响着他们的学习和发展。在中学德育实践中，必须对这些因素进行考虑和研究，只有这样才能够激发学生的潜能，鼓励他们持续生长。

在调查中，有51.97%的教师认为自己在落实中学德育的实践过程中，有意识地激发了学生的潜能性和持续性，有34.25%的教师认为"有些有，有些没有"，没有教师认为自己没有激发学生潜能性和持续性（图4-9）。这表明，不少教师已经意识到了学生具有生长的潜能性和持续性，但在实际工作中，能够真正将这一意识落地落实的，比较少。

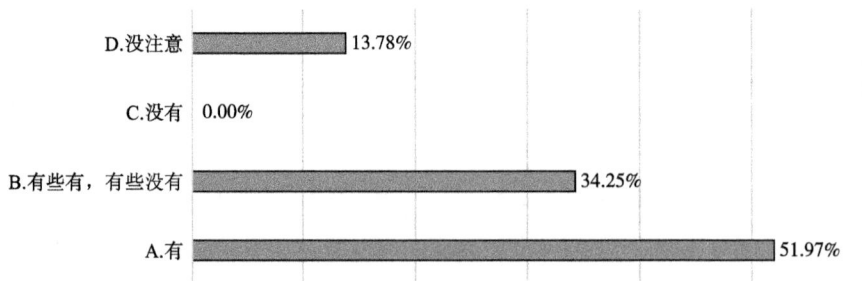

图4-9 你在落实中学德育的实践过程中，有意识地激发了学生的潜能性和持续性吗？

德育工作者需要明白的是，个体的差异性决定了老师不能简单地按照一个统一的标准来衡量所有学生。有些学生在某些方面可能天赋异禀，而另一些学生则可能在其他方面表现出色。如果我们只关注一个固定的标准，就可能埋没那些在其他领域有潜力的学生。同时，统一的标准可能阻碍学生培养创新精神和创造力。在一个强调标准化的教育环境中，学生往往被要求遵循固定的模式，这在一定程度上限制了他们的想象力和创造力。此外，个体的差异性也要求教育者关注每个学生的需求和发展。在教育过程中，教育者应该充分了解每个学生的特点，关注他们的兴趣、特长和发展方向，为他们量身定制合适的教育方案和评价标准，使每个学生都能在自己的优势领域得到充分发展，实现自我生长。

三、中学德育过程的"生成性"分析

中学德育的"生成性"谈的是德育的过程问题。中学德育的"生成性"要求教师在德育实践过程中关注可变因素，不断调整德育计划、内容、目标和方法等。在学生问卷调查中，对于问题"学校、老师在组织德育实践的过程中，有没有根据实际情况调整相应的计划、内容、目标和方法？"，有40.63%的学生对学校、教师在德育实践的过程中，有没有根据实际情况调整相应的计划、内容、目标和方法没有感觉(图4-10)。这说明在中学德育的"生成性"方面，不少学

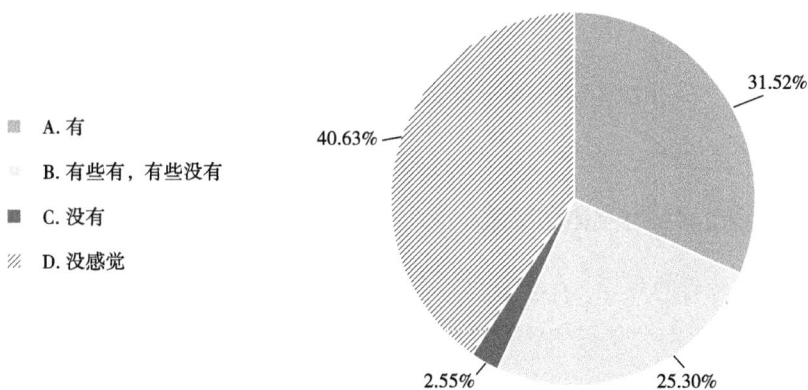

A. 有
B. 有些有，有些没有
C. 没有
D. 没感觉

31.52%
40.63%
2.55%
25.30%

图4-10 学校、老师在组织德育实践的过程中，有没有根据实际情况调整相应的计划、内容、目标和方法？

生的感受不是那么强烈,当然,出现这种状况的一个很大的原因是:在德育实践开始之前,学校、教师就实践的计划、内容、目标、方法和学生的沟通比较少,学生不太了解学校、教师有没有作出相应的调整。在教师问卷调查中,对于问题"你觉得学校在德育实践的过程中,有没有根据实际情况调整相应的计划、内容、目标和方法?",仅有20.08%的教师认为学校在德育实践过程中,根据实际情况调整了相应的计划、内容、目标和方法;还有18.50%的教师认为学校在德育实践过程中,没有根据实际情况调整相应的计划、内容、目标和方法(图4-11)。这意味着,有不少教师认为学校在布置中学德育实践的任务时,在"生成性"方面做得还不够好。总体而言,中学德育实践过程中,淡化"生成性"的具体表现有以下几个方面。

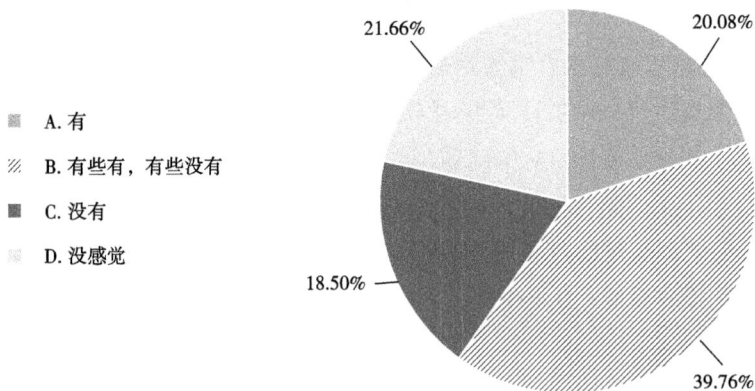

图4-11 你觉得学校在德育实践的过程中,有没有根据实际情况调整相应的计划、内容、目标和方法?

A. 有
B. 有些有,有些没有
C. 没有
D. 没感觉

(一)德育思维存在固化现象

思维是德育的先导,直接影响德育的发展方向。[1] 德育观念对德育工作至关重要。先进、与时俱进的德育思想能引领学校德育工作,提升德育效果。

---

① 赵志军. 德育管理论[D]. 长春:东北师范大学, 2005.

通过观察，笔者发现，有些德育管理者观念落后，坚持"唯分数论"，认为德育仅需记忆。部分领导对德育工作不重视，在升学压力下让德育给智育让位。教育资源稀缺和中学竞争压力大导致中考、高考竞争激烈，师生主要关注学业，常忽视德育。以上这些是德育工作受挫、实效性不足的重要原因。在调查中，超过半数的学生会(28.77%)或多半时候会(31.66%)在德育实践过程中，产生一些自己的不同见解并敢于表达自己的想法(图4-12)。这说明大多数中学生具有独立思考的能力、发现问题的能力和语言表达的能力。当然，我们也要看到，也有39.57%的同学不会或多半时候不会产生一些不同的见解并敢于表达自己的想法，其原因一方面是学生自身能力和素养的问题，另一方面也和教师思维固化，缺乏有效的引导有关。

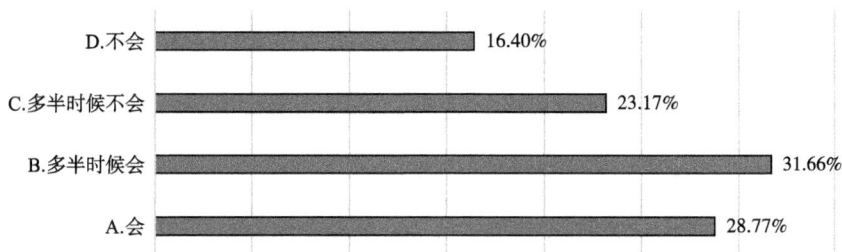

图4-12 在参与学校、老师组织的德育实践过程中，你是否能够产生一些不同的见解并敢于表达自己的想法?

德育经费短缺是德育工作面临困难的主因之一。中学在德育上的投入远不及学业和升学。学校常重奖学业优秀学生，而少奖德育表现佳者。不光学校和教师如此，学生家长也是重智育轻德育。不少家长强调学习分数，认为学生应专注学习以升入名校，忽视道德教育。部分家长甚至禁止孩子参与学校活动，仅允许其专注于学习。

(二)德育方法比较单一

德育方法作为德育理论与实践之间的重要纽带，是实现道德认知向德性成长转变的关键路径。在M中学的德育实践中，其德育方法的运用呈现出较为单一、缺乏整合的态势。同时，在德育的全过程中，教师对于德育方法的应用也未能充分关注到学生的情感需求，缺乏对学生情感的关怀。此外，值得注意的是，学校德育方法的使用存在一个不容忽视的问题，即教育者错误地将惩罚手段视为德育方法的一种，这一做法显然偏离了德育的本质目标。在访谈过程中，面对学生的问题，B老师说道：课堂上，遇到有人在睡觉或者聊天，我会让他们站起来清醒一下。到了复习课，如果有的学生偷懒不肯背书，我会规定他们五分钟内必须背出一个问题。如果没有背出来，就要适度惩罚，让他们知道快考试了要抓紧时间。教育者误将惩罚视为德育方法，导致学生处于对立面，被迫改变行为，这与德育本质相悖。

在学科渗透德育的实践中，笔者发现也存在方法单一的问题。通过课堂观察发现，教师在课堂中多采用单一教学法。部分教师全程讲授，几乎不给学生思考与发言机会，缺乏启发与情感。另有教师完全依赖讨论法，让学生自主研究。在问卷调查中，也有不少教师认为自己没有很好地落实"生成性"的要求。有63.39%的教师认为自己在落实中学德育的实践过程中，会根据实际情况调整相应的计划、内容、目标和方法；有30.71%的教师认为自己"有些有，有些没有"（图4-13）。这说明，教师也意识到了方法的选择应因时、因内容变化而有所转变，单一的、形式化的课堂和德育方法是不可取的。

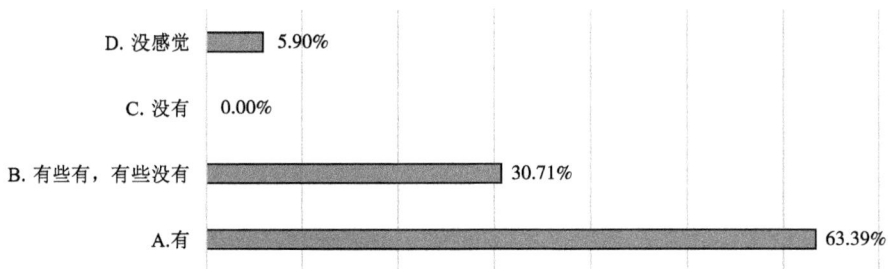

图4-13 你在落实中学德育的实践过程中，有没有根据
实际情况调整相应的计划、内容、目标和方法？

四、中学德育内容的"生活性"分析

中学德育的"生活性"指的是德育的内容问题。德育内容是"为了实现学校培养目标而专门规定的知识技能、思想观念体系及各项实践活动的总称"。① 在中学德育的实践中，对于其"生活性"的强调，要求教师必须紧密关联学生的日常生活，促使教育内容由传统的书本知识转变为更为广阔的人生体验，实现从局限到全面的跨越。在学生问卷调查中，对于问题"学校、老师在组织德育实践的过程中，内容是否与日常生活能产生联系?"，高达79.10%的学生认为学校、教师在组织德育实践的过程中，其内容与日常生活能够产生联系，只有2.85%的学生认为学校、教师在组织德育实践的过程中，其内容与日常生活没有联系(图4-14)。这说明，在中学德育实践过程中，"生活性"德育的达成对学生来说相对容易感受到，而且对教师来说，也是相对容易操作的。在教师问卷调查中，对于问题"你觉得学校在布置中学德育实践任务时，内容是否与生活息息相关?"，有77.56%的教师认为学校在布置中学德育实践任务时，内容与生活息息相关，还有12.99%的教师认为"有些相关，有些不相关"(图4-15)。这表明，在学校组织中学德育的实践过程中，"生活性"方面的要求在教师眼中落实得比较到位。尽管从调查数据来看，中学德育的"生活性"要求似乎落实得比较好，但经过笔者观察，还是存在不少的问题。

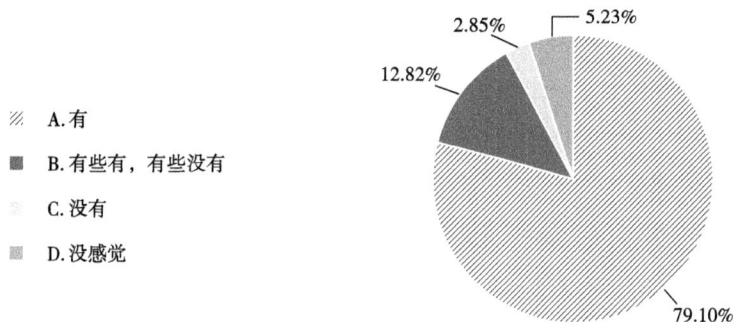

图例：
- A.有
- B.有些有，有些没有
- C.没有
- D.没感觉

5.23%
2.85%
12.82%
79.10%

图4-14 学校、老师在组织德育实践的过程中，内容是否与日常生活能产生联系?

① 李承武. 现代教育学[M]. 重庆：西南师范大学出版社，1997：182.

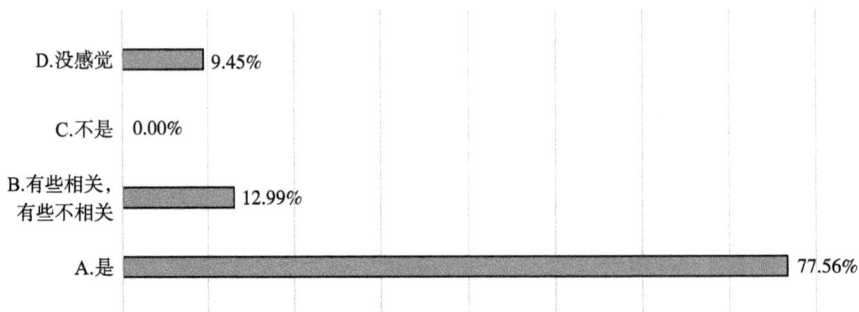

图 4-15 你觉得学校在布置中学德育实践任务时,内容是否与生活息息相关?

(一) 重视书本知识,忽视现实生活

德育内容安排得当与否,直接关系到中学德育效果。德育对中学生品德养成至关重要。仅依赖教材难达目标,需教师挖掘引导,实现学科渗透。新形势下,更新德育管理内容势在必行。教育的根本意义在于"生活之变化"①。我们在教学内容上应联系生活,灵活变化,不局限于教材。例如,课文可融入学生生活,让学生表演,提高效率。人们"用一生的时间学习知识,目的就是解决生活中不断出现的新问题,使生活更方便、更美好"②。由此可见,知识的意义与知识的应用是密不可分的。德育也要联系生活,"没有生活做中心的教育是死教育"③。若是身在死教育中,怎能成为"活人"呢?因此,要使师生成为富有活力的个体,德育内容必须讲究"生活性"。

然而,在实际的德育工作中,照本宣科、依葫芦画瓢的现象比比皆是。例如,许多德育课程往往只关注道德原则和理论的传授,而忽视了将这些原则与现实生活情境相结合。这样的德育内容缺乏生动性和实用性,难以引起学生的兴趣。

---

① 陶行知. 陶行知教育箴言[M]. 哈尔滨:哈尔滨出版社,2011:13.
② 程建英. 试析教育教学与现实生活的融合[J]. 学校党建与思想教育,2012(5):59-60.
③ 陶行知. 陶行知教育箴言[M]. 哈尔滨:哈尔滨出版社,2011:15.

(二)重视他人生活，忽略学生生活

近年来，"教育回归生活世界"的理论成为教育研究热点。在中学德育实践中，也有不少一线教师在落实这一理念。他们在教学设计上注入了"生活性"，希望能在改革中崭露头角。但通过观察，笔者发现，教师在中学德育中更多地着眼于历史与未来生活，也更喜欢名人名事，却忽略了学生自身的、周边的生活。

教师："失败是成功之母"，这是永远不变的真理。今天我们就来说说这个话题。

学生一：比如，汶川地震后，当地人民勇敢自救，积极面对生活，现在他们过得比以前更好。

教师：说得很好。

学生二：爱迪生尝试了两千多次才找到适合的钨丝。

教师：厉害！

学生三：我国经历了抗日战争、解放战争的艰辛，但战争让我们有了不屈不挠的精神，现在中国屹立于世界民族之林。

教师：大家都发表了自己的看法，太棒了！以后要继续这样，多积累写作素材。

一连串的对话互动让课堂充满活力，然而当我们深入思考，却发现所举例子与学生当前生活相去甚远。比如某个学生面对学业上的挫败，经过不懈努力后取得显著进步，这样的例子是否更加贴近现实，并能引发共鸣？除此之外，学生的家庭生活和社会生活似乎也很少出现在中学德育的实践中。其中一个重要原因就是家校社在协同方面着力不够，学校没有充分调动家长、社会的力量来共同落实中学德育的要求。家庭是学生成长的第一课堂，对学生的性格、习惯、价值观等方面产生深远影响。如果教师对学生家庭信息了解不足，就难以理解学生的个性特点、成长背景和潜在需求，从而难以实施有针对性的教育措施。虽然教师、家长、社会人员认可家校社协同的理念，也意识到"学校、家庭、社会协同作用不仅体现在形式上的协同，更为重要的是体现在理念和意识形态上的统一"这一道理，但是并未建立起科学合理的家校社协同机制，从而使得有些家长、社区居民有种"有力无处使"的感觉。

第三节　问题反思

中学德育实践问题成因复杂，需深入剖析。结合问卷调查、访谈及德育观察结果，本研究认为：中学德育实践存在的问题可以从学校顶层设计、教师专业素养、学生自主意识、家校社协同机制四个方面来进行反思。

一、学校顶层设计不足

顶层设计是一个系统性、全局性的概念，它强调从整体上、从最高层次上思考和设计，以确保各项工作的协调性和连贯性。在中学德育实践中，学校顶层设计的不足是导致诸多问题产生的重要原因之一。

(一) 应试教育思想作祟

在我国，应试教育现象不容忽视。由于优质教育资源相对匮乏及人口基数庞大，升学考试一直处于激烈的竞争状态，在校学生承担了沉重的课业负担。他们每日投入大量时间在学习上，除了基本的饮食和休息外，鲜有属于自己的时间。这一状况导致多数中学将成绩作为首要目标，升学率则成为其考核的核心指标。尽管学校对德育设有专人管理和专门计划，但在实际操作中，德育往往被置于学业成绩之后，成为要让步的对象。社会压力和家长的期望使学校不得不采取此种模式，从而导致在多数学校中出现了重智育轻德育的现象。这一现象表明，在应试教育制度下，德育往往成为牺牲品。

在深入交流中，数位教师均表达了对当前学校教学环境中存在的某种倾向的关切。他们指出，学校领导和教师普遍重视学生的学习成绩，在德育工作的推进上显得相对薄弱，缺乏足够的重视和投入。同时，学校的升学压力自上而下传递，使得德育工作往往被限定为德育教师或班主任的职责范畴，而与其他科任教师之间的关联度较低，缺乏全员参与和共同推进的机制。正如 C 老师在访谈中提到的：学校组织的培训，我都认真学习了。我现在不做班主任了，所以在德育上做的事情少了。这种情况可能引发科任教师对学生行为过错的忽视或纵容，抑或选择仅将学生的过错情况反馈给班主任，而未能积极有效地处理学生思想上的偏差或行为上的不当。科任教师的主要关注点往往集中于学生是否掌握了课程内容，而对学生全面发展的关怀可能有所欠缺。

对于学校而言，将立德树人作为评价工作成果的根本标准，意味着要将学生的身心健康和优良品德培养置于首位。这不仅是教育的根本任务，更是学校教育成果的重要衡量标准。在这一标准下，学校应将德育工作贯穿于教育教学的全过程，确保每一位学生都能在成长过程中得到全面的培养和发展。这意味着，在德育过程中，要关注学生的个体差异和成长需求，尊重学生的生命价值，促进他们的个性化发展。同时，要关注学生的生活实际，引导他们将所学知识与生活实践相结合，培养他们的社会责任感和公民素质。在实施过程中，学校应从系统化的角度进行规划，全面考虑德育课程的载体。单一的载体无法满足现代德育的需求，正如 E 主任说的：如果要改进的话，我觉得应该从多个维度去考虑，首先是学校层面要进一步理顺思路、优化顶层设计；然后是要加强教师研究和培训，提升教师的素质；最后是要改变家长、社会唯成绩论的意识，加强家校社的交流与合作，形成德育合力。

（二）诸多要素互动不够

在落实中学德育的过程中，来自个体、社会、学校教育的各种力量共同推动立德树人系统的运行。同时，笔者也意识到，随着时代发展和社会进步，这一系统内部诸要素的内涵与关系也在不断地调整和完善。这种调整和完善的过程是一个良性的循环，有助于推动中学德育工作的持续改进和发展。为了更好地实施中学德育，需要深入理解其核心理念和运行机制。要充分认识到中学德育的实施是一个多方参与的过程，需要学校、家庭、社会等各方形成合力，共同营造良好的教育环境。现实中，对于学校开展德育实践的情况，G 家长说：听说过一些，但不是特别清楚。当时好像是看到了学校的一些宣传报道了解到的。H 家长说：小孩子回到家里会和我们交流在学校发生的事，断断续续地听他说过几次，有次好像是他们班搞什么班会竞赛吧。由此观之，家长对学校开展的德育实践尚且不熟悉，更遑论密切配合开展了。

此外，我们还应注重德育与其他教育领域的有机融合，以实现全面发展的目标。在实施中学德育时，教育者应积极探索创新的教育方法和路径。一方面，要关注学生的个体差异和需求，尊重学生的主体性和创造性，激发他们的内在动力和积极性。另一方面，要注重培养学生的批判性思维和创新能力，鼓励他们勇于探索、实践和创新。同时，教育者还应加强与家庭、社区的联系与合作，共同为学生提供更广阔的发展空间和更多的机会。

(三) 评价机制效果不好

在德育实践过程中，中学德育遭遇了若干来自评价机制方面的挑战，并且主要体现在教师评价和学生评价两个方面。在教师评价方面，学校德育管理者更倾向于关注德育活动的形式和规模，而较少关注其实质效果。这种"面子工程"式的评价方式，过于强调形式和规模，无法真实反映中学生的思想变化和德育工作的实际效果。正如 F 书记所说：如果要改进的话，除了 E 主任所说的之外，我觉得应该加强中学德育评价体系建设，这样可以更好地指导各年级、班级开展相关的工作。因此，我们需要转变评价观念，从注重形式转向注重实效，真正反映德育工作的实际效果。在学生评价方面，人们更多的是关注统一的标准和最终的结果，而忽略了评价的多元性和过程性。

此外，中学德育管理在计划、调控、制度和考核等环节存在脱节现象。许多德育计划在制定之初都充满美好的愿景，但在执行过程中，却因为各种原因而无法得到有效执行。这主要是因为计划本身缺乏可操作性，或者执行人员对计划的解读和理解存在偏差。调控环节的缺失也是导致德育脱节的一个重要原因。在德育工作中，调控是非常重要的一个环节。通过及时调整和改进德育工作，可以确保德育工作的有效性和针对性。

因此，我们需要完善教师考评制度，使德育工作者的积极性得到充分发挥。这要求学校在制定考核标准时，充分考虑德育工作的特殊性，使德育工作者的付出得到应有的回报。关于学生评价工作，为确保中学德育工作的有效落实，需构建科学、全面的学生综合素质评价体系，并配套完整的评价指标。在评价方式上，应积极探索与创新，实现从单一评价向多元评价、从知识评价向能力评价、从终结性评价向过程性评价的转变，以适应教育改革发展的要求。

二、部分教师专业素养不高

教师职业独树一帜，其核心职责在于教书育人。教师的言谈举止、道德品质、知识深度及综合素养，均会对未成年人的成长产生深远影响。鉴于此，教师应当以高度的职业素养为准则，严格自律，不断提升自我，以更好地履行其教育职责。本研究认为：在学校德育教师队伍中，部分教师职业素养不高，是导致 M 中学德育实践存在问题的主要原因之一。教师职业素养不高主要表现在以下几个方面。

（一）教育理念落后

在德育管理工作的推进中，一个关键要素在于管理者必须具备前瞻性的视野和与时俱进的管理理念，并以此来指导和管理德育工作。然而，受限于多种因素，部分德育工作管理者在面对新兴管理观念的冲击时，表现出一定的接受难度，他们往往倾向于坚守传统的观念，并采用旧有的管理方式来处理学生的德育工作。诚如A教师所说：教学是一门遗憾的艺术，教育也是一门遗憾的艺术。我觉得自己还有很多值得改进的地方，首先是德育理念上，自己掌握的理念和时代的要求有一定的脱节。其次是德育管理上，我感觉自己的管理有点僵化，在充分尊重学生生命性、发挥学生主体性方面还有很大的进步空间。调查中，大部分老师都表示德育很重要，没有教师认为学校的德育实践对学生的一生成长是无用的，绝大部分教师(87.01%)都认为通过学校的德育实践，可以为学生的一生成长奠定思想基础(图4-16)。也就是说，教师们认为学校德育实践是有价值的，这既为他们从事学校德育实践提供了较强的主观意愿，又为中学德育的实践凝聚了思想共识。但在实际操作中，情况却不尽如人意。

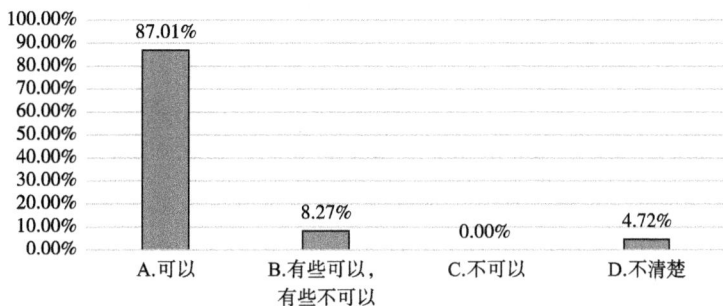

图4-16 你觉得通过学校的德育实践，可以为学生的一生成长奠定思想基础吗？

（二）专业功底不足

教师职业独特，承担育人重任，肩负社会期望，其言谈举止、品德修养、知识储备等对学生影响深远。教师应具备全面的职业素养，包括教育思想、职业道德、能力、知识，并且身心健康。当前学校德育队伍专业功底不足，德育方法刻板单一，缺乏情感与人文关怀；德育活动设计缺乏民主性，形式化严重，忽视了受教育者的主体性。例如 D 教师说：在课堂管理上，我的课堂驾驭能力还存在不足，课堂要么"沉闷得要死"，要么"活跃得过头"，总是离"恰到好处"还差那么一点意思；在德育实效上，或许是我还比较年轻或者经验不足，说的话、讲的道理感觉总是不能令学生信服。

为了提高德育队伍的专业水平，应该加强教师入职门槛的设立，并加强教师的职业素养培训，同时重视德育活动的主体性和民主性。教师专业功底不足的一个表现是过度地依赖单向传授，忽视学生的主动思考。这种倾向在许多实践中都有所体现，亟须引起关注。比如目前许多思想政治课程都过于强调知识的灌输，缺乏互动性和启发性的教学。在行为纪律方面，一些教师过于依赖强硬措施和惩罚，导致学生与教师之间产生隔阂。如果继续沿用传统的德育管理方法，不仅难以达到预期的德育效果，还可能进一步疏远学生。当然，在中学德育实践中，基础理论和知识的讲授教学是必要的，这是由两方面因素决定的。首先，基础理论和知识是实践的基础，学生在中学阶段应该打下扎实的基础。其次，由于学生尚未完全成熟，正确的理论和知识对于他们的成长至关重要。然而，在当前的教育环境下，学生的自主空间、时间往往受到限制，缺乏自我思考和个性教育的机会。

教师专业功底不足的另一体现，在于未能充分尊重学生的个性差异，而一味地为学生设定统一的标准。这种做法忽视了学生之间的个体差异，未能充分考虑每个学生的独特性，不利于学生的全面发展。在中学德育的实践中，应避免采用一刀切的方式为所有学生设定统一的标准，而忽视个体间的差异性。在复杂的社会环境和家庭环境的影响下，学生可能已经形成了自己的价值观、世界观和人生观。这些价值观可能与德育中教师所教授的价值观有所重合，也可能存在不一致的地方。对于教师而言，如何识别和分辨学生的想法，肯定其与正确价值观相符的方面，并对相悖的方面进行引导，是一项巨大的挑战。

教师专业功底不足的第三个表现，是在中学德育的实践中过分注重形式，而忽视实质效果和学生的主体性。在教育的广阔天地中，教师的角色和作用无疑是非常关键的。他们不仅是知识的传播者，更是学生成长过程中的引路人。然而，不可否认的是，有些教师在中学德育实践中存在一种偏向，即过分强调形式化的东西，而忽略了教学的真正目的和学生的实际需求。他们可能会花费大量的时间和精力来设计精美的课件、制作华丽的教具，却未能有效地将这些资源转化为学生的知识积累和能力提升。需要明确的是，形式的创新并非坏事，关键在于是否能够真正增强德育效果。一个优秀的教师不仅应该注重德育形式的多样性，更应该关注学生的实际需求和个体差异，充分发挥学生的积极主动作用。

(三)境界不高

在教育的广袤天地中，教师的作用举足轻重。他们不仅传授知识，更是塑造学生品德、引领学生价值观形成的指路人。若教师的境界未达到一定的高度，那么其在德育工作中便难以发挥应有的效能。

在历史课堂上，我也经常渗透家国情怀的教育，这是历史学科的核心素养之一和终极价值追求。但我认为自己在很多方面做得还不够好。首先，我上课的一个大毛病就是我讲得多、学生讲得少。我觉得这就是不尊重学生生命性的体现。其次，我感觉随着自身年龄的增长，教学研究的激情在下降，不愿意去接触、研究新的东西，做教育有点墨守成规。这是我自身生命力的下降带来的，应该会对学生产生不好的影响。(摘自 C 教师访谈记录)

在当前阶段的中学德育实践过程中，部分教师的境界就显得不是很高，认识国家的德育政策不深刻、理解学校的德育意图不透彻、落实学校的德育计划不得力，仰仗着自己年纪比较大、资历比较深、职称比较高，只管经营自己的"一亩三分地"，这在一定程度上不利于中学德育的实施。

教师的境界，实质上反映的是其教育理念与教学艺术的融合程度。境界不高的教师，往往在教育过程中过于注重知识的灌输，而忽视了对学生品德的陶冶和人格的塑造。他们可能更倾向于传统的讲授方式，而非引导学生进行独立思考、自主探究。这样一来，学生虽然能够积累知识，但在道德修养和价值观塑造上可能会存在短板。此外，教师的境界也深刻影响着其自身的行为示范。一个境界高远的教师，必然具备高度的自律精神，对待教育工作充满热情，对待学生充满关爱。他们不仅传授知识，更通过自身的行为为学生树立了良好的道德榜样，让学生感受到真善美的力量。更为关键的是，教师的境界还影响着其对学生评价与引导的方式。境界高的教师不仅看重学生的成绩，更重视学生的全面发展与个性特长。他们善于发现学生的优点与不足，从而给予有针对性的引导与帮助，助力学生在品德修养与知识积累上取得双重的进步。境界不高的教师,则可能朝着相反的方向发展。

三、部分学生自主意识不强

自主意识是个体对自身存在、思维、情感和行为的主体认知和掌控能力,它体现了人的主动性和创造性。正如法国哲学家笛卡尔所说:"我思故我在。"这句话深刻地揭示了自主意识的核心——通过思考,我们确认自己的存在,并赋予自己行动的意义和方向。经过调查分析,笔者发现当前阶段部分学生的自主意识还不是很强,并且会影响到他们自身受教育的效果。

(一)学习知识欠主动

俗话说,"好习惯是成功的一半"。这句话充分说明了自主意识在德育中的重要性。德育是培养学生品德、塑造学生人格的重要途径,而自主意识则是德育中的关键因素。首先,具备自主意识的学生能够更好地掌握德育知识,提高自身的思想道德素质。他们能够主动地学习、思考和实践,将所学知识内化为自己的思想观念和行为习惯。其次,具备自主意识的学生能够更好地发挥主体作用,积极参与德育活动。他们能够主动地参与课堂讨论、社会实践和志愿服务等活动,增强自己的社会责任感和实践能力。最后,具备自主意识的学生能够更好地应对挑战和困难。他们能够独立思考、自主决策和自我调节,并且在面对挫折和困难时能够积极应对,不断成长和进步。在调查中,有不少学生还是觉得参加德育活动是为了完成老师交代的任务,这势必会影响其积极性和主动性。

在调查中,我们可以知道,有 57.92% 的学生认为参与中学德育实践的主要目的是推动自身的发展,这表明他们参与中学德育实践的动力主要是内在因素,动力较强劲且具有持续性(图 4-17)。但不能忽视的是,也有 41.60% 的学生参与中学德育实践是因为教师或家长的要求、督促,他们参与中学德育实践的动力主要是外在因素。这部分学生很可能不具备参与中学德育实践的持续力、专注力和自发性、能动性。这也意味着学校和教师组织实施中学德育实践面临着极大的挑战。

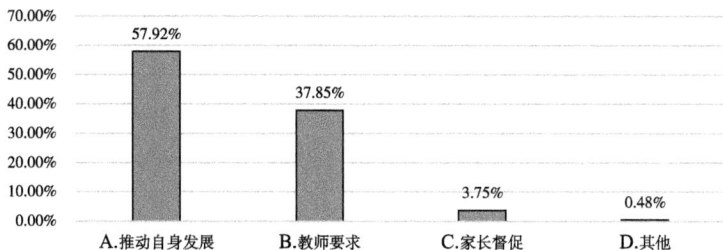

图4-17 你觉得参与中学德育实践的主要目的和原因是什么?

(二)自我能力不足

自我能力包括个人的知识、技能、经验和才能,以及个人如何运用这些能力来解决问题、完成任务和实现目标。自我能力是个人成长和发展的基础,也是个人在职业生涯中取得成功的重要因素。

要说制约因素的话,我觉得学生太多了。我有时候在组织实施一些活动的时候,顾不过来所有学生的个性和特长,难免会在个别的活动中,鼓励了一些学生,可能同时也冷落了另一些学生。当然,这也和部分学生的素质有关。有些学生无论老师组织什么活动,给他多少机会,他都不愿意参与进来,也可能是没有能力参与进来。(摘自D老师访谈记录)

学生的能力主要体现在自我约束能力和自我发展能力两个方面。德育旨在培养学生成为具有高尚品德的个体,而自我约束能力则是实现这一目标的基础。具备自我约束能力的学生能够自觉遵守校规、社会公德和法律法规,确保言行一致、诚实守信、尊重他人、关心集体。自我约束能力的重要性在于,它能够帮助学生抵制外界不良因素的干扰,坚持正确的行为准则。在中学阶段,学生正处于身心发展的关键时期,他们的价值观、行为习惯和道德观念正在形成之中。此时,外界环境对学生的影响尤为重要。由于年龄和心理特点的影响,他们容易受到诱惑和误导,自我约束能力不足。

在中学德育中,自我发展能力被视为一个至关重要的因素。它不仅关乎学生的个人成长,更是影响德育实效性的关键。在"四生"视角下,学生需要具备自我发展能力,即能够正确认识自己、评价自己、规划自己和发展自己的能力。然而,受传统应试教育的影响和学生自身素质的限制,这种自我发展能力往往被忽视或缺乏。

(三)朋辈激励比较少

在中学德育中，朋辈教育是提高学生德育实效性的重要手段之一。但现实中，朋辈榜样类型往往过于单一，缺乏多样性和代表性。这主要表现在以下几个方面：

第一，过于推崇学习成绩好的学生榜样。很多学校将学习成绩好的学生视为榜样，而在其他方面表现优秀的学生却被忽视。这种做法不仅不全面，而且容易让学生产生错误的观念，认为只有学习成绩好才是好学生。

第二，缺乏具有时代特征的榜样。随着时代的变迁，社会的价值观也在不断变化。然而，许多学校所树立的榜样往往停留在过去，缺乏与当代社会价值观相符合的榜样。这使得学生难以找到与自己价值观相符的榜样，从而影响了德育的效果。

四、家校社协同机制差

家校社协同是指家庭、学校和社会三者之间形成有机配合，共同促进学生健康成长的一种教育模式。这种协同机制能够充分发挥各方优势，形成合力，为学生提供更加全面、系统的教育支持。然而，当前阶段家校社协同机制存在不少问题，并且在一定程度上影响了中学德育的实效性。

(一)大中小学德育衔接水平还需提升

在德育课程的纵向发展上，确保大中小学的德育课程能够有机衔接，形成连贯的教育体系，是当前教育领域亟须解决的问题。德育课程作为培养学生道德品质的重要途径，其连贯性和系统性对于学生的全面发展具有重要意义。我们要明确不同学段德育课程的目标和内容：在幼儿园和小学阶段，德育课程应以培养孩子的道德情感和行为习惯为主，注重生活化、游戏化的教学方式；在中学阶段，德育课程应着重于强化对学生道德认知与价值观念的引导，培育学生的道德鉴别与抉择能力，并指导学生进行理智分析与自主研究；在大学阶段，德育课程应更加注重培养学生的道德实践能力和社会责任感，引导学生关注社会现实和公共利益。但在现实中，几乎所有的受访者都表示，目前中学德育的实践很少甚至没有与小学、大学进行联动，更不用说有机衔接了。

(二)德育内容横向整合有待加强

在横向层面上,促进不同学科之间的交叉融合,并加强课内外、校内外的联系,使德育贯穿于学生的学习和生活的各个环节,是提升中学德育效果的行之有效的办法。但现实中,无论是校内的各学科融合,还是校内外课堂和实践的融合,都做得不尽如人意。通过观察,笔者发现除了道德与法治课作为思政课程,并在课程德育上发挥的作用比较大外,其他课程并没有发挥明显的课程思政作用。在校外实践中,很多活动设计得也欠合理。正如 A 老师所说:同时,我觉得从学校层面来讲,要进一步优化顶层设计,将中学德育实施的机制体制构建得更加系统化、科学化、合理化,不要让繁重的德育实践成为教师、学生的负担,而应该多做结合文章,加强跨学科、跨部门、跨年级的整合,加强校内外、大中小的整合。

(三)家校社协同育人发展不平衡

青少年的健康成长关乎国家和民族的未来。随着社会的转型,家庭结构和功能正在发生变革,学生道德认知、情感、意志和行为的不一致性日益明显,导致道德困境频发。家校社协同作为育人工作的重要环节,应建立在平等、尊重的基础上,共同促进学生的全面发展。然而,当前家校社协同存在地位不平衡的问题,未能充分发挥家庭、社会在教育中的作用,过度依赖学校。新的家校社协同模式也带来了挑战,部分家长不理解教师要求,如监督学生完成作业;而教师有时则对家长的要求过于理想化,忽视了实际情况。在访谈中,我们发现,不少家长、社区居民对学校的德育情况知之甚少,这些问题的根源在于家校社合作机制不完善和沟通不足。因此,应完善家庭、学校、社会协同推进德育工作的长效机制,整合校外资源,提供优惠政策和活动,强化中学德育效果。

第五章
立德树人视域下中学德育"四生模式"的实施

在前期进行了理论分析和现状调查之后,笔者对中学德育"四生模式"的研究依据和理论构建有了更加清晰的认识,对中学德育存在的问题有了更加明确的了解。本章将在此基础上,从设计、过程、评价等方面,对中学德育"四生模式"的实施进行阐述。

第一节 实施方案设计

一、确立实施目的

(一)育人目的

育人目的是促进学生核心素养培育和德、智、体、美、劳全面发展。在当今社会,教育的重要性日益凸显。作为教育的重要组成部分,育人目的不仅关乎学生的成长,更关乎国家的发展和社会的进步。首先,促进学生核心素养培育是育人目的的重中之重。核心素养是指在教育过程中,学生逐步培育出有助于个人终身发展和适应社会需求的必备品格与关键能力,包括自主发展、社会交往、文化修养等方面。在教育实践中,应该注重培养学生的自主学习能力、批判性思维、创新精神等核心素养,帮助学生掌握适应未来社会发展的关键能力。其次,德、智、体、美、劳全面发展是育人目的的内在要求。德育旨在培养学生的道德品质和价值观，使他们成为有道德、有责任感的人。智育则关注学生的知识获取和智力发展，旨在培养他们的科学精神和探索精神。体育旨在提高学生的身体素质和健康水平，培养他们的团队协作和拼搏精神。美育则关注学生的审美能力和艺术修养，培养他们欣赏美、创造美的能力。劳动教育则强调学生的实践能力和劳动精神，培养他们勤劳、敬业的品质。

（二）实践目的

实践目的是改变德育活动中师生的生命状态以及教师的教学方式和学生的学习方式，特别是德育活动的面貌。在教育领域中，德育活动一直具有举足轻重的地位。然而，传统的德育活动往往过于注重知识的传授和行为的规范，而忽视了师生生命状态的改变以及教学与学习方式的创新。因此，实践的目的是从根本上改变这一现状，让德育活动真正成为师生共同成长的平台。首先，需要关注师生在德育活动中的生命状态。这不仅包括他们的心理状态，也涉及他们情感的体验和价值观的塑造。通过实践，激发师生的内在动力，让他们在德育活动中感受成长的喜悦和自我实现的满足。同时，也要关注如何通过实践帮助师生养成积极的心态和健康的人格，从而让他们在面对生活中的挑战时更加从容和自信。其次，需要改变教师的德育方式。在传统的德育活动中，教师往往采用单向的知识灌输方式。这种方式不仅难以激发学生的兴趣，也难以培养他们独立思考和行动的能力。因此，有必要推动教育工作者采纳更具互动性和启发性的德育教学方法，如团队讨论、角色演绎以及案例解析等。学生是德育活动的主体，他们的学习方式直接决定了德育活动的成效。因此，需要引导学生从被动接受知识转变为积极主动地参与德育活动。这需要培养学生的自主学习能力、合作学习能力以及创新思维能力。通过实践，促使学生能够在德育活动中发现自己的兴趣和特长，从而激发他们的内在潜能和创新精神。

（三）专业目的

专业目的是全体教师特别是班主任通过参与中学德育"四生模式"的实践，学习教育理论，倡导教育观念和教育行为的转型，以推动专业素养与技能水平的提升。在当今教育领域，教师的专业发展已成为教育质量提升的关键因素之一。为了更好地推进教师的专业成长，许多学校纷纷开展各种形式的教研活动。其中，中学德育"四生模式"作为一种富有创新性的教育实践，为教师提供了一个全新的学习平台。中学德育"四生模式"是一个系统的教育工程。通过参与这一实践,教师可以深入了解中学德育"四生模式"的内涵和外延,掌握其基本理念和实践方法。同时,在实验过程中,教师需要不断地反思自己的教育观念和教育行为,寻找改进和优化的途径。对于班主任来说,参与中学德育"四生模式"实践更是具有特殊的意义。班主任作为班级管理的核心力量,其教育观念和专业水平直接影响着学生的成长和发展。通过参与实践,班主任可以进一步提升自己的德育理念,增强班级管理能力。此外,中学德育"四生模式"实践也为教师提供了一个互相学习、交流和分享的平台。在实践过程中,教师可以相互探讨、共同研究,分享各自的教学经验和心得体会。这种跨学科、跨年级、跨部门的交流与合作,有助于激发教师的创新思维,拓宽教学视野,提升教师的整体素质。

(四)学校目的

学校目的是通过开展中学德育"四生模式"实践,转变教育理念,改变学校面貌,形成办学特色和品牌,推动学校向研究型、创新型、现代化学校转变。首先,中学德育"四生模式"的实践有助于转变教育理念。在传统的教育观念中,学校往往过分注重学生的知识掌握程度(即"分数"),而忽视了学生品德、情感和价值观等方面的培养。而中学德育"四生模式"则强调德育的重要性,注重培养学生的生命意识、生存技能、生活态度和社会生存能力。其次,中学德育"四生模式"的实践有助于改变学校面貌。在传统的教育模式下,学校往往缺乏活力、创新和特色。而中学德育"四生模式"的实践则可以激发学校的创新活力,推动学校进行特色办学。通过开展和开设各种德育活动、课程和项目,学校可以营造更加积极向上、富有特色的校园文化氛围,从而为学生提供更加优质的教育环境。再次,中学德育"四生模式"的实践有助于形成办学特色和品牌。通过中学德育"四生模式"的实践,学校可以形成自己的办学特色和品牌,从而更好地满足家长和学生的需求。这种办学特色和品牌不仅有助于提高学校的知名度和美誉度,还可以为学校带来更多的资源和机会,进一步促进学校的可持续发展。

二、提出实施假设

假设一：中学德育"四生模式"实践能够改变学校德育实践中师生的生命状态，让德育实践呈现生命激扬的状态，让学生学科核心素养和关键能力得到很好的"生长"，让立德树人任务得到较好的完成。

假设二：中学德育"四生模式"实践能够找到提升教师专业发展能力的可行路径，引导教师树立中学德育"四生模式"德育理念，掌握中学德育"四生模式"德育方法，形成中学德育"四生模式"德育能力，成为学习型、研究型和创新型的新时代教师。

假设三：中学德育"四生模式"实践能够改变学校传统管理方式，形成民主、多元、协同、共生的现代治理方式，推动学校朝科研型、创新型、现代型方向发展，形成独特的学校文化和办学品牌。

其中，自变量是中学德育"四生模式"；因变量是学校师生的生命状态，学生发展的生长状态，德育过程的生成状态，德育内容或资源生活化的整合和运用情况，德育效果暨中学生学科核心素养的培养，教师教学和教研能力的提升效果，以及学校治理模式和文化氛围等（表5-1）。

表5-1　中学德育"四生模式"发展维度表

自变量	因变量		
	一级指标	二级指标	三级指标
中学德育"四生模式"	生命性	教师	教师的德育激情
		学生	学生的活动热情
	生长性	学生成长	学科知识的掌握
			思维与技能训练
			情感态度价值观生成
	生成性	过程方法	学生问题的提出
			学生创新性回答
	生活性	德育内容	知识性资源的生活性
			条件性资源的生活性
			环境性资源的生活性

续表5-1

自变量	因变量		
	一级指标	二级指标	三级指标
中学德育"四生模式"	德育效果	中学生核心素养	正确价值观
			必备品格
			关键能力
	教师发展	德育观念	教学态度
			教育精神
			教育主张
		德育能力	教育设计
			活动组织
			德育评价
		科研能力	研究能力
			写作能力
	学校面貌	教育理念	办学宗旨
			学校校训
			育人目标
		教师队伍	师德师风
			专业水平
		学生风貌	校风学风
			综合素养
		学校管理	管理机构
			管理制度

三、构建实施模式

　　教育模式的构建涉及将教育理念转化为具体的、可操作的知识形态，进而实现理论与实践的紧密结合。在中学德育工作中，过去往往存在一种缺乏明确指导和实践性的问题。尽管教师试图引导学生按照主流价值观塑造他们的价值观，但由于缺乏明确的阶段和特征认知，难以找到有效的教育方法。为了解决这一问题，本研究提出了构建中学德育"四生模式"的设想，旨在将德育工作的过程和方法明确化、科学化，确保学生逐步建构、认同和强化自己的价值观，并将其应用于实际生活中。这一模式的建立，旨在消除德育工作中的"暗箱操作"，使教育过程更加透明和有效。"一种教育模式，总有相对应的教育过程。"①据此，本研究基于"四生"教育理念，采用实践性方法论，遵循中学德育规律，同时充分考虑中学生道德品质的形成与发展特性，构建了中学德育"四生模式"（图5-1）。

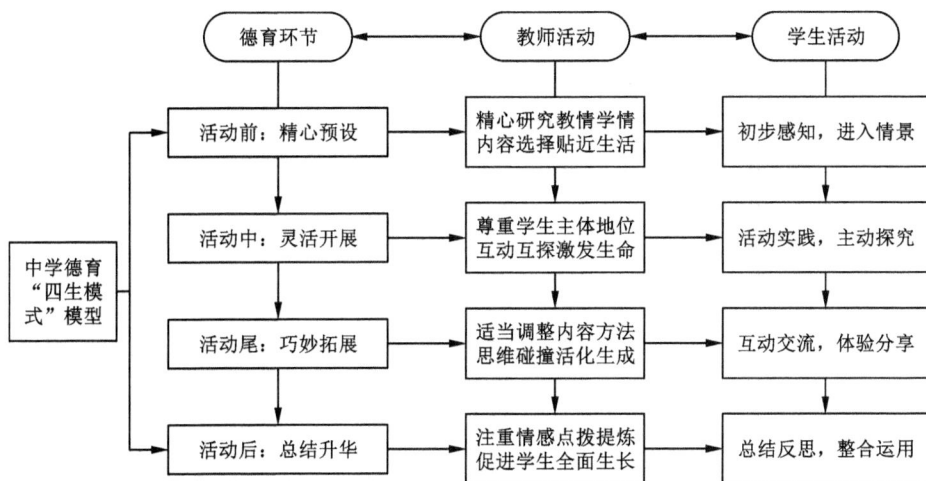

图 5-1　中学德育"四生模式"模型图

四、选定实施学校

本研究选定的 M 中学位于城市的新兴地区，是一所由市教育局与百年名校联合举办的学校。M 中学的办学底蕴深厚，得益于市教育局的大力支持以及百年名校的丰富教育资源，在师资力量、教学设施等方面均达到了较高水平。这为广大学生提供了优质的学习环境和条件，使得他们能够在良好的环境中茁壮成长，实现自己的价值。值得一提的是，作为 M 中学的校长，笔者有幸参与了学校的筹办与发展工作。在这一过程中，笔者深入了解了学校的师资建设、

---

① 查有梁. 教育模式[M]. 北京：教育科学出版社，1996：3.

学生情况以及办学条件等各个方面。这种深入的认识和把握,使得笔者能够更加准确地把握学校的发展脉络,为学校的未来发展提供有力的支持。

在师资建设方面,M 中学注重选拔和培养优秀的教师团队。学校通过严格的招聘程序,选拔了一批具有丰富教学经验和专业素养的教师。同时,学校还积极开展各种培训活动,提升教师的教育教学能力,确保他们能够提供高质量的教学服务。这样的师资团队,为学生的学习提供了坚实的保障。

在学生情况方面,M 中学注重培养学生的综合素质。学校不仅关注学生的学业成绩,还注重培养学生的创新精神、实践能力和团队协作精神。通过丰富多彩的课外活动和社会实践,学校为学生提供了展示自己才华的平台,帮助他们全面发展。

在办学条件方面,M 中学拥有先进的教学设施和完善的教育资源。学校配备了多媒体教室、实验室、图书馆等各类专用教室,为学生提供了良好的学习条件。同时,学校还与多家企业和机构建立了合作关系,为学生提供了丰富的校外实践机会。

综上所述,M 中学作为本研究的选定学校,具有深厚的办学底蕴和较高的教育水平。笔者作为校长,对学校的发展有着清晰的认识和把握,这无疑为本研究提供了有力的支持。

五、组建实施队伍

本研究的队伍分为理论指导组、领导管理组、实践研究组、后勤保障组。

理论指导组顾问和首席专家是湖南师范大学博士生导师、全国知名教育专家张传燧教授,成员为杨道宇教授、张绍军副教授和大批在读博士。

领导管理组组长为笔者本人,成员有后勤副校长、负责德育的校领导、教学副校长等。

实践研究组组长为笔者本人,副组长为教育、教学副校长,成员有教科室主任、学工处主任、团委书记、教务主任及各学科教研组长、班主任、学校德育部门工作人员、思政课程教师及其他教师等。

后勤保障组组长为后勤副校长,成员有总务处主任、保卫处主任及总务、保卫等部门成员。

各组分工明确、各司其职、各负其责,协同合作,共同推进中学德育"四生模式"实践的全面展开。

六、制定实施方案

为深入学习习近平总书记对教育事业的重要指示精神，落实立德树人根本任务，推动学生德、智、体、美、劳全面发展，特制定以下实施方案。

(一)指导思想

坚持以习近平新时代中国特色社会主义思想为指导，全面贯彻党的教育方针，落实立德树人根本任务，坚持育人为本、德育为先，把培育德、智、体、美、劳全面发展的新时代中学生融入教育教学全过程。

(二)基本原则

1.坚持落实立德树人根本任务

把立德树人、促进学生全面发展作为"立德树人视域下中学德育'四生模式'的理论与实践研究"(以下简称"本研究")的出发点和落脚点，用先进的德育课程、活动、实践来培育人、愉悦人、塑造人和发展人，使学生得到思想引导、性格培养、意志磨炼、观念认同、品格定型和精神升华，促使学生形成良好的行为规范，追求高尚的精神境界，实现全面发展。

2.坚持"四生"整体协调推进

本研究所说的"四生"是指德育主体的生命性、德育目标的生长性、德育过程的生成性和德育内容的生活性。中学德育"四生模式"是一个整体的系统工程，必须整体规划，实现学校生命性、生长性、生成性和生活性的有机统一。

3.坚持师生作为研究主体的地位

教师和学生是本研究的主体，必须充分发挥教师的主体作用，形成全员育人、群策群力、齐抓共建的良好氛围，提升教师德育工作水平。同时，必须充分尊重学生的主体地位，开展符合未成年人身心发展规律，能引导学生全面成才的德育课程、活动、实践，提升学生综合素质。

4.坚持个性化和与时俱进相结合

继承学校优良德育传统，因地制宜、因校制宜，形成与时代特征相符的学校德育特色。深刻把握立德树人的时代内涵，不断拓展内容、创新形式、丰富载体，坚持弘扬时代主旋律，体现发展主题，培育时代精神。

(三)工作目标

1. 德育特色更加鲜明

形成具有学校特色的中学德育"四生模式"理念、文化，开发一批具有学校特色的中学德育"四生模式"课程、活动和实践项目，涌现一批具有较大影响力的教师、学生。

2. 德育机制更加先进

中学德育"四生模式"的目标体系、实施路径和评价机制更加合理、高效，以评促教、以评促育，发挥评价在推动教师专业水平提升和学生成长成才方面的作用。

3. 教师德育工作水平更加高超

通过本研究的实施，推动全校教师积极参与到这一研究之中，进而提升学校教师的德育工作水平。

4. 学生综合素养更加完备

通过本研究的实施，培养一批理想远大、诚信友善、文化自信、注重环保、心理健康的新时代中学生，推动学生综合素养全面提升，为学生一生的成长奠基。

(四)主要内容

1. 培育理想远大的新时代中学生(理想信念教育)

《中小学德育工作指南》强调，需加强马列主义、毛泽东思想学习，深入学习习近平总书记重要讲话精神，领会治国新思想。加强中国历史、革命文化、中国特色社会主义、中国梦及时事政策教育，引导学生了解中国革命史、党史、改革开放史和社会主义发展史，传承红色基因，领会实现民族复兴的伟大梦想。培养学生对党的政治、情感、价值认同，树立为共产主义和中国特色社会主义奋斗的信念。基于此，应着重开展以下教育：

——深入开展理论学习教育。利用国旗下的讲话、主题班会、政治和历史、语文等学科渗透的方式，引领学生学习马列主义、毛泽东思想和中国特色社会主义理论体系等指导思想。

——持续开展四史学习教育。利用每周国旗下的讲话，开展党史时政先锋故事分享会、党史上的本周系列主题宣讲会；利用青少年团校团课课程，构建湖湘红色基因传承教育系列课程；利用学校视频号、微信公众号等新媒体平台，持续打造"师梅青年说"系列宣讲等四史学习教育活动；持续开展"乐善少年'洞见'乡村振兴"湘西地区乡村振兴走访调研实践活动。

——创新开展职业理想教育。利用主题班会、年级大会、家长进课堂等活动，开展新时代中学生生涯规划和职业理想教育。

2. 培育诚信友善的新时代中学生（社会主义核心价值观教育）

《中小学德育工作指南》强调，将社会主义核心价值观融入国民教育，涵盖教育教学和管理服务各环节。深入开展爱国主义教育、国情教育等，引导学生理解国家、社会和公民层面的价值目标，内化于心、外化于行。基于此，应着重开展以下教育：

——常态化开展志愿服务活动。利用"3·5学雷锋纪念日"等时间节点，开展学习雷锋精神、参与志愿服务、毅行雷锋纪念馆等课程；打造中学生四季行志愿服务活动，开展春季护绿行——环保主题志愿服务、夏季传承行——红色传承志愿服务、秋季文明行——文明劝导志愿服务、冬季关爱行——弱势群体关爱志愿服务等系列志愿服务活动；依据班级、学生志愿服务的开展情况，进行志愿服务先进集体、志愿服务之星（个人）评选。

——不断强化文明礼仪教育。通过国旗下的讲话、专题宣讲会等形式，进行宣讲教育；通过主题班会，强化学生的思想认识；通过学生干部执勤监督，督促学生遵守相关规定；通过综合素质评价，引领学生争做新时代文明中学生。

——坚持不断推进法治教育。通过聘请法治副校长、开展学法普法等教育活动，培养学生的法治意识。

3. 培育文化自信的新时代中学生（中华优秀传统文化教育）

《中小学德育工作指南》强调家国情怀、社会关爱和人格修养教育，传承中华优秀传统文化，弘扬核心思想、美德和人文精神。引导学生了解传统文化历史、发展脉络和精神内涵，增强文化自觉和自信。基于此，应重开展以下教育：

——持续推进"我们的节日"系列活动。在春节、元宵节、清明节、端午节、中秋节、重阳节等传统节日时间节点，开展猜灯谜、做青团、包粽子、做月饼、关爱老人等传统文化体验活动。

——着力做好学科渗透文化自信教育。利用各学科特别是语文、历史等和传统文化紧密相连的学科，在课堂教学上渗透传统文化教育工作。

——丰富传统文化教育特色活动。开展中学生"诗词大会"、历史常识竞答赛等活动。

4.培育注重环保的新时代中学生(生态文明教育)

《中小学德育工作指南》强调节约和环保教育，包括资源国情教育，如大气、土地、水、粮食等。鼓励学生了解祖国地理，参与节粮、节水、节电活动，实行垃圾分类，倡导绿色消费。引导学生树立尊重、顺应、保护自然的发展理念，养成勤俭节约、低碳环保、自觉劳动的生活习惯，养成健康文明生活方式。基于此，应着重开展以下教育：

——加强常规卫生评比。通过校级、年级、班级三级教师监督和校级、年级、班级三级学生干部检查等机制，做好卫生保洁、垃圾分类等常规卫生评比工作。

——打造劳动教育品牌。利用学校作为长沙市劳动教育试点学校的优势，积极打造空中农场实践基地；每学年劳动节前后举行中学生爱劳动美食厨艺大赛等活动，培育学生节粮、节水、节电和自觉劳动的意识。

——倡导绿色生活方式。常态化开展师生共登学校后山的活动；利用课后服务时间，开设个性化的体育兴趣类课程；日常开展大课间学生锻炼活动；倡导学生步行来校等。增强学生体质，践行绿色低碳生活。

5.培育心理健康的新时代中学生(心理健康教育)

《中小学德育工作指南》着重提出，开展认识自我、尊重生命、学会学习、人际交往、情绪调适、升学择业规划及适应社会生活等教育，提升学生的调控心理、自主自助、应对挫折及适应环境的能力，培养其健全的人格、积极的心态与良好的个性心理品质。基于此，应着重开展以下教育：

——持续开展"四三二一"德育系列活动。持续开展体育文化节、文化艺术节、社团文化节、科技读书节("四大节")；持续开展军营生活体验、农村生活体验、企业生活体验("三体验")；持续开展志愿服务、社区服务活动("两服务")；持续开展研究性学习活动("一学习")。以"四三二一"德育系列活动为载体，开展引导学生认识自我、尊重生命、学会学习、人际交往、情绪调适等方面的教育。

——不断加强心理健康教育。常态化开设心理健康课程；定期进行"四特"问题学生摸排及大走访活动；以5·25心理健康日为契机，开展5月"心理健康月"相关活动；成立心理健康相关学生社团，鼓励学生朋辈互助。

（五）具体规划

按照"统筹安排、分步实施、有序推进、务求实效"的思路，确保中学德育"四生模式"理论与实践研究各项任务有序推进。

1. 实施准备阶段（2022 年 1 月—2022 年 2 月）

中学德育"四生模式"校本整体实施采用课题研究的方式推进，以确保教学改革工作的研究性、系统性和可持续性。本阶段的工作主要为：

——完成论文开题。拟定论文题目为"立德树人视域下中学德育'四生模式'的理论与实践研究"。

——组建研究团队。着手组建中学德育"四生模式"的理论和实践研究的研究团队。

——制定实施方案。制定《〈立德树人视域下中学德育"四生模式"的理论与实践研究〉实施方案》，并在提交校务委员会审议之后公布实施执行。

2. 全面实施阶段（2022 年 3 月—2023 年 7 月）

这一阶段主要是把中学德育"四生模式"的理念、方法和策略运用于德育实践中，进行整体性、开放性、应用性研究，使教师加强对自身德育实践的反思，提升德育能力等专业素养等。本阶段的具体工作主要为：

——组织理论指导。组织教师、学生和家长多次开展全员中学德育"四生模式"主题培训。

——开展实践研究。组织全体师生进行中学德育"四生模式"常态实践；组织德育观察和诊断，如各学科组（含德育组）开展校本教研，及时处理、总结和调整中学德育"四生模式"实验中出现或存在的各种情况；进行现状调查，一是组织教师进行教育理念、专业能力和德育行为的观察和调查，二是对学生德育行为、核心素养和关键能力发展水平的观察和调查。

——进行文字小结。撰写教改反思、课例研究、教育叙事以及学校校本管理等阶段性研究论文。

3. 总结推广阶段（2023 年 8 月—2024 年 6 月）

总结推广阶段的主要任务是将前两个阶段所取得的经验和成果进行全面梳理和整合，并采取一系列措施将其推广应用到更广泛的区域。这一阶段的工作至关重要，因为它关系到整个研究的可持续发展和影响力。其主要工作为：

——研究总结。编撰德育案例、德育反思、德育论文等专辑和博士论文。

——成果推广。组织召开研究总结会及中学德育"四生模式"改革现场会，全面展示学校现代管理、教育科研、教师专业发展和学生核心素养养成的情况及其成果，全面展示师生生命活力焕发、教师专业素质优良、学生核心素养良好、学校科研成果丰硕、研究型学校文化浓郁等成果。

(六) 保障措施

1.加强领导，明确职责

成立学校《立德树人视域下中学德育"四生模式"的理论与实践研究》项目研究领导小组，把本研究组织实施列入重点议事日程。

2.全员参与，营造氛围

本研究是一项系统工程，涉及学校工作的方方面面和各个层次。各部门、各年级组、各教研组、各班级要在学校实施方案的基础之上，精心制定本单位实施方案，强化落实措施，动员广大教师、学生、家长投入活动，充分发挥他们在本研究中的作用。

3.长期规划，确保实效

本研究是一项长期的工作，要纳入各部门、各年级组、各教研组、各班级建设与发展的长远规划和远景目标，并且方案一经确定，就一以贯之，不能因人员变动而随意更改。

七、明确实施策略

立德树人视域下中学德育"四生模式"理论与实践研究，要紧紧围绕立德树人根本任务，紧扣学生身心发展特点，立足中学阶段德育实际，着眼于德育"四生"的实现，采取激活生命、着眼生长、活化生成、密切生活等相应策略。

(一) 激活生命策略

"生命性"在于回答德育的主体是具有生命的"人"。"激活生命"也就是弘扬德育主体的作用。德育是塑造人的灵魂和品德的教育。要凸显中学德育的"生命性"，就必须高度尊重师生(特别是学生)作为生命存在的价值，激发师生作为生命个体的活力，充分发挥师生作为德育主体的作用。在中学德育"四生模式"实践中，特别要高度尊重学生的主体性，充分发挥学生的自主性，尽量激活学生的能动性，着眼学生发展的整体性和多样性。正如《学记》所说的"使人不由其诚，教人不尽其材"，从学生的内在需要出发，充分发挥学生的才能特长，让学生自觉主动地、生动活泼地去实践去体验，使其"生命性"得到充分激活、凸显和体现。在新时代立德树人总方针指导下，学校德育应当充分凸显学生，真正把学生当成人，真正重视学生的生命存在，尊重他们的个性，激发他们的活力，充分发挥其作为德育主体的重要作用。

(二)着眼生长策略

生长具有纵横两个向度，即横向拓展和纵向延伸。横向拓展指的是发展的内容不断丰富充实，纵向延伸指的是指向发展的未来。无论哪个向度，都要求德育不能只传授或灌输一些既成的或现成的知识或结论。为了落实立德树人根本任务，中小学德育应当注重其目标指向的丰富性、拓展性和生成性。德育是教人做人的教育，做人不是一次性的而是终身的，是不断生长的、向前的。做事是一时的事情，做人是一生的事情。做人的教育决定了德育目标的"生长性"。所以，德育不应只让学生接触一些既成的或现成的道理，而是要在现有的诸如社会主义核心价值观、传统文化精华、时代精神、社会主义先进文化等综合滋养下，不断地延伸、拓展做人的长度、宽度，丰富做人的内涵，使其养成做人的持续性、发展性和终身性。所以，德育的目标应该是促进学生品德、人格的不断丰富和生长。此为持续不断的过程，旨在扩展其发展领域，丰富其发展维度。此外，其亦为生命发展的基本特质与终极目标。学校德育无非是一方面为学生成长打下一定的知识和方法基础，另一方面培养他们自我拓展和生长的意识和能力。同时，德育也不是个体一次教育就受用终身的过程，而是不断开拓、发展和提升的过程，呈现发展、开放、多元、持续、延伸等特点。曾子说："士不可以不弘毅，任重而道远。仁以为己任，不亦重乎？死而后已，不亦远乎？"所以，中小学德育，一定要着眼于长远，着眼于未来，着眼于发展，着眼于生长。

(三)密切生活策略

德育与生活密切相关，生活本身就是最佳的德育来源。这是因为德育贯穿于生活之中。德育的目的是培养学生适应生活、参与生活、创造生活的意识、习惯和能力。所谓密切生活，就是应加强中小学德育与社会现实生活的联系。

一方面，中学德育"四生模式"强调应充分利用、吸收社会德育课程资源来充实、丰富其内容，以弥补其远离甚至脱离现实生活的弊端；另一方面，该模式通过社会现实生活活动来实施德育，可以消除学校德育途径封闭、单一的弊端。同时，它要求学生将学校所学的德育知识运用于现实社会生活，可以解决学生所学非所用的问题。这就是说，通过密切生活，一方面，德育课程的内容突破书本上干瘪、枯燥、陈旧、教条的知识局限，呈现出鲜活、生动、适时、丰富的特点，边界不断拓宽、内涵更加充盈；另一方面，德育途径和形式不再单一、封闭，而是更加多元、开放，实现了中学德育与现实社会生活的双向互动。密切生活，要求做到以下几点：一是提出生活化的德育问题以激发学生兴趣；二是运用生活化德育素材，帮助学生理解所遇到的困惑和问题；三是创设生活化德育情景，唤醒学生日常生活中的经验，形成浓郁的"生活性"德育氛围。

(四) 活化生成策略

"生成性"这一概念，旨在表述德育活动过程中具有根据现实情境进行变动、能在一定程度上偏离或超越预设思路和教案规定的程序、轨迹，进而导向或偏向其他主题或方向的特点。总的来说，中学德育"四生模式"的实践应该积极构建"三维四阶"立体模式(图5-2)。

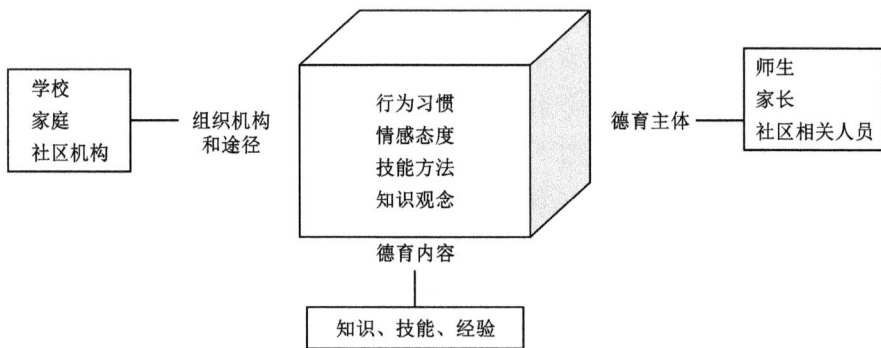

图5-2 "三维四阶"立体德育模式图

所谓三维，即组织机构和途径、德育主体、德育内容。德育组织机构和途径包括学校、家庭和社区机构；德育主体包括师生、家长、社区相关人员；德育内容包括知识形态、技能形态和经验形态的内容。在学校内部来讲，它也是三维的。"三全育人"中的"三全"即全员、全程和全面，指的是所有机构都是德育机构，所有场所都是德育场所，所有人员都是德育人员，所有活动都与德育有关。立体德育是多层次多水平的，既有知识观念层面的，也有技能方法层面的，还有情感态度价值观层面的，更有行为习惯层面的。这四个层面是四种德育的水平。不仅每个学段，而且每个年级的德育都具有这四个层面、四种水平。因此，中学德育"四生模式"的实施需因"机"、因"人"、因"材"、因"境"而异，教师必须适时强化或调整师生相互作用，打破封闭、僵死的组织形式，建立开放、灵活的组织形式，达到活化生成的目的。

生成与预设是既对立又统一的，我们的德育既需要精心的准备、提前的预设，也要注重过程中的生成，不能平静如水，从开头就看到了结尾。生成具有丰富性、开放性、多变性和复杂性。从这个角度来说，德育的时间、空间、内容、方法都应该是丰富的、开放的、多变的和复杂的，而不能仅仅只发生在学校，内容单调，方法单一，且不具有持续性。首先是时间层面，德育应该贯穿学生成长的始终，涵盖起始年级入学教育、中间年级常规教育、毕业年级励志教育等。其次是空间层面，德育不应该仅仅发生在学校之中，还应该发生在家庭、社会之中，学校的教师可以是德育的组织实施者，家长、社会相关人员也可以是德育的组织实施者。再次是内容层面，德育主要包含三个类别：一是政治教育，如爱国主义教育、集体主义教育；二是思想教育，如理想教育、自觉纪律教育、心理教育、民主与法治观念教育；三是道德教育，如个人品德与社会公德教育、科学世界观和人生观教育等。最后是方法层面，德育主要包含三种形式：一是说教形式，如说服教育（通过摆事实、讲道理，使学生提高认识、形成正确观点的方法）、榜样示范（用榜样人物的高尚思想、模范行为、优异成绩来影响学生的思想、情感和行为）；二是体悟形式，如实践锻炼（指导学生参加各种实践活动，以形成一定的道德品质和行为习惯）、陶冶教育（利用高尚的情感、美好的事物和优美的环境感染和熏陶学生）；三是评价形式，如品德评价（对学生品德进行肯定或否定的评价并予以激励或抑制，促使其品德健康形成和发展）、品德修养（学生自觉主动地进行学习、自我反省、自我评价，以实现思想转化及行为控制）。德育只有在时间、空间、内容、方法上完成丰富性、开放性和多样性的建设，才能时时有生成、事事有生成、人人有生成、处处有生成。

八、设计实施评价

(一)转变评价观念

在评价中学德育"四生模式"的实施效果时，首先应当转变评价观念。传统的德育评价往往过于注重知识传授和短期行为表现，而忽视了德育的长远影响和个体内在的成长变化。因此，评价观念应从单一的结果导向转变为过程与结果并重，既要关注德育目标的实现程度，也要重视德育过程中学生的参与程度、体验感受以及德育对他们内在精神世界的影响。在评价中，要注意以下几个原则。

1.聚焦立德树人

立德树人是中国教育的根本任务，强调培养学生的品德、知识和能力，以及促进学生全面发展。因此，实践评价应该以立德树人为中心，注重评价学生的综合素质和实际能力，促进学生的全面发展。

2.贯彻"四生"理念

在中学德育"四生模式"的实践过程中，必须持续聚焦教师和学生在德育过程中的"生命性"，致力提升学生的"生长性"，关注德育过程的"生成性"，并突出德育内容的"生活性"。

3.注重核心素养

2014年，教育部发布了《关于全面深化课程改革　落实立德树人根本任务的意见》，旨在深化课程改革，全面落实立德树人根本任务。随后，在2016年，相关部门与高校联合制定了《中国学生发展核心素养》总体框架，为学生发展提供了全面的指导。同时，各学科也明确了学生必须掌握的核心素养，这些核心素养与总体框架共同构成了指导中学教育教学活动、影响中学生学习和发展的重要体系。该体系充分体现了生命性、生长性、生成性、生活性等特性，涵盖了学科基本知识的学习和道德必备品格的涵养，为学生的全面发展提供了坚实的支撑。

(二)创新评价方法

评价方法的多元化是实施效果评价的关键。除了传统的书面测试、行为观察等方式外，还应引入自我评价、同伴评价、家长评价等多元化的评价方式。这些评价方式既能够更全面地反映学生在德育过程中的表现和发展，也能够增强学生的主体性和参与感。在评价过程中，应重视质性评价，即对学生的德育表现进行深入的、描述性的分析。通过收集学生的德育作品、反思日记、访谈记录等质性材料，可以更深入地了解学生在德育过程中的体验、思考和成长，从而更准确地评价德育效果。同时，要注重发展性评价。它关注学生的个体差异和成长变化，强调评价的诊断功能和发展功能。通过发展性评价，可以发现学生在德育过程中的潜力和优势，帮助他们树立自信心，激发内在动力，促进他们的全面发展。在中学德育"四生模式"实践的评价过程中，主要采用自评与他评相结合的方法。自评侧重通过自我反思来深入了解实践过程中的得失，而他评则主要包括学生及同行的评价，可以全面评估该实践模式的效果。对于教师或学生行为，本研究编制了中学德育"四生模式"目标达成评价表（表5-2）。

表5-2　中学德育"四生模式"目标达成评价表　　　　单位：分

评价项目	教师行为	分值	得分	学生行为	分值	得分
生命性	1.凸显学生的主体性，不存在教师包办的现象	5		1.前期、中期、后期全方位地参与到德育之中	5	
	2.发挥学生的自主性，运用多种手段激励学生积极性	5		2.自由表达意志、独立作出决定、自行推进活动进程	5	
	3.尊重学生多样性，善于给不同学生提供相应平台	5		3.找到适合自己的位置，能够认识并展现自己	5	
生长性	1.认识到学生生长的未完成性，保有公正客观的态度	5		1.充分相信自己，敢于接受活动中遇到的挑战	5	
	2.意识到学生生长的不确定性，善于用主流价值观进行引导	5		2.具有审美情趣，能够在活动中培养积极的情感态度和价值观	5	

续表5-2

评价项目	教师行为	分值	得分	学生行为	分值	得分
生成性	1.注重生成的丰富性,运用多种素材、方法进行德育	5		1.具有理性思维,能对教师或同学的言论提出疑问和反思	5	
	2.讲究生成的开放性、多变性,营造民主、平等、和谐的交流沟通氛围	5		2.积极参与到交流沟通之中,获得相应启发	5	
生活性	1.提出生活化的德育问题(主题)	5		1.具有生活化德育问题的分析能力	5	
	2.运用生活化的德育素材	5		2.解决生活化德育问题的行动能力	5	
	3.创设生活化的德育情境	5		3.拥有解决社会性问题的责任担当意识	5	
合计						
语言描述						

第二节 实施过程

《中小学德育工作指南》是教育部于 2017 年颁布的指导性文件,它针对中小学德育工作进行了全面、系统的规划和管理,从课程、文化、活动、实践、管理、协同六个维度提出实施途径,为中学德育"四生模式"的实践提供了有益的政策指导。

一、完善课程体系——课程围绕"四生"

课堂与教学是学校教育的核心工作,也是德育工作的重要载体。在中学德育实践中,课程育人的实施尤为关键。除了德育课程之外,学校还可以通过其他课程来培养学生的价值观、人生观和世界观。地方课程和学校课程是学校教育的重要组成部分,也是促进学生全面发展的有益补充。学校可以结合当地的文化传统和校情,开发具有特色的地方课程和学校课程,例如乡土文化课程、校园文化课程等。这些课程可以引导学生关注身边的人和事,培养学生的文化自信和家国情怀。

(一)发挥德育课程的主导作用

M 中学严格执行德育课程的落实工作,将其正式纳入整体课程体系之中,并针对不同年级学生的身心发展特点,细化和完善了德育课程的具体内容。在严格遵守初高中课程标准所规定的道德与法治(初中)、思想政治(高中)等核心德育课程的基础上,M 中学还充分利用校内外活动场所和社会资源,积极开发具有学校特色的校本课程,编制符合学校实际的校本教材。M 中学通过不断地探索与实践,力求建立起国家课程、地方课程与学校课程相互衔接、互为补充的全方位、立体化的三级课程体系,以全面提升学生的德育素养和综合素质。

校史校情德育课程能够引导学生深刻理解学校的核心价值观和精神内涵。学校的发展历程中蕴含着丰富的文化底蕴,这些宝贵的精神财富对于培养学生的集体荣誉感具有重要作用。通过学习学校的历史、传统和文化,学生能够更加珍视学校的荣誉,自觉维护学校的形象,从而在集体中找到归属感和自豪感。M 中学就经常利用国旗下的讲话、专题讲座等进行校史校情教育。

培养和发展一定数量的优秀青年学生加入共青团组织，是中学团委的重要工作内容之一，也是中学德育工作的重要平台。2022—2024 年，M 中学共开设"青少年团校"3 期，授课 20 余次，发展团员 600 余人次。表 5-3 为 M 中学第 14 期团校课程表。

表 5-3　M 中学第 14 期团校课程表

课时	内容
第一课	开学典礼暨开学第一课
第二课	走进共青团——学唱团歌，认识团旗、团徽
第三课(实践课)	学雷锋志愿服务实践活动
第四课	共青团的光荣历史与使命
第五课	做湖湘红色基因传人
第六课(实践课)	清明节主题实践活动
第七课	争做新时代优秀团员
第八课	共青团章程学习
团校考试	结业考试

(二)学科教学的德育渗透

语文、政治、历史、地理、艺体等课程不仅是传授知识的平台，更是立德树人的重要载体。这些看似普通的课程中蕴含着丰富的德育资源，有待教育工作者精心挖掘与利用。因此，在确定课程目标时，不仅要注重知识、技术与能力的培养，更要将立德树人的道德教育目标具体化、细化。但这并不意味着知识传授与道德教育是割裂的。相反，二者应该进行有机地融合。例如，在语文课程中，不仅可以学习到语言和文学知识，还可以通过经典文学作品来培养学生的审美、价值观和道德观念。政治、历史课程则可以帮助学生了解国家的历史、文化和价值观，培养他们的民族自豪感和国家意识。同时，德育课与其他学科之间的相互渗透也是至关重要的。这种渗透不仅体现在教学内容上，更体现在教育方法和教育目标上。例如，地理课程与环保意识相结合，艺体课程与团队协作、个人修养相结合。这样，各个学科都能发挥自己的优势，共同为立德树人这一目标服务。

(三)打造"一二三四"课程教学基本模式

课堂教学是德育的重要阵地。在教育体系中，课堂教学是实施德育的重要途径之一。在课堂教学中，教师可以通过学科内容与德育的有机结合，引导学生认识和理解道德问题，培养他们的道德判断能力和思维能力。例如，语文、历史、地理等学科可以帮助学生了解中华优秀传统文化、革命传统和民族精神，培养爱国情感和民族自豪感；数学、科学等学科可以培养学生的逻辑思维和科学精神，引导他们形成正确的世界观和方法论。此外，课堂教学还可以通过多种形式开展德育。例如，教师可以组织课堂讨论、小组合作等活动，培养学生的合作精神和团队意识；可以通过作业、测验等手段检验学生的学习成果和道德水平；还可以通过课外活动、社会实践等形式让学生亲身体验和实践道德规范。为了更好地发挥课堂教学的德育功效，在课堂教学中充分体现中学德育"四生模式"的理念和方法，我们倡导采用"一二三四"课堂教学基本模式："一体"即课堂以学生为主体，"二化"即教学内容问题化、学习过程探索化，"三导"即教师课前引导、课程指导、课后督导，"四学"即学生课前自主学习、课中合作和探究学习、课后体验学习。下面以八年级历史课"新文化运动"为例，对这一模式展开陈述。

1. 课前：编制学案

"新文化运动"是部编版八年级上册第四单元"新民主主义革命的开始"的第一课。本课在教材中发挥着承上启下的作用，既是上一单元"资产阶级民族革命与中华民国的建立"中旧民主主义革命的补课，又是下一课五四运动的新民主主义革命的序幕。结合这些情况，授课者制定了一个课时的导学案。导学案主要包含自学案、探究案、训练案三个部分。

自学案：课前自学案主要由"课标指引""能力目标""自我检测""问题汇总"四大部分构成。学生在"课标指引"和"能力目标"的引导下，需完成"自我检测"部分的练习，并将预习过程中遇到的疑问和难题记录在"问题汇总"栏中。这一环节的设置旨在使教师充分了解学生的预习状况和认知深度，从而在教学中更有针对性地进行引导。课前自学案的实施，充分体现了教师在学生学习过程中的课前引导作用，有利于调动学生的自主性和主体性。

探究案：探究案是专为课堂环境设计的合作学习辅助资料，旨在促进师生及学生之间的深度交流与合作。教师将提供具体材料或情境，并列出需要探讨和突破的关键问题。学生在教师的引导下，通过深入思考和小组内的积极讨论，形成本小组的探究结论，并在课堂上进行分享与展示。这一过程不仅有助于推动课堂的有序开展，更能凸显课程的核心要点和难点，从而确保教学目标的有效达成，还有利于给学生提供展现自我的平台。

训练案：本训练案是专为学生设计的学习资源，旨在巩固知识和深化理解。其主要分为"Ⅰ"和"Ⅱ"两类题目。"Ⅰ"类题为必做题，可以确保基础知识的掌握。"Ⅱ"类题为选做题，可以满足个性化需求。教师应记录选题情况，并要求选"Ⅱ"类题的学生先完成"Ⅰ"类题。设计体现了"定格设计，分层布置"理念，可以满足不同学生的需求，充分体现了"生长性"的要求。

导学案在授课前一天发放，供学生自主学习。学生应掌握本课基本内容，完成自我检测部分，提出疑惑。课代表应收集并整理疑惑，当晚反馈给教师，以便教师有针对性地组织教学，确保教学效果最大化。

2.课中：组织实施

第一环节：现实情景导入，激发学生兴趣

教师：同学们，老师在读大学的时候，曾做过研学营的导游。今天，老师再做一回导游，带大家去参观一百年前的北大，即今天的新文化运动纪念馆——北大红楼旧址，去了解新文化运动的来龙去脉，感受觉醒年代爱国知识分子的担当和魅力。

第二环节：自我测评反馈，掌握基础知识

进行一项课堂活动，即从学号尾数为"9"的学生中随机抽取6位，要求他们依次进行"自我检测"环节的展示。每位学生需回答一道小题，且在回答过程中，课件将同步展示该题的正确答案，以供其他学生进行比对和核实。

第三环节：分组合作探究，深化学生认知

探究1：新文化运动的背景

（点击进入"辛亥革命后的中国"超链接，展示纪念馆相关页面）

教师：通过"辛亥革命后的中国"这一段，同学们请说一说，为什么要开展新文化运动？（学生回答）

教师：对，辛亥革命后的中国，袁世凯窃取了革命果实，妄图复辟帝制，使新生的中华民国陷入了政治混乱的局面之中。一部分先进的知识分子意识到，革命者们追求的民主共和,并没有完全实现,救亡图存的探索并没有完全成功。面对这种局面,我们又该怎么办呢?

学生:还需要启发国民新的伦理道德,进行思想文化领域的革新运动。

教师:同学们说得很好,陈独秀先生也是这么想的。他说:"欲使共和名副其实,必须改变人的思想,要改变思想,必须办杂志。"就这样,他在上海办起了《青年杂志》。后来,《青年杂志》有了一个更响亮的名字——《新青年》。

探究2:新文化运动的内容

教师:好,我们接着往下面走,进入第二个小部分"新文化运动策源地"。这个部分没有声音讲解,所以我为大家请了一位志愿讲解员,由她来给大家讲解。

(点击进入"新文化运动策源地"超链接,展示纪念馆相关页面)

学生志愿讲解员:我们重点来看这幅名叫《北大钟声》的画作。大家看,这幅画里面的人物,有老有少,有穿中式马褂的,也有穿西式服装的;有留辫子的,也有剪短发的。他们的形象可谓千差万别,但他们都有一个共同的身份——北大的老师。大家觉得,这幅画的作者想表达什么?

学生:北大是一所兼容并包的学校,允许各种各样的人物、各种各样的思想一起存在。

学生志愿讲解员:接下来,我们来看"新文化的营垒《新青年》"。墙上悬挂的就是当时《新青年》的主要撰稿人。出现在我们教科书上的,就有四位。

(指着画像一一提问是谁,请学生回答)

学生志愿讲解员:接下来,我想考考大家,请同学们举手回答,完成黑板上的这张表格。(展示表格,请一位同学完成)待完成后追问:北大成为新文化运动的主要阵地和谁有关系?

学生志愿讲解员:接下来,我们将来到第三个小部分"高举民主与科学的旗帜",了解新文化运动的内容。

探究3:新文化运动的内容

(点击进入"高举民主与科学的旗帜"超链接,展示纪念馆相关页面)

教师:在刚才的陈列中可以看到,在提倡民主与科学的旗帜下,新文化运动"提倡新道德,反对旧道德"。那么,提倡民主和科学,为什么就一定要反对旧道德呢?请大家看一篇《新青年》上的文章。(播放班级学生提前录音讲述的片段《一个贞烈的女孩子》)

教师：通过这则材料，同学们看到旧道德有什么弊端吗？（学生回答）

教师：旧道德倡导"君为臣纲，父为子纲，夫为妻纲"。这是封建专制的思想基础，它泯灭人性和自由、平等、民主的思想。所以，鲁迅先生说："我翻开历史一查……满本都写着两个字是'吃人'！"

教师：旧道德吃人，那我们反对了旧道德之后，需要什么样的新道德呢？（学生回答）

教师：旧道德指以"三纲五常"为核心的儒家传统道德。新道德指男女平等、个性解放、人格独立等民主、自由思想。

教师：除了反对旧道德，新文化运动的健将们还反对旧文学。旧文学又有什么问题呢？请看微历史剧《秀才结婚》（学生演绎）。

教师：从刚才的剧中，大家看到了以文言文为代表的旧文学有什么弊端吗？

学生回答：文言文没有标点，艰涩难懂，容易产生歧义。

教师：当然，如果仅仅是没有标点，我们加上标点就行了。如果是艰涩难懂，我们加强学习也可以理解。这里面还有更深层次的原因。请看材料。

（展示材料："为什么改革思想，一定要牵涉到文学上？因为文学是传导思想的工具。"——蔡元培，出自《中国新文学大系》）

学生回答：旧文学是旧思想、旧道德传播的载体。

教师：那新文学又有什么优势呢？（学生回答）

教师：不仅如此，新文学还有一个优势。请大家将以下一段文字翻译成文言文。（摄氏度的规定：把冰水混合物的温度规定为 0 摄氏度，把 1 标准大气压下沸水温度规定为 100 摄氏度，把 0 摄氏度到 100 摄氏度之间分成 100 等份，其中的 1 等份就是 1 摄氏度）

教师：你会发现，没有办法翻译。所以，只有用新文学，才能更好地传播近代科学思想。提倡新道德、反对旧道德，提倡新文学、反对旧文学，都是为提倡民主和科学而服务的。终极问题来了，新文化运动健将们为什么会选择民主、科学作为他们的旗帜呢？请同学们看两则材料。（展示材料《推戴袁世凯为皇帝的第一次推戴书》，播放视频《药》片段）

教师：从材料中，同学们看到了民国初年什么样的社会现象？

学生回答：专制思想仍然存在，迷信思想十分盛行。

教师：要反对袁世凯独裁专制，所以要提倡民主；要反对封建迷信，所以要提倡科学。所以说,提倡民主和科学,把它们作为旗帜,是为了反对专制和愚昧。因此有人说,新文化运动的主要内容,就是"三提倡,三反对"。

探究4:新文化运动的评价

教师:同学们,到这里,我们的参观已经进行了一半了。我们可以发现,"点燃新文化的火炬"这个部分,就是在给我们交代新文化运动的背景、兴起和内容。那大家觉得第二部分"吹响新时代的号角"又是在说什么呢?

学生:影响、评价。(教师板书:评价)

教师:对,就是在说影响,或者说是评价。因为时间关系,这个部分我就不一一讲解了。我从"吹响新时代的号角"这个部分里面摘取了一些材料,放在了同学们的学案之中。现在请同学们分成四个大组(依次制定第一、二、三、四大组),每个大组讨论一组材料(材料略),然后给相应的小部分写一份不超过100字的简短解说词。时间为3分钟。

【第一组·五四爱国运动】

学生:新文化运动动摇了封建道德礼教的统治地位,使中国人民接受了一次民主与科学的洗礼,为五四运动的爆发起了思想宣传和铺垫的作用。

【第二组·新文化运动的深入】

学生:倡导白话文,有利于文化的传播和普及;传播新思想,提高了妇女的地位,解放了人们的思想。

【第三组:中国共产党的成立】

学生:宣传了马克思主义,为中国共产党的成立奠定了基础。

【第四组·反思组】

学生:对中国传统文化的看法带有一定的片面性。

教师:(板书:积极意义、地位、局限性)非常好,我们应不应该绝对否定传统文化呢?我们应该怎样对待传统文化、西方文化呢?

学生:取其精华,去其糟粕。洋为中用,古为今用。

第四环节:师生共同小结,构建知识脉络

教师:好,同学们,到这里,我们已经参观完了《新时代的先声——新文化运动基本陈列》,了解到了新文化运动的前因后果,知道了那个觉醒年代爱国知识分子们的热血和担当。现在,我们来到了留言簿前,如果要留言,你会写什么呢?想一想,待会儿请几位同学进行分享。(学生用纸笔记录学习本课的感想并分享)

教师：同学们讲得很好，有说要感谢新文化运动前辈的，有说现在还要大胆解放思想的，还有说要正确对待传统文化的，都很有道理。确实，我们真的要感谢新文化运动，感谢新文化运动的健将们，是以他们为代表的一群人，带领我们在寻找救亡图存的道路上，又迈进了一步。今天这节课到这里就要结束了。接下来，我们做一个小游戏，来巩固本课所学的知识。我需要两位同学来竞争。（两位同学上台完成小游戏——希沃系统知识抢答游戏）

教师：（结合游戏参考答案进行总结）社会要进步，思想要先行，这就是新文化运动的魅力。从近代化的探索这个角度来说，近代以来，在洋务运动学习西方技术、戊戌变法和辛亥革命学习西方政治制度之后，新文化运动重点在新的领域进行学习，那便是思想文化。在这个过程中，我们经历了从技术到制度，再到思想文化的历程，具有由表及里、由浅入深、层层递进的特点。最后，老师想说，从曾国藩到孙中山，再到陈独秀，无数先进的中国人为了救亡图存不懈探索，最终使得中国走向了独立、富强。每个时代有每个时代的使命，希望新时代的你们努力学习，为中华民族伟大复兴贡献自己的力量。下课。

3. 课后：教学反思

"新民主主义革命的开始"这一单元，是八年级上册中国近代史中承前启后的一个单元，它既是对中国近代化探索阶段性的总结，也是无产阶级领导中国反帝反封建革命的开端。而"新文化运动"这一课的内容属于思想方面的内容，对于八年级的学生来说，较为枯燥、难懂，纯属平实性表述。学生对该课文中的事件和人物是陌生的，不能产生亲近感以及重视意识。所以如果采取常规教学方式，虽然也有可能实现教学目标，但学生一定会兴味索然，效果也绝对不会理想。所以，引入北京新文化运动纪念馆的网上 3D 实景地图《新时代的先声——新文化运动陈列》这一网络信息资源，以网络云参观新文化运动陈列为导入，创设生活化的教学情景，运用希沃白板交互技术，向学生演示和补充大量历史图片、文字资料，再创设一个个探究问题，鼓励学生思考、解决，给予学生大量展示、讨论的机会，可以化枯燥乏味为生动有趣，从而顺利实现预期的教学目标。

本次课程实现了信息技术在学科教学中的融合创新运用，取得了比较好的效果。一是以带领学生在网络云参观新文化运动纪念馆 3D 实景地图为载体，利用信息技术资源创设了生活化的历史情景；二是指导学生录制音频故事《一个贞烈的女孩子》，并在后期进行了调音、配背景音乐等技术处理，很好地展现了旧道德的弊端；三是剪辑电视剧《觉醒年代》中关于"药"的经典片段，形象直观地展示了当时民众愚昧迷信的状况；四是利用希沃白板交互技术，通过学生参与游戏的形式很好地进行了课堂小结。以上技术和手段有利于创设生活化的情境，充分调动了学生的积极性和主观能动性，激发了他们的生命活力，有利于课程目标的达成。

本次课程还体现了以学生为主体、教师为主导的课程理念，使学生的历史学科素养得到了有效的培育。一是上课之前制定并下发学案，指导学生课前预习，完成基础检测填空，并就预习提出疑惑；二是在上课时采用多种形式展现学生才华，如设置学生志愿讲解员给同学们讲解"新文化运动的策源地"这一部分的陈列、让学生以语文诵读的形式讲述故事《一个贞烈的女孩子》和演绎微历史剧《秀才结婚》；三是设置探究问题给新文化运动陈列第二部分"吹响新时代的号角"写解说词，让学生分小组讨论，合作探究，然后各组派出代表进行总结发言；四是采用给纪念馆留言的形式，鼓励学生抒发自己的感悟，使家国情怀得到升华。整堂课下来，学生表现的机会多，学生史料实证的能力、历史解释的能力也得到了有效的锻炼。

二、丰富校园文化——文化体现"四生"

校园文化建设是学校个性魅力与办学特色的体现，也是促进学校可持续发展的内在要求。教育部《普通高中校长专业标准》《义务教育学校校长专业标准》在"营造育人文化"方面明确规定：校长应将学校文化建设视为学校德育工作的关键环节，高度重视学校文化无声无息的教育作用，将文化育人视为办学治校的核心内容与途径；同时，要了解校园文化建设的基本理论，熟练掌握推动优秀文化融入学校教育的策略与路径。

(一)文化理念引领导向

M 中学明确了"为了明天的你"的办学理念；树立了培养"身心健康、品学兼优、个性彰显、素质全面"的拔尖创新型人才培养目标；提出了建设"国际化、现代化、实验性、绿色性"学校的办学目标。

M 中学秉承"公勤仁勇"的校训，谱写了《为了明天的你》的校歌，制定了校徽和校旗。校徽为圆印章形，核心图案为梅花花瓣、"三湘四水"和汉字"人"的创意简化组合，周围是学校中、英文名称。以"人"字为设计元素，表明学校教育以人为本。"人"字大写，象征学校努力培养勇于开拓创新，始终站在时代前沿的高素质人才。校徽主体颜色为橙、白，橙色象征教育的热情与青春的快乐，白色象征知识的神圣与人性的纯洁。

M中学弘扬"清容健畅"的校风，践行教师"乐教善育"的教风和学生"乐学善思"的学风。

M中学制定了宣传、贯彻学校核心价值的方案和措施，每学年伊始都会组织教职工大会、学生大会等活动对校训、办学理念、校风、学风、教风等价值理念进行阐释和宣讲，有学校文化宣传手册、橱窗、宣传单、微信推送等资料帮助学生、教师、家长、社会了解学校的价值理念，《中国教育报》也曾以《多元教育　闪耀湘江》为题报道了学校多元办学的丰硕成果。

(二) 精神文化陶冶情操

"火车跑得快，全靠车头带"，M中学领导班子以创建"五好"班子为目标，书记、校长以身示范，注重自身建设，精诚团结，补台不拆台，办学思想端正、依法治校、深入实际、作风民主、管理有力、团结进取、务实创新、公正廉洁、无违法违纪行为。学校严格落实领导干部双重组织生活会制度，定期召开民主生活会，召开系列座谈会，倾听一线师生员工心声，及时了解各方面存在的问题，及时处理问题、化解矛盾，调动工作、学习积极性。学校较好地完成了预期发展目标，在社会上产生了较好影响。

教师群体有共同的学校愿景和共同的理想信念，有"乐教善育"的教风。教师热爱学校，认同学校的文化内涵，并乐于践行学校的育人文化。按照学校继续教育重点工程《教师培养手册——专业成长规划书、教师职业生涯规划书》的培养要求，教师有职业生涯规划意识和职业生涯规划，对自己的专业发展有目标和想法，熟知和认同社会主义核心价值观、《中学教师专业标准(试行)》《中小学教师职业道德规范》《新时代中小学教师职业行为十项准则》。

学生具有良好的思想素质、道德品质和行为习惯，能够熟记并践行社会主义核心价值观；爱党爱国爱人民、尊敬师长、爱护同学；具有良好的学习兴趣和学习自信心，基本掌握了科学的学习方法，具备自主学习和终身学习的能力，同时熟知和认同学校文化内涵。

（三）物质文化营造氛围

M中学校园按省级绿色建筑星级标准建设，处处彰显"两型"理念。教学、体育运动、生活"三区"界限清晰明确。庭院、长廊的设计处处体现了"清容健畅"的校风和"乐善"教育的理念。学校人防、物防、技防等相关设施和设备较为完善。教学设施、实验室、功能室均制定了相关的管理细则，并安排专人负责、建立资产台账。教工羽毛球协会等业余爱好协会定期组织活动，丰富了教职工的业余文化生活。教工之家成为老师们常去的休闲娱乐场所。智慧校园的建设方便了教职工的生活。学校网站、广播站、微信公众号、电视台、板报、橱窗、墙报等文化宣传媒介齐全并运转正常、更新及时，取得了比较好的宣传效果。信封、作业本、校服、笔记本、书签、书袋等校园文化产品处处彰显着学校的核心价值理念。学校重视图书馆的建设，安排专人进行管理，并在学生会设立图书管理部协助管理，每年根据各教研组的建议更新书目、订阅期刊。各班教室还建立了图书角。通过读书节、书香校园（班级）等文化建设活动，师生们养成了较好的阅读习惯。

M中学工会每月定期开展"文明办公室"评比。各办公室在自我推荐、民主推选的基础上产生"办公室主任"，负责办公室的卫生值日安排、团队文化建设等事宜。其中，两个办公室因文化建设特色突出，被长沙市教育局官方微信推送宣传。学校组织教师志愿者，积极参加文明校园建设。

M中学每学年均开展"书香班级（教室）"的布置和评比。各班学生积极布置，图书角、卫生角、走廊、花坛等地方的布置各有特色，令人赏心悦目。学生食堂干净整洁，执勤学生干部认真到位，学生有序排队，文明就餐。学生会宿管部每年举办"文明寝室"创建活动，寄宿生用各种富有创意的设计点缀自己的寝室，取得了较好的效果。各班级自愿认领相关卫生区域并组织志愿服务活动，积极参与文明校园的建设。

（四）制度文化提供保障

学校制定了《M中学章程》和学校发展的"一五规划""二五规划"。学校坚持校务、党务公开，既按照工作计划定期召开教代会，也会不定期召开教代会来表决与教师切身利益相关、教职工普遍关心的问题以及学校发展改革相关的重大事项。党委会、校长办公会、行政会、党支部书记会等实行例会制，并按要求召开领导班子民主生活会，开展不同类别、不同层次的师生代表座谈会。根据收集意见及建议，班子成员主动认领，列出清单，立行立改。通过开展批评与自我批评，班子成员相互之间坦诚相待，进一步增强了领导班子的凝聚力和战斗力。

学校制定了《M中学干部管理办法》，在干部述职、考核等方面，均做出了明确的要求，并且按照要求逐一落实。学校有整套的管理制度汇编，并在新员工入职时提供相应培训。学校奖惩、评比等制度的产生均通过教代会表决，程序公开透明，认可度高。各职能部门分工明确、各司其职，在学校网站上建立了各自的专栏，并且每学年都会签订岗位责任书，定期开展考核和评价。

学校党委、年级党支部机构健全，工会、教代会工作积极开展，有工作计划和会议记录。学校共青团和少先队、学生会、学生社团等组织健全，并在每学年通过自愿报名、上级考核、民主选举的方式产生新一届成员。学工处、校团委均有相应的老师指导相应的部门开展工作。设置了书记、校长信箱和阳光服务中心，接待学生、教师和家长、社会的意见和建议。

学校成立了校级家长委员会，各年级、班级成立了相应的家长委员会，并通过家长开放日等活动形成了育人合力。社区通过党建共建等活动积极参与到学校发展改革的历程之中。通过与兄弟学校的交流沟通和接待来自省内外的参观者等活动，争取到了社会对学校的认可和支持。

学校教代会以主人翁身份参与学校管理，行使民主管理和民主监督权，工作程序规范。学校既按照工作计划定期召开教代会，也会不定期召开教代会表决与教师切身利益相关、教职工普遍关心的问题以及学校发展改革相关的重大事项。

教代会全面参与学校民主管理和民主监督，有力地加强和推进了学校民主的建设和全面发展。学校工作中重大的决策、决定、人事制度改革和分配制度改革等都事前征求教师意见，召开教代会表决通过。

学校依法成立团委会、少先队大队委、学生会、校学生社团联合会等学生自治组织，并且每学年定期召开团员代表大会、学生代表大会和少先队员代表大会。各社团每学年定期召开换届选举大会，选举产生相应的学生组织负责人。各年级相应成立年级团总支、学生会，各班成立团支部（少先队中队）等学生自治组织。

自主制定相关组织的规章制度，并参与执行、监督、考核。每年定期召开书记、校长、学生面对面座谈会，设立书记、校长信箱接收学生的建议，创造平台让学生参与学校相关的制度制定和治理，为学校的发展建言献策。

(五)行为文化促进提升

M 中学每学年、每学期会指导教职工制定自己的教学、教育、教研工作计划。每学年都会利用党员示范岗、党员示范班等措施充分发挥党员的先锋模范作用。定期召开教代会和全体教职工大会，并由校长和副校长作专题工作报告。有专门的校务公开栏公示校务会的相关决议和决定。

M 中学秉承"质量是学校的生命线"的宗旨，校长和教学副校长集中精力加强教学管理，聚焦课堂，深化教学改革，对干部上课提出了严格要求。中层以上干部 23 人，有 20 人坚持深入课堂，任教行政班基础学科，还有 1 人承担兴趣课教学工作。兼课比例达到 7/8，符合 2/3 以上人员兼课的要求。全体行政坚持推门听课，校领导每学期听课 30 节以上。学校积极贯彻落实市教育局干部人事制度改革方案，制定《M 中学干部管理办法》等制度，推进校务公开和干部队伍建设工作。同时，成立了青年教师成长促进会，定期举办读书分享、知识竞答、专家讲座等活动，助力青年教师专业成长。学校完善了教师职称评审等相关制度，一切资源皆向教育教学一线倾斜，为教师做好后勤服务，每年安排 1 次教职工体检，提升了教师的组织归属感和职业幸福感。

学校每年举办"四大节"(体育文化节、文化艺术节、社团文化节、科技读书节)，"三体验"(军营生活体验、农村生活体验、企业生活体验)，"两服务"(志愿服务、社区服务)，"一学习"(研究性学习)，并利用学校区位优势，每周举办徒步学校后山等活动。学校对外交流广泛，分别与美国 2 所中学和英国、韩国各 1 所中学结为姊妹校。每年寒暑假，师生分赴美、英、韩等地，体验国外教育，开拓国际视野。

学校充分重视班主任队伍建设，并加强对班主任的培训，建立了一支特别能奉献、特别能战斗的班主任教师队伍，能够较好地对待每一位学生、尊重学生人格。通过早自习、课间操、新闻收视等班主任"七到位"措施，维护了班级的良好秩序。通过学生手册评语的填写和学生成长报告的完善，很好地组织了学生综合素质评价工作。通过开学家长会、期中家长会、期末家长会和任课教师会，形成了教师之间、家校之间的教育合力。

M 中学教师积极践行"自主·合作·探究"的教学理念，通过课前引导、课中指导、课后辅导来帮助学生完成自主学习、合作学习、探究学习和体验学习的学习过程。同时，做学生的良师益友，保护学生安全，不擅离职守。

M 中学组建了漉泉文学社、春秋戏剧社、心理学社、街舞社、动漫社、播音主持协会、篮球协会、足球协会等近 20 个学生社团。在校学生积极参加艺术节七年级合奏比赛、八年级集体舞比赛、高一年级合唱比赛和高二年级舞台剧比赛，有效地培养了自身艺术方面的素养和特长。同时，还积极参加体育节比赛，有效地提升了身体素质，培养了体育爱好。学生纷纷积极参加军营生活体验、农村生活体验、企业生活体验、社区服务体验等体验活动、志愿服务，涌现了一大批先进积极分子。

通过"十个一"特色假期作业和做一次家务、给父母洗一次脚等特色活动，使学生和家长密切了亲子关系。

三、打造特色活动——活动呈现"四生"

为了培养学生的优良思想品质和行为规范，M 中学精心设计和组织了一系列有针对性的教育活动。例如，通过庆祝节日，集中开展爱党爱国、民族团结等主题教育，强化学生的国家认同感和民族凝聚力。此外，还把握重要纪念日和主题日，设计了相应的主题教育日，并且倡导开展庄严神圣的仪式教育活动，不断创新活动形式和方法。严格执行中小学升旗制度，除假期外，每周一及重大节(会)均举行升旗仪式。入团、入队仪式活动等具有重要意义，因此还会开展富有意义的入团、入队、入学、毕业、成人等仪式活动，以培养学生的荣誉感和责任感。为培养学生的兴趣爱好，实现学生全面发展，M 中学还开展了各类校园节(会)活动。

(一)利用节日和纪念日开展相关主题活动

利用五四时间节点开展"湖湘团历史　M 中青年说"主题宣讲活动；利用七一时间节点开展"党史时政知识竞答赛"活动；利用十一时间节点开展"我和我的祖国"爱国主义教育基地打卡活动；利用烈士纪念日、抗战纪念日、南京大屠杀死难者国家公祭日开展缅怀先烈纪念活动。

利用春节、清明、端午、中秋、重阳等传统节日节点，开展"传统文化与民间科技"寻访与体验活动，如端午包粽子、中秋做月饼、春节做豆腐等活动。此外，还利用传统节日假期组织学生寻访传统文化，体验民间科技，增强文化自信。

利用"十·一三"时间节点开展七年级少先队建队仪式，利用高三年级毕业开展成人典礼等活动。

(二)开展共青团、少先队活动

共青团、少先队工作是中学德育工作的重要组成部分。一直以来，M中学始终坚持"一心两建三融合"的工作思路，以促进青少年健康成长为核心，以加强共青团、少先队组织建设为重点，以推进共青团、少先队工作与中学德育实践的深度融合为目标，不断探索和创新共青团、少先队工作的新思路、新举措和新方法。

1. 始终围绕"一个中心"

把思想政治引领始终作为共青团、少先队工作的中心。在做好自身建设的同时，从M中学实际出发，把握时代脉搏、紧跟时代潮流，引领共青团、少先队工作的政治性、先进性、群众性，在日常工作中采用各种办法，保障思想政治引领这一中心工作的落地落实。

(1)思想上高度重视。学校一直高度重视青少年思想政治教育和引领工作，对照"党要怎么带，团要怎么建，青年要怎么干"三个方面，对共青团、少先队建设工作提出明确要求。分管德育的校领导每周一听取共青团、少先队工作负责人作上一周工作总结和下一周工作安排，并给予必要指导，有力地推动了共青团、少先队工作的稳步前进。

(2)物质上有力保障。学校在办公场所、活动经费、物资采购等方面给予了大力支持，先后建成了共青团、少先队活动室3间，少先队鼓号队训练室1间；采购了学生活动常备奖品、少先队鼓号队乐器服装等物资，在具体活动经费上也给予大力支持，有力地保障了共青团、少先队思想政治引领活动的顺利进行。

(3)行动上大力支持。自建校以来，学校班子积极参与学校共青团、少先队建设工作，书记、校长给青少年团校学员讲团课，并组织各党支部书记、青年党员给学生上团课、队课。此外，每逢共青团、少先队有重大活动举行，必有学校班子成员出席参与，用实际行动支持共青团、少先队工作。

2.坚决抓实"两项建设"

(1)制度建设。为方便共青团、少先队建设工作的进行,学校建立了党支部联点团支部制度,要求各党支部书记指定党员参与到"三会两制一课"和中队队会中,给予指导性意见。同时,通过青年业余党校、团校、专题报告会、宣讲会等形式带领青年业余党校学员、团校学员学习党的二十大、团的十八大精神和党史时政知识,将其纳入团员考核评比,推动"从严治团"新常态,从制度上保障共青团、少先队建设工作的落地、落实。

同时,为了更好地贯彻《中学共青团改革实施方案》《中国少年先锋队改革实施方案》的文件精神,深入落实《长沙市中学共青团改革学校主要任务清单》,制定了《M中学共青团改革实施试行方案》《M中学少先队改革实施试行方案》,重点突出团队衔接、从严治团,强化思想引领,落实"三会两制一课"工作。进一步修订了《M中学团支部/少先队中队工作手册》,凸显"三会两制一课"工作,常态化检查各团支部/少先队中队工作的开展情况,评选表彰月份和年度"优秀少先队中队""五四红旗团支部""优秀少先队员""优秀团员"等。

(2)队伍建设。健全的制度必须有相应的干部队伍去贯彻才能落到实处。学校十分重视共青团、少先队的队伍建设,特别是青年学生干部队伍建设。共青团、少先队学生干部从初选到上任需要"过五关":经过自主报名、考核面试、上岗实习、三代会预备会议选举、师生见面会等环节才能产生。有了如上一套学生干部选拔流程,共青团、少先队干部队伍的素质得到了极大的保障。

此外,学校还积极创造机会让学生干部参加校内外拓展培训活动,如前往兄弟学校观摩社团节闭幕式、参加片区内团学干部风采赛、举行校内学生干部素质拓展活动、参加"百年正青春"教育系统五四主题团日活动等。这些活动开阔了学生干部的视野,提高了他们的工作能力,增强了他们的责任感和使命感。此外,每学期还会召开学生干部工作总结表彰会,对工作积极的干部进行表彰,极大地提高了学生干部工作的积极性。

3.着力做好"三个融合"

(1)把共青团、少先队建设与加强青年师生思想建设融合。扎实推进"网上共青团—智慧团建"工作。先后组织全校3000余人次参与"青年大学习"和"红领巾爱学习"。上百名青年师生注册成为学雷锋志愿者。在全校开展"党史学习教育'四个一'"系列活动,即"每日一党史",每天第一节课前广播5分钟党史;"每日一红歌",利用教唱时间(午休后)齐唱一首红歌;"每日一故事",

利用新闻收视时间播放一则红色故事;"每月一观影",每月组织党员教师、青年党校、少年团校和学生干部在"红色放映厅"观看一部红色电影,从而强化对青少年的思想政治教育。开展主题鲜明的团、队课。此外,还组织各年级党支部书记、大思政课相关教师讲解授课。党、团联合举办了"桃岭"讲坛,邀请各行各业榜样进校讲座,如中国科学院院士谭蔚泓先生、最美向日葵女孩何平、抗美援朝老兵等,对学生开展思想道德、励志、职业规划、传统美德等教育。有了思想的引领,就有了成长的方向;有了榜样的力量,就有了向上的动力!

(2)把共青团、少先队建设与搭建青年教师建功舞台融合。学校把青年教师作为未来骨干来培养,激发了团干部干好团建的工作热情;组织青年教师定期开展校外活动,通过举行户外素质拓展培养青年教师的创新意识和团队精神;组建了7支志愿服务队,由党员引领团员青少年开展活动,增强奉献意识和担当精神,从而促使青年师生发挥更大的社会效益。基于少先队、共青团改革的基础,组建了少先队辅导员、团支部辅导员队伍。此外,还聘请退休人士、公益人士、热心家长、在校大学生、社会贤达等担任校外辅导员。辅导员们年龄参差不齐,职业包罗万象,知识结构各有千秋,既为青少年学生的成长提供了全方位、宽领域的辅导,同时也给学校青年教师辅导员的成长搭建了建功舞台。在学校的坚强领导和大力支持下,学校团建工作先后获得了市"五四红旗团委""优秀少先队集体""五四红旗团支部"等集体和"青年岗位能手""优秀共青团干部""优秀共青团员"等个人荣誉十余项。

(3)把共青团、少先队建设与助力青年学子成长成才融合。充分发挥升旗仪式、班会、黑板报等的重要阵地作用。升旗仪式由两位学生主持人分别用中、英文主持,主要由每周一语、国旗下讲话(学生主讲)、每周总结(学生会主席、团委学生副书记负责)等部分组成。班会和黑板报则根据团委统一安排的主题进行,先由各班自行组织具体内容,再由学校团(少)委学生干部进行检查评比,并纳入每月"五四红旗团支部""优秀少先队中队"评比之中。在周会、班会、黑板报等阵地建设中,发挥学生的主体作用,有利于他们能力的提升。充分秉承"教书育人在细微处,学生成长在活动中"的理念,构建一系列以思想政治引领为中心的德育活动。

爱国主义教育。如七年级"童心向党·三行诗文献祖国"、八年级"童心向党·党史时政知识竞答赛"、高一高二年级"峥嵘岁月七十载 红旗飘扬爱国情"主题班会等活动。

励志理想教育。如七年级"全力奋进新时代　争做先锋好队员"建队仪式、八年级"传承湖湘红色基因　做新时代乐善好少年"离队建团仪式，以及在全校范围内开展的"校园之星"评选活动。

传统文化教育。以"我们的节日"系列活动为载体，在各年级广泛开展元宵节猜灯谜活动、清明节制作青团活动、端午节知识竞答活动、中秋节绘团扇制月饼活动、重阳节诗词朗诵和孝老敬老活动等，普及传统文化常识，增强文化自信和传统道德的熏陶。

充分打造助力学子成长的特色学生社团。为给青少年自我锻炼、自我成长搭台子、架梯子，每年定期举办社团招新、社团游园会、社团文化节等活动，鼓励学生参加 1~2 个社团，聘请指导老师进行指导。在老师、学生的共同努力下，参与学生社团联合会的社团目前共有 20 余个，主要分为三类：一是艺术特长类，如街舞社、音乐社、播音主持协会、动漫社、艺术社、吉他社、文学社等；二是体育竞技类，如篮球社、足球社等；三是兴趣探索类，如汉服社、春秋戏剧社、漉泉文学社、DIY 社、推理社、英语社、摄影社、辩论社、天文社等，有力地发挥了学生社团在学生成长过程中的助力作用。

共青团、少先队工作在青少年教育中扮演着至关重要的角色。首先，共青团、少先队工作注重加强思想引领。为了实现这一目标，定期开展主题团日、少先队活动，组织学习交流会等，使青少年在参与中受到启发，形成积极向上的思想观念。此外，共青团、少先队工作还特别关注培养青少年的创新精神和实践能力。创新是推动社会进步的重要动力，而实践能力则是个人发展的基石。因此，共青团、少先队积极开展科技创新活动，鼓励青少年发挥想象力，探索新领域；同时，组织社会实践活动，让青少年在实践中锻炼能力，积累经验。这些活动的开展，不仅有助于培养青少年的综合素质，还能激发他们的潜力，使他们更好地适应未来社会的需求。通过这些途径，共青团、少先队工作为青少年的成长提供了有力的支持，也为社会的繁荣发展注入了源源不断的活力。

其次，共青团、少先队工作的重点在于加强组织建设。通过完善组织机构和工作制度，确保了组织的凝聚力和战斗力。这种组织建设不仅体现在日常的管理和运作上，更体现在面对重大挑战和任务时的团结协作上。此外，共青团和少先队还非常注重团队建设。例如，通过开展各种形式的团队活动，如拓展训练、集体学习等，加强团队成员之间的沟通和协作。同时，共青团、少先队工作还注重培养团队的创新意识，鼓励成员积极提出新的想法和建议，为团队的发展注入新的活力。这种团队建设不仅增强了成员的团队协作精神，还激发了他们的创新思维，为组织的持续发展提供了源源不断的动力。总的来说，共青团和少先队工作注重组织建设和团队建设，通过各种措施来提高组织的凝聚力和战斗力，增强团队的协作精神和创新意识。这种工作思路不仅有助于组织的健康发展，也为广大青少年提供了锻炼和成长的平台。

最后，共青团、少先队工作注重加强与德育工作的融合。制定实施《共青团员手册》和《少先队员手册》等制度，是共青团、少先队工作与德育工作紧密结合的重要举措。这些制度不仅明确了共青团员和少先队员的职责与义务，还强调了爱国主义、集体主义、社会责任感等德育内容。共青团、少先队工作注重加强与家庭、社会的联动。家庭教育是青少年成长的重要一环，通过开展家庭教育指导，可以帮助家长更好地引导孩子成长。同时，组织社会实践活动可以让青少年更好地了解社会、认识社会，培养他们的实践能力和社会责任感。这种学校、家庭、社会三位一体的教育合力，可以更好地促进青少年的全面发展。此外，共青团和少先队工作还注重创新。例如，利用新媒体平台开展线上活动，可以让青少年更好地参与其中，提高他们的积极性和参与度。同时，通过开展各种形式的志愿服务活动，可以让青少年在服务社会的过程中培养自己的社会责任感和奉献精神。

总之，"一心两建三融合"的共青团、少先队工作旨在促进青少年的全面发展和健康成长，为培养德智体美劳全面发展的社会主义建设者和接班人贡献力量，这和中学德育"四生模式"的理念是非常契合的。

(三)开展校园节(会)活动

德育活动的课程化、系列化、校本化，不仅充分关注学生的个性化需求，有利于促进学生的生长，更是学校实施中学德育的重要组成部分。通过德育课程化、系列化、校本化，可以更好地满足学生的兴趣、特点和需求，为他们提供更合适的教育，促进他们的全面发展。同时，它也为教师提供了展示教育教学能力和创新能力的舞台，激发了教师的生命活力，有助于提高学校的办学水平。M中学在中学德育"四生模式"实践过程中，构建了以"四大节""三体验""两服务""一学习"为主要载体的"四三二一"德育系列校本课程。

1. "四大节"

"四大节"包含 9 月举行的体育文化节、12 月举行的文化艺术节、3 月举行的社团文化节和 4 月举行的科技读书节。

体育文化节的主要内容有七年级跳绳比赛和校本操比赛、八年级篮球比赛和武术操比赛、九年级自垫球比赛、高一年级女子气排球比赛和男子足球比赛、高二年级女子气排球比赛和男子篮球比赛、高三年级拔河比赛及全校田径运动会。

文化艺术节的主要内容有开幕式暨主持人风采大赛、校园歌手大赛、七年级器乐合奏比赛、八年级舞蹈比赛、九年级个性风采展示、高一年级合唱比赛、高二年级舞台剧比赛、高三年级个性风采展示和闭幕式暨优秀节目展演。

社团文化节的主要内容有各社团专场活动、游园会和社团节目展演。社团专场活动是各社团结合自身特色和学生需求开展的具有自身特色的各类活动，如魔术社举行的魔术表演专场活动、戏剧社举行的戏剧表演专场活动、足球社举行的校级友谊赛活动等。游园会则是所有社团集中围绕一个故事主线，结合社团自身特色设计相应的闯关活动，鼓励同学们参与各社团的闯关，成绩优异者将会获得学生社团联合会准备的丰厚奖品。社团节目展演则是各社团准备的具有社团特色的节目，集中进行汇报展演。

科技读书节的主要内容有读书征文比赛、校园诗词大会、校园科技创新大赛、科技讲座、科技阅读分享会等。科技读书节旨在促进科技创新和科技普及，提高学生对科技的认知和兴趣，推动科技与文化、教育的融合发展。

2. "三体验"

"三体验"即军营生活体验、农村生活体验、企业生活体验。

军营生活体验主要在七年级和高一年级新生中举行，一般集中在 8 月中下旬进行，由学生成建制地前往国防教育实践基地进行军营生活体验。主要体验内容有队列训练、内务训练、野外拉练、紧急救护、国防知识讲座等。

农村生活体验主要在八年级和高二年级举行，一般在第一学期开始前的 7 月中上旬进行，由学生成建制地前往浏阳"博士村"等农村生活体验基地进行为期 3~5 天的农村生活体验。主要内容有牛耕犁地体验、播种插秧体验、农业知识讲座、柴火做饭体验等。

企业生活体验主要在九年级和高三年级举行，一般在第一学期开始前的 7 月中上旬进行，由各年级组织学生成建制地前往三一重工、中联重科、圣湘生物等知名企业参观、走访、调查、研究。主要内容包括参观生产流程、采访相关人员和聆听专业报告等。

3."两服务"

"两服务"即志愿服务、社区服务。

志愿服务是指志愿者通过参与志愿服务组织、志愿服务活动等形式,为社会、他人或自己提供帮助、服务和贡献的一种行为。志愿服务的内容包括但不限于提供社会服务、改善社会风气和人际关系、推动社会公益事业的发展、帮助弱势群体、缓解社会矛盾和危机管理等方面。例如,学校组建"乐善"师生志愿者总队,积极开展乐善"雷小锋"四季同行主题志愿服务活动(表5-4)。

表5-4 M中学乐善"雷小锋"四季同行主题志愿服务活动

主题	主要内容
春季护绿行	①景区、园区、公园等公共区域的垃圾清理行动; ②保护母亲河文明劝导行动; ③垃圾分类知识普及行动等
夏季传承行	①红色革命遗址、场馆、故居寻访行动; ②红色景点、红色基因传承讲解志愿服务行动; ③中考、高考、学考志愿服务行动等
秋季文明行	①交通文明劝导行动; ②学校周边小摊小贩治理监督志愿服务行动等
冬季关爱行	①关爱老弱病残等弱势群体行动; ②关爱身边的困难师生行动等

社区服务是指社区居民通过参与社区活动、服务社区居民等方式,促进社区发展、提高社区凝聚力和居民幸福感的行为。社区服务具有地域性、自愿性、互助性、公益性和组织性等特点。社区服务的内容包括但不限于:环境整治、文化娱乐、教育培训、健康服务、家庭服务、老年人服务、残疾人服务、社会救助等方面。学校可以积极组织学生参与社区服务,通过实践活动培养学生的社会责任感和奉献精神,同时也可以加深学生对社区的认识和归属感。

4."一学习"

"一学习"即研究性学习。

在研究性学习中，学生有很大的自主学习的空间和很多的自主学习的时间，学习的内容来自学生周围的真实世界，学习的过程类似科学研究的过程，更注重学生的体验和经验。研究性学习鼓励学生主动探索、实践和创新，而不仅仅是被动地接受知识。通过研究性学习，学生可以培养批判性思维、创新精神以及提高解决问题的能力，这些都是未来学习和工作所必需的素质。学校专门开设研究性学习指导课程，带领学有余力的学生开展历史类、文学类、物理类、化学类、生物类、地理类等依托各学科力量的研究性学习、项目式学习，鼓励学生发现问题、解决问题。如 M 中学初 2112 班结合生活实际，开展了一次以民俗文化调研为主题的研究性学习(有删减)。

一、题目

安仁"赶分社"民俗文化调研

二、前言

在湖南省安仁县，每年春分节期间，老百姓纷纷赶到县城祭神农、开药市、通贸易，家家户户备农耕、赏春花、吃药膳、躬耕田，当地人俗称"赶分社"。对于这个在生产实践和社会生活中逐渐形成，民众自发参与并流传千年的民俗活动，M 中学初 2112 班实践调研活动小组的成员以文献调查法、行动调研法、经验总结法等开展了较深入的调研。

三、摘要

(一)提出问题：①安仁"赶分社"的形成与传承；②安仁"赶分社"的现状；③安仁"赶分社"的文化内涵与价值；④安仁"赶分社"文化保护与传承的思考。

(二)调研目的及意义：通过翻阅大量的文献资料，学习、了解安仁"赶分社"的历史起源、发展现状，发现其价值及内涵，寻找有效的方法和途径，让更多的青少年了解历史、保护历史、传承和发展优秀民俗文化，增强文化自信。

四、调研方法

文献调查法、行动调研法、经验总结法。

五、调研内容

本次调研活动中，小组分工合作进行了大量的文献调查，并在 2022 年的春分节赶到安仁参加了"赶分社"的系列活动，通过查找相关的文字、音频、视频资料和实地走访等形式，比较充分地了解了安仁"赶分社"的起源、现状及内涵。

六、调研结果与分析

在这次调查行动中，我们带着一种敬畏之心走进神农殿，带着一颗好奇之心观赏民间艺人的表演，带着一种探索的欲望行走于草药大市场，安仁"赶分社"给我们带来了太多的惊喜和别样的精彩。但我们也对一些问题有着自己的思考：一是我们充分感到了传统与现代文明之间的冲突；二是不同文化冲突、相融的表现和影响；三是如何让更多的青少年了解和学习民俗文化。

我们在想，如何在从小学习的课堂上、教材里就能学到、听到这些民俗的生动解说，唤起青少年对传统民俗文化的尊崇和热爱，引导他们去研究、去学习；如果政府有关部门担当起保护和推广责任，采取一些奖励政策去发展民俗活动，我们的传统会不会得到更好的传承呢？这次的调查对我们来说还只是一个开始，对于传统、传承，我们还有许多的问题，也有自己的想法，但如何实现我们的想法，还有很多的事情等着我们去做、去努力。

"四三二一"德育系列校本课程，充分尊重了教师和学生的生命性，注重激发他们的生命热情，发挥他们在活动中的主体性、创造性，使得他们能富有活力地完成各项活动。同时，"四三二一"德育系列校本课程还充分尊重了学生的生长性。每个人后天的成长不会一模一样，而且需要不同的平台、载体展现他们不同的能力和素养，"四三二一"德育系列校本课程就做到了这一点。教育即生活，生活即教育，中学德育"四生模式"还要求德育具备生活性，这样才能取得良好的效果。在"四三二一"德育系列校本课程中，每一项活动都源自生活、服务生活、指导生活。但是，在组织"四三二一"德育系列校本课程实践过程中，我们也面临着很多实际的、突发的问题和情况，这也需要德育工作者根据

实际情况来解决，从而达到德育的生成性效果。

聚焦立德树人根本任务，是开展中学德育工作的根本要求和必然遵循。它坚持以学生为核心，致力于培养具备德智体美劳全面发展的社会主义建设者和接班人。它还注重强化体育、美育、劳动教育以及社会实践，以激发学生的创新精神和实践能力，进而促进学生的个性发展和潜能释放。此外，该理念还倡导在多元化的教育环境中，帮助每一位学生发掘自身的价值和兴趣所在，这恰是立德树人这一根本任务所蕴含的深刻内涵。"四三二一"德育系列校本课程的构建，正是学校积极聚焦立德树人根本任务的重要体现。

"四三二一"德育系列校本课程的实施，有效地促进了学生核心素养的全面提升。通过参与课程中的各项活动，学生得以全面发展，不仅在知识技能方面有所提升，更在情感态度、价值观等方面得到深化和拓展。首先，课程活动的设计注重培养学生的创新思维和批判性思维。在项目式学习、研究性学习中，学生需要发现问题、分析问题并寻找解决方案，这样的过程促进了学生创新思维和批判性思维的发展。其次，课程活动的设计强调学生的实践能力和社会责任感。例如，在环保服务活动中，学生不仅需要动手操作，还需要关注社会问题，通过实际行动为社会做出贡献。这样的活动设计，不仅提高了学生的实践能力，还培养了他们的社会责任感。此外，"四三二一"德育系列校本课程还注重培养学生的合作精神和自我管理能力。课程中有很多需要团队合作的活动，可以让学生在合作中学会沟通、协调和合作，提高他们的团队协作能力。同时，课程也强调学生的自我管理，可以通过引导学生反思、规划自己的学习和生活，帮助他们更好地管理自己，提高自我管理能力。最后，"四三二一"德育系列校本课程还注重培养学生的文化自信和人文素养。课程中有很多与中华优秀传统文化相关的活动，通过这些活动，学生可以更好地了解和传承中华优秀传统文化，增强文化自信。同时，课程也注重培养学生的人文素养，可以通过阅读经典、艺术欣赏等活动，提高学生的审美情趣和文化修养。

"四三二一"德育系列校本课程的实施，不仅丰富了学校的德育体系，还增强了学校德育的特色。首先，课程的设计注重整体性和系统性。它从学生的实际情况出发，针对不同素养的需求设计不同的课程活动，形成了一个循序渐进、系统化的德育课程体系。这样的设计不仅保证了德育工作的连贯性和全面性，还为学生的全面发展提供了有力保障。其次，"四三二一"德育系列校本课程注重实践性和体验性。课程中有很多需要学生亲身参与和体验的活动，如志愿服务、社区服务等。通过这些活动，学生可以亲身体验、感受和领悟道德的力量和价值，从而更好地树立正确的价值观和道德观。此外，"四三二一"德育系列校本课程还注重多样性和趣味性。课程中不仅有传统的讲授式德育，还有各种形式的互动式德育、探究性德育等。这些多样化的德育方式使得学生在德育实践过程中可以保持浓厚的兴趣和高度的热情。最后，"四三二一"德育系列校本课程还注重时代性和创新性。课程的设计紧密结合时代背景和现实需求，鼓励学生创新、勇敢尝试，不仅为学生的未来发展构建了稳固的基石，而且使学校的德育工作得到了进一步优化和完善。这对于推动学校德育质量的全面提高和学生综合素质的全面发展具有重要的意义和作用。

四、积极开展实践——实践蕴含"四生"

(一)开辟空中农场，打造劳动实践新方式

M中学别出心裁地在教学楼屋顶设立校园农场，并采用划片布局、班级承包的方式进行管理经营。每个班根据不同的季节栽种不同的蔬菜和瓜果。在老师的悉心引领和耐心指导下，学生们基本掌握了简单的种植技术。每到成熟采摘之际，学生们都能收获丰硕的果实。每一次采摘，都是一次对劳动成果的庆祝；每一次分享，都是一次对快乐的传递。此外，M中学还开展了"雷小锋"爱劳动学生厨艺大赛，用生活化的教育场景激发学生的生命热情，在生成性的过程中促进学生成长。

(二)开设学校后山登山课程，促进学生身心健康与全面发展

凭借着独特的地理条件，M中学组织全体师生开展富有创意的登学校后山活动。每天第九节课后，分年级进行登学校后山健身锻炼活动，目的是引导学生走出教室、走进大自然，改善学生心肺功能，提高学生耐力素质，培养学生体育锻炼习惯，促进教师与学生、学生与学生之间的和谐关系，增强学生克服困难的意志。为贯彻落实国家"双减"政策及相关精神，M中学进一步强化了"五项管理"工作，以"五育并举、提质增效"为主旨，从学生的兴趣出发，划分不同的学段，开展具有地域性和趣味性的特色体育活动，力求让每个学生减"负"不减"乐"、减"负"不减"质"。

（三）创建师生同健有氧健身操，引领健康时尚生活

为了进一步促进学生的身心健康和全面发展，学校体育组对课间操进行了创新改编，创建了室内外皆可进行的"TaBaTa"有氧健身操。全体年级组长、班主任和学生一起进行体育锻炼，营造了师生同健的校园氛围。借助大课间体育活动，确保学生有充足的时间进行运动，每日坚持锻炼身体，以此培养学生终身体育的观念，推动他们健康成长。同时，这一举措也有助于增进教师与学生、学生与学生之间的和谐关系，强化学生的团队合作意识、竞争意识以及勇敢面对困难、坚定意志克服困难的能力。

（四）设计不同学段体育家庭实践作业，促进学生全面发展

为落实中学生校内外一小时的体育锻炼精神，丰富学生课余生活，促进学生体质健康，学校体育组依据学校不同年龄段学生的身心发展特点，精心梳理了科学、系统的体育家庭作业，如跳绳、仰卧起坐、长跑、平板支撑、排球垫球、单杠练习等。体育家庭作业是提升中学生体质的最有效手段，有助于促进学生身体机能素质的提升，培养学生长期锻炼的良好习惯，对于提高学生健康水平具有至关重要的作用。

（五）加强特长生培养，助推学生个性化发展

为了全面培养有特长的学生，学校特别成立了特长生管理团队，并定期召开会议，确保特长生培养工作的顺利进行。管理团队坚持做好特长生培养工作，不仅让有才华的学生有舞台展示、有实现自我的机会，也提高了学校的升学率，进一步实现了学生和学校共同发展。在 2020 年开始实施的初中体艺后备人才基地项目中，M 中学的武术、羽毛球、舞蹈三个项目均被批准为市体育后备人才选拔基地校项目，也成为整个地区为数不多的同时有三个项目被纳入后备人才选拔基地校的中学，学校的体艺人才培养打下了坚实基础，从而进一步明确了学校的体艺特色发展项目。

在武术方面，学校与市体育训练竞赛管理中心签订了合作协议，共建市武术队，不断取得历史性佳绩，荣获国家级金牌 14 人次、省级金牌 38 人次、市级金牌 60 余人次。2020—2024 年，武术专业向一本院校输送人才 7 人，国家健将级运动员 1 人、国家一级运动员 5 人，国家二级运动员 2 人。

在羽毛球方面,学校不断斩获赛事大奖,近年来在国家级比赛中荣获团体总分前三名达 11 次;省级比赛中荣获前三名达 36 人次、市级比赛中荣获前三名 18 次。2022—2024 年,羽毛球项目共培养健将级运动员 1 名、国家一级运动员 13 名、国家二级运动员 8 名。此外,还有 9 名高中特长生被输送到一本院校。

在舞蹈方面,学校注重培养艺术特长生,不断提高他们的舞蹈技能和表演水平。其中,艺术类项目三独比赛获一等奖达 100 人次,舞蹈团获由教育部中外人文交流中心举办的第三届小使者交流活动舞蹈类二等奖、长沙市中小学艺术展演舞蹈类一等奖等多项殊荣。

在声乐方面,学校也注重培养学生的音乐素养和演奏技巧。学校合唱团荣获亚洲(东京)国际合唱比赛暨和平友好艺术节青少年组金奖、市中小学艺术展演合唱类一等奖、市班级合唱比赛一等奖等多项奖励。

在书法方面,为了传承中华优秀传统文化,学校还与省书法家协会合作,成为省内首个"湖南省书法家协会教育实践基地"。湖南书法家协会王希俊、罗红胜、范晓亮、李再湘、陈毅华等书法家莅临学校指导工作。湖南省书法家协会对书法进校园寄予厚望,希望学校能打造具有自身特色的书法教育,传承中华优秀传统文化,把书法教育培育成学校特色教育的亮点。

五、加强德育管理——管理关注"四生"

(一)坚持以学促进,深入开展"三研"活动

加强各年级班主任之间的交流学习和德育队伍建设,深入开展研究教育教学理论、研究德育工作指南和方法,以及研究学生学情的"三研"活动。将每月一次的年级组长、班主任例会改为根据各年级不同的特点定制个性化德育主题,如七年级班主任团队以"聚焦习惯养成,构建班级文化"为主题,高一班主任团队以"唤醒生涯意识,规划精彩人生"为主题等,并在其中选取一批经验丰富、班级管理能力强的教师来跟全体班主任分享管理班级的先进经验、新动态、新思路、新模式,以此促进大家相互学习交流,提高班级管理水平。同时,实行班主任师徒结对活动,促进青年教师快速成长,打造学校优良德育团队。

(二)注重环境熏陶,积极推进"三赛"活动

M中学积极开展主题班会竞赛、德育论文评比、教育案例评比等"三赛"活动。这三者共同构成了班主任基本功大赛,旨在为班主任提供展示才能的平台。首先,主题班会竞赛是班主任基本功大赛的重要环节。在这个环节中,青年教师需要围绕一个主题,设计并组织一次班会活动。通过这个活动,青年教师可以提升自己的组织能力和表达能力,同时也可以学习其他教师的优秀经验。此外,学校还邀请了教育专家和优秀班主任进行点评和指导,为青年教师提供宝贵的意见和建议。其次,德育论文评比也是班主任基本功大赛的重要组成部分。在这个环节中,青年教师需要撰写一篇关于德育的论文。通过撰写论文,青年教师可以深入思考德育的理念和方法,提升自己的理论素养和教育实践能力。同时,学校还会将优秀的论文推荐到上级部门进行评比或发表,为青年教师提供更广阔的展示平台。最后,教育案例评比是班主任基本功大赛的另一个重要环节。在这个环节中,青年教师需要提交一份关于自己管理班级的案例分析。通过案例分析,青年教师可以发现自己在班级管理中的不足之处,并学习其他教师的成功经验。同时,学校还会将优秀的案例汇编成册,为其他教师提供参考和借鉴。

(三)强化以文育人,纵深推动"考核"活动

为充分调动班主任的工作积极性、促进班级管理的规范化,M中学每月对班主任的班级管理工作进行考核,并将考核结果与年度评优、绩效奖励直接挂钩。这一举措旨在激励班主任更加用心地投入班级管理工作,提高班级管理的效率和质量。M中学制定了一套详细的考核标准,涵盖了班级纪律、学生出勤率、教室卫生、学生行为规范等方面。通过每月对班主任的班级管理工作进行考核,督促他们更加认真地对待工作,提高班级管理的水平。同时,学校确保考核结果与年度优秀评定及绩效奖励紧密关联。由此,班主任的工作积极性明显提高,并且更加注重班级纪律和学生行为规范的引导。同时,班级管理变得更加规范,学生问题也得到了有效解决。这种变化不仅提高了学生的学习效率,也提升了学校的整体形象。

(四)立足"心理健康",构建"一团两制"心理健康管理机制

1. 成立心理护航团队,为学生心理健康保驾护航

学校成立了由心理教师、校级学生会心理部学生干部、班级心理安全员等人员组成的心理护航团队,以确保心理辅导工作的专业性和有效性,形成了符合学校特色发展的"三明"心理健康教育体系,用专业和专注为学生的成长和发展增光添彩。其中"三明"指组织管理明、条件保障明、实施措施明。

2. 建立心理安全员机制,为学校心理健康教育筑牢基础

M中学建立完善了心理安全员机制,在每个班级设立了一名心理安全员,负责关注学生的心理健康,及时发现和报告问题。同时,精心策划了心理融合生命与生涯规划活动,形成了较为完善的体系。根据学生身心发展特点,确定了每个阶段的培养主题——初一以入学适应和学习辅导为主,初二以人际交往和青春期教育为主,初三以生涯规划和情绪管理为主,高一以自我意识和生涯规划为主,高二以生命意义和挫折教育为主,高三以生涯决策为主,从而形成了极具特色的教育活动。

3. 完善心理干预机制,为"三明"教育体系再添光彩

M中学成立"心理危机干预工作小组",并明确分工,从"面对全体学生提升心理弹性""面对特定学生及时追踪辅导""面对高危学生立即关注干预"三个方面建立了校园心理危机预警与干预三级系统。该系统制度健全,工作措施具体,并有危机干预的成功案例。M中学总结了学校危机干预的具体做法,就相关主题在省、市进行了多次专题经验分享,产生了一定社会影响。

除了以上方面的管理,M中学还开展了人性化的手机管理活动。2023年5月,中国联合网络通信有限公司市级分公司与学校签署"智慧校园"战略合作协议。本次签约是首次名校与运营商签订定向合作协议,具有深远意义。企业产教融合的探索,也使企业在产品定位上做得更为精准。通过本次合作,二者将共同开创数字教育合作新局面。目前,该公司已在学校安装70余台可视通话设备,每位学生绑定家长、班主任、年级组长和心理教师的电话,在校园可以随时与家长、班主任等取得联系,有助于手机管理工作的落实与推进。

六、注重家校社协同——协同强调"四生"

(一) 注重家长培训，打造全方位家庭教育知识库

M 中学家长学校通过定期的培训课程，帮助家长提升家庭教育素养，使他们能够更好地理解和支持孩子的成长。课程涵盖了家庭教育、学生心理健康、教育技巧等多个方面，为家长提供了全方位的教育知识库。同时，学校以各种节日活动为契机，如清明踏青、致敬英雄、重阳敬老等，让家长广泛参与学校文化艺术节、体育文化节等活动，提升了家长活动育人的意识。

(二) 组建家长讲师团，引领新时代家庭教育新风尚

M 中学家长学校讲师团由资深教育专家和具有丰富育儿经验的家长组成，他们通过分享自己的经验和见解，向家长传授教育的经验和技巧。讲师团成员根据学生选取不同的授课内容，引导家长掌握科学的教育方法，为学生的成长提供更好的支持。

(三) 支持家长进课堂，丰富教育资源，共创成长新篇章

为了激发家长的积极性，检验家长学校的效果，M 中学积极举办"家长进课堂"活动，给家长搭建舞台，让他们展示自己学习到的知识，既丰富了学生的学习内容，拓宽了学生的视野，又为家长提供了展示自我、提升自我价值的平台。

(四) 聚焦家长开放日，深化家校合作共谋学生全面发展

为了加强家校之间的沟通和合作，M 中学设立了"家长开放日"，让家长深入课堂观摩，参观校园食堂、宿舍等校园教育教学场所，并提出针对性意见和建议，切实发挥家长的作用。

(五) 丰富"家长想说"栏目，激发家长学校发展动力

为了加强家长与学校、教师的沟通，M 中学在《自律自能本》上开辟了"家长想说"栏目，为家长提供了表达意见和建议的平台。在这个栏目中，家长可以写下想对教师、学校说的话，分享自己的育儿经验和感悟。该栏目不仅促进

了家长与学校、教师之间的沟通和理解，而且可以帮助学校更好地了解家长的需求和期望，从而更好地改进教育教学工作。通过这种形式的沟通交流，学校与家长之间建立了一种良好的互动关系，可以共同为孩子的健康成长努力。

第三节　实施评价

一、凸显了德育主体的"生命性"

(一)充分发挥了教师主体的主导作用

自 21 世纪开始，我国教育教学体系愈发重视学生的主体地位，然而这并不意味着教师在德育活动中的影响力有所减弱，更不会对教师在德育体系中的核心地位带来挑战。事实上，学生在德育过程中主体参与程度的加深，对教师的要求也随之提高。这要求教师不仅要以更高的标准承担组织者和指导者的角色，还需运用更加精妙的德育技巧参与教学活动。这正是教师主导作用的体现。

在整个德育过程中，教师应深入挖掘德育内容的内涵，独具匠心地设计德育过程，这些都在无形中展现着教师的智慧。正如古人所言："处无为之事，行不言之教。"这正是教师主导作用的具体表现。笔者在对中学德育的深入观察中，深刻感受了教师在中学德育过程中的主导作用及其深远影响。例如，在主题班会"礼仪的力量——培养文明、友善的价值观"中，班主任就进行了如下设计。

【班会主题】

礼仪的力量——培养文明、友善的价值观

【背景分析】

班会课的主题是"礼"，很好地满足了当下学生发展的需求。近年来，随着社会的发展和科技的进步，人们的生活节奏越来越快，交流方式也发生了很大变化，这也导致一些人在日常生活中逐渐忽视传统礼仪，忽略对他人的尊重和关爱。对于青少年来说，他们正值形成世界观、价值观的关键时期，如何让他们正确地认识并践行礼仪，以培养文明、友善的价值观，成为我们亟待关注和解决的问题。通过对本班学生的观察和了解，我们发现部分学生在生活、学习和人际交往中存在一定程度的礼仪意识缺失问题，如不尊重师长、不关心同学、餐桌礼仪不规范等。这不仅影响学生的个人形象，还会对班级产生不良影响。因此，我们要通过本节班会课引导学生认识礼仪的重要性，进一步培养他们文明、友善的社会主义核心价值观。

【设计理念】

本节班会课的设计理念旨在强化学生对礼仪重要性的认识，培养他们文明、友善的价值观，使他们能够更好地融入社会，成为具有良好道德品质和行为规范的公民。我们的设计方案紧扣素质教育要求，从明晓"礼"的内涵、溯源"礼"的发展、分享"礼"的故事多个角度和层面对"礼仪"的作用进行了深入的探讨，以期全面提升学生的综合素质，促进他们的健康成长。

【教育目标】

提高学生对礼仪的认识和重视程度，使其深入理解礼仪在中华文明中的深厚历史渊源，以及礼仪在社会中的重要作用；培养学生对传统文化的热爱和尊重，激发他们对礼仪学习的兴趣和积极性，使其在学习、生活和工作中自觉遵循礼仪规范；通过教师和家长的分享，让学生认识到礼仪在生活中的重要性，培养他们良好的沟通能力和人际交往技巧；通过班会课等多种形式和互动环节，培养学生的团队合作精神和创新能力，使其形成正确的价值观和人生观，并能够在不断成长的过程中，建立健康、和谐的人际关系。

【前期准备】

师生讨论设计班会活动方案，分工合作，由学生自主完成资料收集、课件制作、剧本创作和排练。课前将全班分为三个小组，每个小组派一名学生作为代表，收集整理全组讨论的结果，在班会课上展示。安排两名家长来班级谈一谈他们最擅长的"礼"。

【活动形式】

资料收集，生成概念；小组讨论，深刻理解；家校合作，传承礼节；剧场表演，形象展示；收集问题，现场解决。

【活动过程】

环节	内容及意图
一、"礼"的概念	主持人课前进行资料收集，对"礼"做出准确的定义
二、"礼"的意义	全班分为三个小组，课前查找资料，并讨论分析，从三个不同维度对"礼"的意义进行阐述
三、"礼"的发展	主持人讲解从古至今"礼"的发展，并指出礼仪传承需要与时俱进。通过小剧场的形式，让学生认识到"礼"及其传承的重要性
四、"礼"的分享	教师分享视频"餐桌礼仪" 两位家长现场分享职场礼仪和家庭礼仪
五、"礼"的小结	通过收集班级常见与"礼"不合的问题，让学生讨论，并给出解决建议 班主任对本节班会课进行总结，并和部分学生一起将学生亲手制作的小"礼"品赠予听课教师和家长

【活动延伸】

将课堂上收集的关于班级不文明行为的便利贴进行归类分析，找出切实可行的解决办法，形成班级共识和制度，进一步提高班级文明水平和改善班级精神面貌，提升班级凝聚力。

本次班会的主题是一个比较常规的主题，也是很常见的内容，但班主任进行了"复杂化"的处理，使得学生、家长能够更多地参与进来，从而使得本次班会课呈现多维度的"美"：

一是内容设计之美，无论是关于"礼"的溯源还是演绎都既呈现了立足传统文化的自信美，又不乏鲜明生动的时代精神，既让学生有审美感受又培养了其审美能力，从而使本次班会具有了较强的感召力和凝聚力。

二是课堂呈现之美。一方面，环环相扣的环节设计，让人耳目一新，备受吸引；另一方面，因全体学生、部分家长还有班主任的参与，展示了不同角色在班会课中的重要意义，让观摩者感受到极强的班级和谐美。学生参与面广，融入课堂度高，表演生动有趣，引得现场掌声阵阵；家长表现亮眼，大方美丽、侃侃而谈，从职业、家庭等角度畅谈"礼仪之风"；班主任发言切中主题，语言简洁生动，有很多震撼人心的话语，强化了孩子们心中"礼仪"二字。特别值得说明的是，整体课件制作风格古色古香，韵味悠长，和传统的礼仪文化相得益彰，让人视觉上有极致的舒适感。这节看似寻常普通的班会课，实则蕴藏着教师对于知识内涵的深度挖掘，体现了教师在德育过程中的匠心独运。这种看似无为而治的教育方式，实则蕴含着丰富的智慧，以不言之教传递着德育的精髓。由此可见，在中学德育的实践中，教师作为主导者所发挥的作用至关重要。他们不仅在传授知识上发挥着关键作用，更在塑造学生品德、引导学生成长方面扮演着重要角色。这种教育方式的实践，不仅彰显了教师的专业素养，更体现了教育工作的本质与价值。

(二)积极调动了学生主体的主动性和自主性

在中学德育实践过程中，学生的主动性和自主性应该处于核心地位。这意味着学生应当积极、自觉、主动地参与德育活动与课程，从而塑造良好的政治素养、道德品质、法治观念和行为习惯。这种参与模式有助于塑造学生积极健康的人格和心理素质，进而促进其核心素养的提升和全面发展，为其未来的成长奠定坚实的思想基石。更加重要的是，这种主体作用的发挥并非依赖于外部的压力或条件，而是源自学生内在的期望、需求和意志。因此，教师在这一过程中扮演着至关重要的角色，他们需要创造富有激发性的教学环境，以激发学生的主体意识，从而改变他们在学习过程中的消极被动状态，引导他们实现健康发展。在中学德育"四生模式"实践过程中，M中学对学生的主动性和自主性非常重视。例如，在七年级道德与法治课《我与集体共成长》中，学校进行了如下设计：

【导入】

出示《西游记》剧照并欣赏图片。

问题：图片展示了什么故事？他们最终取得成功是谁的功劳？成果由谁享有？

美好集体由我们共建，集体成果由我们共享，下面就让我们一起走进今天的新课《我与集体共成长》。

【新授】

一、在共建中尽责

建设美好集体的阶段任务：美好班集体的建设也像取经团队一样，有三大发展阶段——初建、成长、成熟。

(一)初建班级

1.目前我们处于初建阶段。现在请大家回想一下，从班集体成立到今天，你为班集体做了什么？有什么意义呢？

教师总结：班集体建设需要每个成员的自主行动和自主建设。

2. 还记得班长选举那天吗？请同学们各抒己见。

材料：我选小辉当班长，因为他刚刚送给我一个礼物，让我关照他。我选小妍，她学习成绩好、品德好，有责任心。我选小昌，他跟我说，只要选他，就会"罩"着我。我选小骏，我觉得他有能力，而且我和他玩得很好。

问题：①如果是你，你会选谁当班长？你为什么选他？②不同的同学当选班长，对班级会有什么影响？③在选举班长过程中，我们应该遵循什么原则？

教师总结：集体建设既需要共同商定集体的规则与制度内容，也需要培养"自治"精神，我们要主动参与集体建设。

(二)遇见成长

明白了这一道理，现在就请同学们行动起来。

1. 课前准备：请根据班级的特点和愿景，以小组为单位设计一个班徽，并提出一项班级共同行动。

2. 课堂优化：以小组为单位优化设计，派代表上台介绍本组作品。

3. 准备时间：2分钟。

班集体特征： 愿景： 我的设计意图：	
	小组成员： 日期：

教师总结：集体建设既需要我们共同确定愿景和目标，也需要共同营造良好的集体氛围。

二、在担当中成长

过渡：大家还记得去年的运动会吗？请和大家分享一下让你印象深刻的事情。

材料：2022年，我们班参加了学校举行的运动会。在运动会上，我们班小辉、小阳擅长长跑，取得了1000米前三的好成绩；小泽细心负责，组织成立护理组保障参赛同学的健康和安全；班长小妍组织能力强，带领同学们做好卫生和后勤服务工作。大家齐心协力，最终取得了班级总积分第二名的好成绩。

问题：结合材料，谈谈在班级建设中如何尽到个人责任。

总结：①集体建设需要每个人的智慧和力量。②为集体出力，需要每个人各尽其能，发挥所长。③我们要悉心呵护集体荣誉。④勇于担责，体现在实际行动中，落实于具体的事情里。

三、期待成熟

点赞卡活动：在我们班里有许多默默无闻却倾力奉献的同学，让我们一起送出点赞卡，为你心目中的TA点赞。

播放班级相册集：正是因为你们，我们的班集体才焕发无限光彩。

小结：我们一生中要认识很多人，融入许多集体。对不同的集体，我们有着不同的责任。一般而言，在集体生活中表现优秀的人，他们在学生时代就不断培养自己优秀的品质和才干，促进自己的成长，并且将自己的才干投入下一个集体中，获得新的成长。他们就是在这样的循环往复中，不断创造更好的集体，也不断成就更好的自己。作为中学生，希望大家努力将小我融入大我中，健康成长！

由以上设计可以看出，本次课程设计比较充分地凸显了学生作为教育主体的地位，注重为学生营造一个和谐愉快的学习环境，促进学生的个性化发展。同时，也积极挖掘学生内在的主体性，鼓励他们积极参与到课堂中来。在课堂上，教师应该将主导权与自主权交给学生，鼓励他们积极发言，倾听他们的声音，并通过这种方式，让学生在不断的自我表达中实现自我完善与发展。更为关键的是，这一模式还着重于激发学生的创造力，鼓励他们自主探索那些对他们而言有趣、有深度的内容，使他们在探索的过程中感受学习的乐趣、体验创造的喜悦。这样的中学德育模式和学科渗透德育的做法，无疑极大地激发了学生的主体性和自主性，为他们的全面发展提供了有力支持。

二、突出了德育目的的"生长性"

(一)有利于激发学生生长的自觉性

学生的成长具有未竟性和极高的可塑性，这决定了德育目标的动态性和发展性，即德育的核心目标应聚焦于促进学生的全面成长和发展。同时，学生的成长亦展现出强烈的自觉性，特别是中学生，他们充满好奇心，热衷于探索，并勇于尝试。因此，在德育实践中，教师应运用多元化的方法和手段，持续激发学生的积极性，不断丰富和深化学生的生活经验，最大限度地满足他们的成长需求。通过这一过程，学生将在德育目标的达成中充分展现其成长的潜力，真正成为德育的主体，进而为他们的未来发展奠定坚实的基础。

例如，在 M 中学举行的第十届共青团员、少先队员、学生代表大会的学生提案征集过程中，各班学生认真思考、积极参与，共提出了 81 条提案(表5-5)。

表5-5　学生提案

教育管理	建议落实午休放歌环节，更新歌单，少一些口水歌
	明令禁止在走廊踢球
	社团课增加活动，建议开放图书馆，让新生能够借阅书籍
	希望社团能够重新由学生负责，以便增强学生的组织、自我管理能力
	建议多一些高一、高二的集体活动，加强高一、高二的交流
	寄宿生熄灯时间延长 10 分钟

续表5-5

教育管理	希望可以在下午4:50打开校门,以便回家吃饭休息,避免晚点
	希望可以多几节艺术课,以促进学生全面发展
	图书馆延长开放时间至晚自习
	建议更改周六课表,提早放学
	建议提早晚自习放学,以防学生睡眠不够影响学习
	建议提早开校门,以免迟到
	建议修整地砖,面包房外的地砖下雨时会溅泥
	希望能够允许寄宿生早上提前出寝
	建议将扣分原因写在黑板上,方便整改
	建议寝室晚半小时熄灯
	建议广播站开放点歌,使午休所放歌曲更符合学生的需求和兴趣
	食堂执勤过于形式,建议要么完善制度加强监管,要么取消执勤
	建议天气炎热时将跑操改为做操
	建议换一下午休起床放的歌
	建议增加爬山次数
	建议将国漫社改回动漫社
教学管理	安排固定科目的老师在晚自习期间到各班进行答疑
	建议多用PPT
	下午六点后建议不要断网
	建议文印室晚点下班(起码到七点)
	建议多安排自主学习时间
	假期较长时可打印作业清单方便清点
	设置固定时间收缴作业,防止晚自习混乱
	希望高二周六课表可以多元化
	建议学校重视生物方面的实验,增强学生实践能力
	建议提升兴趣课的全面性、专业性
	合理规划体育课场地的使用
	建议增加实验室器材的检查频率
	建议对普通话不标准的老师开展培训
	建议双休
	建议减少一个学期体测的频率

续表5-5

	解决蚊虫较多的问题
	宿舍出入寝时间延长
	每个窗口对应的菜品在大屏幕上显示,有利于学生提前选择排队
	冬季午休时间延长
	改善饮水机水质
	吃饭分流间隔时间加大
	食堂、面包房肉放太久并且没做熟
	水果房价格忽高忽低,整体偏高,希望明确价格
	建议食堂丰富小卖部选品
	提供热水稳定的热水器,只有热水和冷水,没有温水
	申请开文具店
	修理自媒体电脑声音问题
	羽毛球场装灯
后勤管理	建议调整教室的网络条件
	建议C栋教学楼一楼至二楼的楼梯加装灯管,晚自习放学时看不清
	双杆(双杠)有一根杆子螺丝掉了,需要维修
	寝室熄灯时间延迟至10:50
	操场草皮需要修补,下雨易积水,有安全隐患
	建议食堂初、高中分流
	修塑胶跑道
	多摆放点垃圾桶
	扩建排球场
	建议改善厕所环境
	建议在自行车棚安装灯管
	建议不同类型水饺分开售卖
	建议改善食堂高价位套餐的质量
	希望将高二、高三课桌椅换成实木的
	希望将水果店饮料恢复

续表5-5

	建议扩建体育馆
	希望建设风雨走廊或借伞处
	希望扩建单车坪
	建议小卖部全天开放
	建议在田径场上放置垃圾桶
后勤 管理	建议重新粉刷寝室,部分墙皮发霉
	建议早日重启书店,买文具不便,且价格微调
	建议及时修理厕所门锁
	建议学校售卖咖啡
	建议扩大各班书柜,修缮各班风扇
	建议增大厕所水压
	建议将漉泉广场的银杏树换成其他树种
其他	若游泳池不能继续使用,希望学校将其改为室内场馆供学生使用
	请求加固校用垃圾袋
	建议统一比赛判罚制度,完善赛制
	建议图书馆安排老师常驻,方便学生处理借书卡问题,便于借书

从以上提案可以看出,学生对学校的现状和发展非常关注。同时,M中学还组织学校领导召开了第十届"三代会"提案答复会议,对学生的提案进行了认真的答复。通过提案征集和提案答复,充分激发了学生关注学校发展、关注自己成长的自觉性,培养了学生参政议政的意识和能力,取得了良好的效果。

(二)有利于尊重学生生长的选择性

学生是具有独立思考能力和主观能动性的个体,随着年龄的增长,他们会逐渐形成自己的价值观并进行人生规划。他们有能力发掘自身的兴趣所在,并根据兴趣选择适合自己的道路。因此,在中学德育"四生模式"实践中,应积极满足学生的兴趣需求,激发他们的内在动力,为他们提供多样化的选择和机会。同时,还需引导学生根据兴趣做出明智的选择,并在实践中积累经验,不断成长。这样有助于培养学生的自我认知和决策能力,促进他们全面发展。在这一原则指导下，M中学分初中部、高中部打造了可供学生选择的、多元化的50余个学生社团(表5-6、表5-7)。

表5-6　高中部学生社团

类型	名称
科技类	ieeee 设备组
艺术类	戏剧社
艺术类	街舞社
艺术类	音乐社
科研类	天文社
逻辑类	推理社
健康类	师梅红十字会
健康类	心理社
实践类	模联
语言类	英语社
体育类	篮球社
体育类	足球社
体育类	排球社
艺术类	国漫社
艺术类	汉服社
艺术类	绘画社
艺术类	时装社
艺术类	播音主持社
文学类	文学社
文学类	阅读社

表 5-6　初中部学生社团

类型	名称
健康安全教育类	红十字会培训
科技类	机器人编程
科技类	星辰大海
科技类	无人机竞技
科技类	海陆空航模
科技类	玩转科学
劳动实践类	美味烘焙
人文类	积极心理学主题团辅
体育类	篮球 1
体育类	篮球 2
体育类	排球 1
体育类	排球 2
体育类	飞盘运动
体育类	武术
体育类	啦啦操
体育类	乒乓球
艺术类	播音主持
艺术类	陶笛
艺术类	街舞
艺术类	爵士舞
艺术类	声乐
艺术类	绘画
艺术类	尤克里里

在实践过程中，除了课余自由活动时间，还提供周四下午两节课的社团活动时间，并联系社团指导教师和场地，保障了各社团活动有序开展，为学生的成长提供了多样化的舞台，供不同兴趣、不同爱好的学生展示自己、实现生长。

三、彰显了德育过程的"生成性"

(一)依据具体情况变化，灵活开展德育

德育活动的实施虽然遵循预先设定的计划，但在实际操作过程中，常常会遇到各种不可预见的情况。因此，教师必须根据实际情况灵活应对，不能将预设情形视为固定不变的目标。这就要求教师在德育工作中展现高度的灵活性和较强的应变能力，以确保德育活动的有效进行。预设是必要的，因为预设可以为德育活动提供明确的导向和目标。但预设并不是固定不变的，而是需要灵活调整的。在中学德育"四生模式"的实践中，教师应既注重预设的引导性，也注重预设的灵活性。教师不应将预设的德育目标看成必须达成的任务，而是根据实际情况灵活调整德育内容和过程。这种灵活性使得德育活动更加贴近学生的实际需求，也更加能够激发学生的学习兴趣和主动性。教师不会为了完成德育任务或德育计划，就不顾学生的现有客观基础认知和主观活动意愿。

例如，为了响应习近平总书记提出的乡村振兴战略，M 中学举行了一次"雷锋家乡学雷锋　乡村振兴我同行"爱心义卖活动。活动后，各个班级原本打算将自己班的爱心义卖款捐赠给湘西地区的贫困农村学生，并且按照计划，该活动应该到此结束。但是不少学生问到了这样一个问题：什么是乡村振兴？除了爱心义卖，新时代的中学生(特别是城区中学生)还能为乡村振兴做些什么？基于这种情况，学校决定进一步拓展、延伸该活动，于暑期组织一批学生前往湘西开展乡村振兴活动，其基本过程如下：

一、看变化·寻访十八洞村

学生们来到了十八洞村史馆，在十八洞村原主任施进兰的讲解下，学生们了解了十八洞村原来的面貌，知道了习近平总书记同十八洞村的情缘。经过参观和聆听，学生们切实感受了十八洞村的巨大变化。这一环节，学生们在参观中看变化，在聆听中做总结。同时，也产生了一个疑问：短短几年，为什么会产生如此大的变化？

二、析举措·开展实地调研

带着这个疑问，本校学生和当地学生结成对子，在他们家中度过了三天两晚，调研当地家庭生产生活基本情况。学生们意识到：我国人民日益增长的美好生活需要和不平衡不充分的发展之间的矛盾在农村地区尤为突出，所以要大力推进乡村振兴战略。在这一环节学生们在体验中察实情，在调研中析举措。那么，我们又能为乡村振兴做些什么呢？

三、践行动·勇担振兴使命

带着这样的使命感，乐学小队发起了认领结对学校学生微心愿的活动，善思小队则在朋友圈中卖起了结对家庭的茶油、葛根粉等农产品。学生们还召开了主题队会，就"勇担振兴使命"各抒己见，立志努力学习，集聚能量，将来为乡村振兴事业做出更大贡献。这一环节，学生们在奉献中显担当，在行动中践使命，为乡村振兴事业做出了贡献。

本次活动的开展，尊重了学生的主体性，用好了生活中的红色资源，灵活开展了德育，取得了良好效果。

一是聚焦了理想教育。通过本次活动，学生深刻地体会到了精准扶贫和乡村振兴的伟大意义，他们明白了十八洞村发生巨变的主要原因。这不仅源于国家政策的扶持，更在于党团结带领广大农民群众辛勤努力和奋斗。在活动中，学生亲眼见证了十八洞村的美丽变化，感受到了农村发展的蓬勃生机。他们看到了新建的房屋、整洁的村道、完善的公共服务设施，以及农民脸上洋溢的幸福笑容。这些变化不仅提升了农民的生活质量，也展现了中国特色社会主义制度的优越性。通过深入了解十八洞村的发展历程，学生更加明白了爱党、爱国、爱社会主义的朴素情感。他们感受到了党的领导和社会主义制度为乡村带来的巨大福祉，也更加坚定了听党话、跟党走的信念。同时，学生也认识到了自己在乡村振兴事业中的责任和使命，并立志要为乡村的繁荣发展贡献自己的力量。为了实现这一远大志向，学生纷纷表示要努力学习专业知识，提高自己的综合素质。他们计划通过参与社会实践、志愿服务等活动，将所学知识运用到实际工作中，为乡村振兴事业贡献智慧和力量。同时，他们还倡议更多的人关注乡村发展，共同为实现乡村振兴的伟大目标努力奋斗。

二是用好了红色资源。本次活动，学生来到了新时代红色地标、潇湘"红八景"之一的十八洞村。这里不仅是红色旅游的热门景点，更是乡村振兴的典范。学生通过参观、走访等形式，深入了解了十八洞村在脱贫攻坚中的首倡之举,感受了首倡之地所散发出的首倡之风。学生一踏入十八洞村,映入眼帘的就是一片绿意盎然的景象:山清水秀,鸟语花香,仿佛一幅美丽的山水画。然而,这里曾经是一个贫困落后的山村,村民生活十分艰苦。在脱贫攻坚战中,十八洞村凭借着首倡之举,成为全国瞩目的焦点。在参观过程中,学生了解到十八洞村的首倡之举主要包括精准扶贫、产业扶贫和旅游扶贫三个方面。在精准扶贫方面,十八洞村通过精准识别贫困户、制定个性化帮扶计划等措施,确保每一个贫困户都能得到有效帮助。在产业扶贫方面,十八洞村积极引导村民发展特色产业,如猕猴桃种植等,不仅增加了村民的收入,还带动了整个村子的经济发展。在旅游扶贫方面,十八洞村依托得天独厚的自然景观和红色文化资源,大力发展乡村旅游,吸引了大量游客前来观光、度假。通过深入走访,学生更加深刻地感受了精准扶贫首倡之地所展现的首倡之为。

三是拓展了研学形式。本次活动在参观、走访的基础上,精心设计了三天两晚的沉浸式体验农村生活环节,旨在让参与者更深入地了解农村的实际情况。通过这种方式,调查研究不仅更加扎实、具体,而且能够更准确地掌握农村的真实情况。在沉浸式体验中,通过与农民的亲密接触,学生能够更深入地了解他们的生活状况、面临的困难和挑战。同时,通过亲身参与农业劳动,学生能够更直观地了解农村的生产方式、农业技术的现状和发展趋势。通过这种方式,不仅能够让学生更深入地了解农村的实际情况,还能为他们提供更加具体、实用的支持和帮助。同时,这种沉浸式体验也有助于增强学生的社会责任感和使命感,促进他们更加积极地参与到农村的发展中来。

四是取得了良好效果。本次活动结束后,学生深刻地认识到学习机会的宝贵,更加珍惜这次难得的机会,努力学习,不断进步。家长对本次活动的组织和安排给予了高度评价,他们纷纷表示,这样的活动有助于增强孩子的实践能力和团队协作精神,同时也让他们更加了解自己的孩子在学校中的表现和成长。当地村民和学生也表达了对调研队的感激和欢迎。他们认为,调研队的到来给他们带来了新的知识和希望,同时也让他们更加了解外界的发展和变化。他们希望调研队能够常回去看看,与他们交流分享,共同进步。综上所述,本次活动不仅让学生更加珍惜学习机会,同时也增强了他们的实践能力和团队协作精神。家长、当地村民和学生都对此次活动表示欢迎和支持。因此,应该鼓励更多的学生参加社会实践活动,让他们在实践中成长、进步。

(二)适当改变预设的德育过程,促进了生成

德育并非在封闭的德育架构内或仅由教师主导的教育环境中便能够生成,在中学德育"四生模式"的实际推行过程中,中学德育展现了显著的开放性特质。在中学德育中,预设与生成是不可或缺的两个环节,二者相互依存、相互促进,构成了一个不可分割的整体。这就要求我们在实际操作中必须妥善平衡这两个方面,以确保中学德育的实效性得到充分发挥。在中学德育"四生模式"的具体实践中,教师应依据德育的实际需求,灵活调整预设的德育流程,以促进德育的生成与发展。例如在主题班会"拥抱我的情绪小怪兽"中,班主任本来设计了如下四个环节:

环节一:WHAT?愤怒是什么?WHEN?什么时候会愤怒?WHY?为什么会愤怒?(展示百度词条、心理知识小百科视频、前期调查问卷的部分内容)

环节二:WHICH?愤怒是好是坏?(原创剧目《情绪控制中心那些事儿》,主题为愤怒情绪无好坏之分,但在不同场景下有消极影响或积极影响)

环节三:HOW?如何管理和发泄愤怒情绪?(展示前期调查问卷的部分内容)如何科学管理愤怒情绪?(设计问答环节"你会怎么做?")如何合理发泄愤怒?(设计游戏环节"判断合理与不合理途径")如何实现有效沟通?(展示视频"如何实现有效沟通?")

环节四:班主任总结、家长寄语、主题曲展示。

但在实际的班会过程中,环节二的问题一经抛出,学生就踊跃作答。大家的答案五花八门,有说好的,有说坏的,也有说不好不坏的。总而言之,原创剧目《情绪控制中心那些事儿》还没表演,学生就已经说出了预设的答案。在这种情况下,继续剧目的表演已经没有必要,所以班主任在稍作小结后,便进入了下一个环节,这也是"生成性"的一种体现。

四、加强了德育内容的"生活性"

(一)树立了正确的德育资源观

在传统的德育观念中,人们往往把德育资源仅仅理解为是应用于德育活动的各种传媒资源,如教科书、影视作品、音像制品、宣传资料等,而忽视了具有广泛内涵的德育资源观。在德育过程中,人们所遵循的这种传统的德育资源

观，往往把学生置于被动、从属的地位，德育内容远离学生的现实生活和社会现实，德育过程脱离学生的主体性发展，片面强调学生对既定的道德规范的无条件服从和机械接受，而忽视学生的道德认知、道德判断、道德选择能力的培养，以及学生个性的自由发展。现代德育理论认为，德育资源是指那些能够被德育主体开发利用的，有利于实现德育目的的各种要素的总和。它广泛地存在于受教育者的周围，并随着社会发展及人们认识的深化而不断更新。对于学校德育来说，其资源主要包括具有教育价值的各种载体和途径，以及有利于学生个性全面发展和健康成长的各种环境与氛围。在这种新的德育资源观的指引下，德育工作者必须树立一种大德育观，从学生现实生活的各种具体现象和事例中寻找德育的切入点，关注学生生活及其成长过程中各种思想、感情的变化，结合具体的教育情境开展富有生活气息的德育活动，增强德育内容的生活性。这样不仅可以丰富学生的情感体验，将理论与实际紧密联系起来，而且还可以培养学生的民主意识、参与意识、动手能力和解决实际问题的能力等，从而增强德育的实效性。例如在班会"打破虚拟世界的枷锁"中，班主任就依据生活中的热点，进行了相应的设计和教育（节选）：

【主题选取】

手机成瘾

【班会背景分析】

当下，随着电子科技的飞速发展，作为信息时代的凝缩载体——手机已经成为人们日常生活中的必需品。据统计，2018年中国智能手机的使用人数达到了8亿人，其中，就有不少是尚处于发展学业状态的青少年。有调查表明，青少年在手机使用的过程中常因其薄弱的自制力而出现对手机病态痴迷的依赖状态。这种状态其实就是人们常说的"手机成瘾"。在此状态下，青少年通常会对虚拟网络过度关注，从而忽视现实生活。这样一来，"手机成瘾"不仅会使其产生人际社交关系的矛盾，也会对个人的心理和生理成长造成严重的不良影响。因此，G2010班基于教育部出台的《关于加强中小学生手机管理工作的通知》，针对"手机成瘾"的现象开展班会活动，以期帮助班级学生脱离手机网络的"枷锁"，找到实现自己现实价值的道路。

【设计理念】

本次班会从《关于加强中小学生手机管理工作的通知》入手，从"手机成瘾"的小点出发，借助短视频、辩论赛以及歌唱的形式开展流程。班会按照设定好的顺序依次展开各环节，以青少年"手机成瘾"的具体表现作为开始部分，接着过渡到探讨"手机成瘾"的原因和解决方案，最后以十年后的"自己"的歌唱来回顾沉迷手机现象的不妥之处。这样层层递进，不仅能加深学生对于"手机成瘾"危害的体会，也能提高他们对现阶段学习生活的重视，使他们真正发自内心地认识到《关于加强中小学生手机管理工作的通知》的正确性和必要性。

【教育目标】

本次班会活动基于"手机成瘾"的现象，立足于高一学生心理特征，并结合教育部出台的《关于加强中小学生手机管理工作的通知》开展。此次主题班会避免了单纯说教，从社会角度和个人角度两方面出发，在对学生进行思想教育的同时，也让他们明白老师、家长的良苦用心，并期望借此增强学生的意志力、自控力和自信心，引领学生摆脱虚拟世界的困扰，让学生真正脚踏实地地立足现实，找到自己的人生目标并为此努力。

本次班会是一堂充分体现中学德育"四生模式"理念的课，主持人自信大方，能够灵活应变，情景剧表演真实到位；歌曲自编自导自演有创意；课件精美充满高级感，字体大小合适；学生参与度高，充分调动了其积极性、主动性和创造性。

（二）密切结合生活实际开展德育

生活是德育的源泉，生活中蕴藏着丰富的德育资源。在传统的德育观念中，人们往往过于注重书本知识的传授，而忽略了生活对学生德育的影响。然而，现代德育理论认为，德育应该紧密联系学生的生活实际，从学生的日常生活中寻找德育的切入点，让学生在亲身体验中获得道德认知和情感体验。因此，加强德育内容的生活性，不仅需要从学生现实生活和社会现实中寻找德育的素材，还需要关注学生成长过程中的各种思想、感情的变化，同时结合具体的教育情境。例如，可以引导学生关注社会热点问题，参与社会公益活动，了解社会规则和道德规范，从而培养学生的社会责任感和公民意识。同时，加强德育内容的生活性还需要注重学生的主体性发展。在德育过程中，应该尊重学生的主体地位，引导学生自主思考、自主判断、自主选择，培养学生的道德判断和道德选择能力。学校可以通过开展主题班会、辩论赛、社会实践等活动，让学生在亲身体验中获得道德认知和情感体验，从而增强德育的实效性。例如，在文明习惯主题班会"拆除语言的墙，点亮生命之光"中，班主任进行了如

下设计:

　　语言是人类表达自我的方式,也是人与人之间了解彼此的工具。好的语言表达,能准确传递信息,为生活增添色彩;反之,坏的语言表达,则会埋下误解的种子,筑就仇恨的壁障。随着社会发展,当代青少年早早地接触了网络,网络信息鱼龙混杂,正处于是非观形成阶段的他们还不能辨别其好坏,容易受到不良网络语言的影响。同时,初中生又正处于青春期,情绪起伏大,自控能力不足,遇到矛盾时会出现谩骂、蔑视、嘲笑、指责等不文明行为。此外,初中生由于对暴力的认识不足,以为只有打架这类显性行为才算伤害,从而忽视了语言暴力带来的"隐性伤害",加上他们对如何正确地进行语言表达认识不足,因此出现了说话伤人并破坏家人、同学、师生之间亲密关系的现象,筑就了一堵堵心墙,给生活增添了烦忧痛苦,甚至让生命变得暗淡无光。

　　针对以上现象,本次班会以"语言的墙"为线索设计了三个环节:第一,识墙。通过情景剧《有话偏不好好说》还原学生日常表现,从而置身情境,并且结合网络案例,让学生了解语言暴力的形式,真切体悟。第二,越墙。首先,让学生通过交流观看情景剧与网络案例的感受,知晓语言作为利刃的威力,并反思自身是否存在相应行为,以及说说当时的内心活动,以此表达感受,也深入了解自身。其次,通过节目《语言是窗户(否则,它们是墙)》(配乐朗诵、舞蹈)进行氛围渲染,让学生再次引发情感共鸣,以达到净化心灵的效果,为下一个环节拆墙做准备。第三,拆墙。首先,针对情景剧中出现的问题进行头脑风暴,并结合《非暴力沟通》一书中提出的沟通原则思考如何表达。其次,播放原创视频《孩子我想对你说》,从家长和老师的角度谈谈他们如何看待此问题。最后,写信,用所学到的方法写一封情真意切的给同学的信——《同学,我想对你说》。通过此环节,让学生敞开心扉,点亮生命之光。

　　这一设计,无论是选题、目标还是过程,都密切结合了实际生活:一是基于班级现状,结合班级主要的实际问题而确立的班会主题明确而精准,力求通过这次主题班会真正解决班级中的一些实际问题。二是内容有时代性、思想性、知识性、趣味性,材料贴近学生实际生活,选材生动典型,有说服力和感染力,学生乐于参与。三是形式恰到好处,应运而生,可激发学生的情感共鸣。其中,以情景剧《有话偏不好好说》引入主题,作用鲜明;视频网络案例《语言的伤》展示不文明的语言可能会带来意想不到的伤害,引出破除"语言的墙"的迫切性和必要性;有配乐朗诵及伴舞的《语言是窗户(否则,它们是墙)》精彩美妙,让人不禁想避开凡世,寻一处桃花胜地,享受独处的宁静,引起情感共鸣的作用不言而喻,每个环节设计精妙,恰到好处。四是班会效果好,影响深远。一场好的班会最大的意义在于解决想解决的实际的问题、生活中遇到的问题,用看得见的今天决定看不见的明天。基于这点,这场班会意义深远,将会对学生的一生都产生重要的影响。

第六章
立德树人视域下中学德育"四生模式"的保障措施

为了使中学德育"四生模式"在具体实践过程中取得好的效果，我们需要采取一系列保障措施。这些措施不仅涉及学校内部的管理和教育方式，还需要家长和社会的支持与参与。

第一节　加强学校管理，顶层聚焦"四生"

一、确立中学德育"四生"新目标

德育的核心在于确立其至关重要的地位。目前，我们应着重引导学生深刻领悟德育的深远意义，并精确掌握德育的规范性与相关准则。德育的管理目标为使学生清楚、明了学校道德教育的宗旨与任务，对特定时期道德教育所追求的目标有明确的认识。"德育教育实行的管理目标就是要让学生对学校的道德教育目标以及任务有着明确认识，对一定时间段内教育要达到的目标作出明确指示，因为它是德育管理的灵魂。"①德育的目标层次可严谨地划分为三个层面：首先，是基础层面，即达到基本水准。此为道德的基石，具体体现为社会公德。它是每个个体在社会生活中应遵循的基本道德规范。其次，是发展层面，旨在追求更高水准的道德教育目标，涵盖了集体主义、人文主义和爱国主义等

---

① 吴志宏，冯大鸣，周嘉方. 新编教育管理学［M］. 上海：华东师范大学出版社，2000.

多元维度。这些目标旨在引导学生树立更加全面、深入的道德观念，培养其成为具有社会责任感和历史使命感的公民。最后，是高级层面，它建立在坚定的马克思主义信仰之上，以共产主义为最终追求。然而，这一层面并非要求所有学生必须达到，而是为有志于深入探索社会主义道路、致力于实现共产主义理想的学生提供指引。这三个层面相互关联、层层递进，共同构成了德育目标的完整体系。

经过实践检验，中学德育"四生模式"应以确立明确的小目标为基础，进而构建一套广泛适用的小指标体系。这些目标和指标应当紧密结合青少年的心理特征，制定既实际又可行的实施路径，以确保社会规范的具体要求能够深入到道德标准的内核之中。在推进中学德育"四生模式"的过程中，需要倡导从日常生活中的点滴小事做起，使学生在学校、家庭、社会以及个人层面都能有所体验和感知。此外，每日教育活动结束后，都需要进行细致的检查与总结，切实关心每一位学生的成长与发展，从而确保中学德育"四生模式"能够取得实质性的成效。

(一)中学德育"四生模式"的目标要具有现实性

中学德育"四生模式"的实施，必须深深扎根于当下社会环境之中，与当代的社会主义核心价值观紧密相连，以保证学生能够顺利领悟与内化。德育目标的设定，若脱离现实社会背景，将不利于中学德育"四生模式"的深入实践，甚至可能产生反作用。此外，中学德育"四生模式"的实施，还需确立明确且切实可行的目标。这些目标既要符合理想追求，又要贴近现实条件，以便学生能够实际触及并努力实现。通过这样的设定，我们才能为学生创造既有足够发展空间，又能获得实实在在教育成效的学习环境。

(二)中学德育"四生模式"的目标要具有发展性

中学德育"四生模式"的发展性，主要体现为该模式目标的动态调整与持续优化。在实施过程中，要根据德育工作的具体进展和教育成效，及时对德育目标进行合理调整，确保其符合不同教育阶段的实际需求。这种调整不仅是对固有模式的解放，更是对未来意识教育的积极渗透，如创新意识、危机意识、合作意识和科技意识等。通过中学德育"四生模式"的发展，可以帮助学生做好迎接挑战的准备，使其以最佳状态迎接未来的各种机遇与挑战。在实际工作中，

要使中学德育"四生模式"的目标具有发展性,应该做到以下几点:

一是关注每个学生的个体发展,尊重他们的差异性和多样性。例如,根据学生的年龄、性别、兴趣爱好、家庭背景等因素,制定不同的德育目标和方案,以满足他们的个性化需求。

二是与时俱进,随着社会的发展和变化而不断地调整和完善德育目标。例如,随着信息技术的快速发展,网络安全教育已经成为德育的重要内容之一。因此,德育目标应该包括网络安全教育,以帮助学生更好地适应现代社会的发展。

三是注重实践体验,让学生在实践中感受和体验德育的内涵与价值。例如,通过组织各种德育实践活动,如志愿服务、社会实践、劳动教育等,让学生在实践中得到锻炼和提高,培养他们的道德品质和社会责任感。

(三)中学德育"四生模式"的目标要具有可操作性

中学德育"四生模式"被视为一个独立且完整的体系,不仅具备明确的总体目标,还可在其框架下细分若干个子目标。教育者应根据学生在生理特征、情感状态以及道德品质等多个维度上的不同表现,将学生划分为多个独立层次。在确定各层次学生的水平后,教育者应遵循因材施教的原则,有针对性地选择与之相匹配的教育方法、路径及内容,以确保德育工作的有效性和针对性。

社会主义核心价值观在确立中学德育"四生模式"中扮演着至关重要的角色。它不仅是重要的参考标准,更是制定德育目标的依据。在制定德育目标时,必须确保其与当代社会主义核心价值观紧密相连,与社会发展的步伐同步,并与整个社会道德发展的价值体系高度一致。在此基础上,中学德育"四生模式"的目标设定不能仅仅局限于对学生道德规范的传授,而应在构建这些道德规范的基础上,进一步激发学生的个体主观能动性,培养他们的独立思考能力,并引导他们涵养高尚的道德品质。通过这种渐进式的发展,可以实现社会化的道德教育,培养既具备社会主义核心价值观,又拥有高尚品德的社会主义接班人。这样的接班人将在未来的社会中发挥重要作用,推动社会的持续进步和发展。

在将整体目标细化为具体目标的过程中,必须注重培养学生的社会主义核心价值观,同时兼顾学生的生活状况与身心成长。这样的做法有助于构建完整的知识体系。只有将学生的社会道德观念、价值观念以及人生导向与其个人的发展紧密结合，才能根据学生的身心发展状况和心理特点，制定适应各层面的教育教学目标。这不仅能够为学生的道德发展奠定坚实的基础，还能使他们在实现目标的过程中深刻地认识到自我能动性的重要性。通过这样的方式，可以有效实现特定的德育目标，进一步彰显中学德育"四生模式"的深刻内涵和价值。

二、完善德育管理"四生"新机制

在中学德育"四生模式"实施过程中，应充分认识规章制度在德育工作中的重要性。它是确保学校德育及其他工作有序、高效开展的关键。因此，学校必须高度重视德育规章制度的制定与落实工作。

首先，学校应全面审视现有德育制度，及时修订、废止不适应新形势、新要求的制度，确保每项制度都具备明确的目标和实效。

其次，学校应在深入调研、广泛征求意见和科学论证的基础上，不断完善德育规章制度，确保其合法合规、规范严谨，并组织师生深入学习研讨，确保制度得到有效执行。

最后，学校应将德育制度建设纳入年度绩效考核体系，定期检查制度执行情况，并及时总结经验和做法，不断完善提高，将制度成果转化为实践成果、工作成果和发展成果。

此外，为了确保学校德育工作的有序开展，学校还应在德育管理机构、德育工作计划、德育工作例会、班主任交流学生思想状况的工作汇报交流会，学校德育常规、家长教育委员会、班主任评价体系，优秀班级、学生、学生干部表彰，国旗下讲话升旗仪式，重大节日、纪念日德育计划，学生社会实践、研学旅行、远足、志愿者服务，文化艺术节、科技读书节、朗诵、演讲、科技比赛，主题班(团)会评比活动、学校社团活动，学生干部例会，班主任工作常规管理，班主任老带新工作、班主任后备储备工作，德育后备干部储备，班级常规管理，学生会管理，校外辅导员大讲堂报告，学生一日常规和奖惩，后进生帮助教育转化工作，贫困学生资助工作等方面形成完善的、可操作的制度。

通过以上措施，学校必将形成全面、系统的德育规章制度体系，为中学德育"四生模式"的有序开展提供有力保障。

第二节 强化队伍建设，教师助力"四生"

一、加强师德师风建设

邓小平同志曾经说过："一个学校能不能为社会主义建设培养合格的人才，培养德智体全面发展、有社会主义觉悟的有文化的劳动者，关键在教师。"[①]教师，是知识的播种者，更是学生心灵的守护者。他们的职责远不止于教授书本上的知识，而是在潜移默化中，影响学生的价值观、人生观和世界观。这种影响力，来源于他们自身的师德，来源于他们对教育事业的热爱和坚守。作为人类灵魂的工程师，教师责任重大。他们不仅要教授学生知识，更要培养学生的品德，引导他们形成正确的价值观。他们的一言一行，会对学生产生深远的影响。因此，他们必须具备高尚的师德，以身作则，为学生树立榜样。

加强师德师风建设是一个系统工程，需要从多个方面入手，包括制度建设、教育培训、评价激励等方面。一是学校应制定完善的师德师风规范，明确教师的职业道德要求和行为准则。同时，建立师德师风考核机制，将师德师风作为教师考核、评价和晋升的重要指标，确保教师遵守职业道德规范。二是学校应定期开展师德师风教育培训，提高教师的职业道德素养和教育教学水平。培训内容包括教育法律法规、教育心理学、教育伦理学等方面，可以帮助教师树立正确的教育观、学生观和师德观。三是学校应通过各种形式营造良好的师德师风氛围，如开展师德师风宣传周、师德师风演讲比赛等活动，让教师在浓厚的氛围中感受职业道德的重要性。四是学校应建立健全师德师风监督机制，加强对教师行为的监督和管理，如对于违反师德师风规范的行为，要及时发现、严肃处理，并进行曝光，以儆效尤。五是学校应建立激励机制，对表现优秀的教师进行表彰和奖励，激发教师的工作热情和积极性。同时，对于在师德师风建设方面作出突出贡献的教师，要给予物质和精神上的双重奖励。

---

① 邓小平. 邓小平文选(1975—1982)[M]. 北京：人民出版社，1983.

二、转变德育育人理念

中学德育"四生模式"强调学生的主观能动性，尊重学生的选择与需求，并在此基础上加以引导，旨在帮助学生形成正确的价值观念。为了实现这一目标，必须重视并激励学生发挥自身的主观能动性，增强他们的自我约束感，使道德这一抽象概念融入学生的日常行为规范中。中学德育"四生模式"重视学生的主动参与，弘扬人文精神与意识，认为亲身体验是思想道德形成的基础。由于价值观与社会利益密切相关，并且当前处于社会转型期，个体常面临观念冲突和选择困境，培养良好的道德判断能力尤为重要。中学德育"四生模式"的最终形式应是学生的自我认知过程，包括认识自我意志、行为和情感。它不仅是简单的个体约束和强制性转化，更是一个不断选择、学习和适应社会道德观的过程。学生内心的矛盾斗争有助于道德养成，使他们更深入地融入教育过程。因此，应提供足够的空间引导学生自我意识的发展。在发挥学生自主性的同时，还要进行正确的引导，确保教育工作的正确方向。这就需要教育者做到以下几点：

一是强化以学生为中心的教育理念。中学德育应该更加关注学生的个性发展、情感需求和兴趣爱好，注重培养学生的自主意识和创新能力。教育者需要关注学生的内心世界，尊重他们的主体地位，以引导和支持为主，而非简单地灌输和管束。

二是注重德育内容的更新和拓展。随着社会的快速发展和变化，中学德育内容也需要不断更新和拓展。除了传统的道德教育内容，还应该注重培养学生的社会责任感、公民意识、团队合作精神等，并且关注学生的心理健康和人际交往能力。

三是采用多样化的教育方法。中学德育应该采用多样化的教育方法，包括课堂讲解、实践活动、情感体验等，以激发学生的学习兴趣和积极性。教育者需要灵活运用各种教育方法，根据学生的特点和需求进行个性化教育。

四是建立良好的师生互动关系。良好的师生互动关系是德育成功的关键之一。教育者需要关注学生的情感和需求，尊重他们的个性和差异，积极与他们建立信任和沟通。同时，学生也需要积极参与德育活动，发挥自己的主体性和创造性。

三、提升德育能力水平

(一) 加强班主任工作

确保学生道德品质的关键在于选拔具备崇高职业道德的教师来负责实施中学德育工作。这就需要一支精干的班主任队伍。为了加强班主任的培养，学校可采取一些措施，如定期组织班主任工作经验分享会，邀请杰出班主任分享实际案例和心得体会；为年轻班主任安排资深的班主任进行一对一的辅导，开展班主任"师徒结对活动"，帮助他们明确职责，以更好地适应工作岗位；加强班主任对教育教学理论的学习，以提升他们的专业素养和理论水平；表彰优秀班主任，树立榜样，激发班主任的工作热情和追求卓越的动力。

在德育管理工作中，激励机制的运用至关重要。具体而言，学校应设定实际可行的目标，以激发班主任的潜能，促进他们的自我提升；鼓励班主任参与管理，增强他们的归属感和工作动力；关注他们的精神需求，解决他们生活中的困难，培养他们的奉献精神；营造民主、平等、和谐的工作环境，使他们能够心情愉悦地投入工作。这些问题，也是学校进行顶层设计时需要思考的问题。

(二) 提升思政教师素质

习近平总书记特别重视思政课程和课程思政的建设工作。其中，思政课程的实施直接影响到中学生的思想道德培育，其师资队伍建设具有关系到国家民族前途命运的重大意义。在中学德育"四生模式"下，中学思想品德课程(初中为道德与法治，高中为思想政治)的授课团队应由专业思政教师组成。然而，当前部分思政教师在专业理论知识和德育实践组织能力方面存在不足。因此，学校要做好以下几个方面的工作：首先，提升思政师资队伍的选拔标准，确保队伍的整体素质。其次，必须加强对思政教师的专业化培训，提升中学德育"四生模式"工作者的专业素养。再次，鉴于知识更新迅速和教育新兴领域的持续发展，教师必须保持持续学习的态度，确保教育工作与时俱进。因此，思政教师的专业化发展问题亟待关注。为推进思政教师专业化培训，学校应将其纳入工作的整体规划，制定科学、合理的培训计划。最后，思政教师培训的形式应多样化，增加培训的趣味性，以激发思政教师的学习热情。总之，通过不断更新思政教师的知识储备，可以实现思政课程德育工作的多样性和创新性。

(三)增强其他学科教师渗透中学德育"四生模式"的意识和能力

除了班主任和思政教师,其他学科教师在中学德育"四生模式"实践中也扮演着重要角色。因此,加强其他学科教师渗透中学德育"四生模式"的意识和能力也是非常重要的。首先,学校应该加强对其他学科教师的有关中学德育"四生模式"的培训,提高他们对中学德育"四生模式"的认识和重视程度。例如,可以通过组织专题讲座、研讨会、实地观摩等方式,让其他学科教师了解中学德育"四生模式"的目标、内容和方法,掌握中学德育"四生模式"下本学科渗透德育的基本技巧。其次,学校应该引导其他学科教师将中学德育"四生模式"渗透到日常教学中。各学科都有其独特的德育资源,教师应该结合教学内容,挖掘其中的德育元素,通过课堂讲解、案例分析、实践活动等方式,将中学德育"四生模式"与学科教学有机结合起来,让学生在掌握知识的同时受到德育的熏陶。最后,学校应该建立健全评价机制,对其他学科教师的中学德育"四生模式"工作进行考核和评价。通过评价机制的激励和约束,学校可以提高他们对中学德育"四生模式"的意识和能力,促进其他学科教师更加积极地参与到德育工作中来。

第三节 培养学生能力,自我促进"四生"

一、加强学生指导

在中学德育"四生模式"的实践中,教师的职责并非让学生机械地记忆训诫内容,而是应侧重于引导学生开展自我德育的实践。教师应当时刻以身作则,为学生树立榜样,通过自身的言行影响和引导学生。同时,教师还需重视培养学生的创新能力和实践能力,积极鼓励学生参与社会实践,从而增强学生的社会责任感和使命感。

首先,教师在德育工作中应加强指导学生树立正确的价值观和人生观。价值观是个体对于人生、社会、家庭等方面的看法和态度,对于个体的成长和发展具有决定性的影响。因此,教师应引导学生正确认识和处理自我、他人以及社会的关系,进而增强学生的自我认知和自我管理能力。

其次,教师需着重帮助学生提升创新能力和实践能力。创新是国家进步和社会发展的不竭动力,也是个人成长不可或缺的重要素质。因此,教师应鼓励学生积极参与社会实践,通过实践锻炼提升学生的能力和素质,从而增强学生的社会责任感和使命感。

最后,教师在德育工作中还应帮助学生保持心理健康。心理健康是身心健康的重要组成部分,对于个体的成长和发展具有重要影响。因此,教师应关注学生的心理健康状况,及时发现并解决学生的心理问题,帮助学生保持健康的心态,提高学生的心理素质和应对能力。

二、注重朋辈教育

朋辈教育是中学德育"四生模式"的重要组成部分,也是实现中学德育"四生模式"目标的重要途径。在中学德育"四生模式"中,注重朋辈教育,可以发挥同龄人之间的相互影响和引导作用,促进学生健康成长。在朋辈教育中,学生可以通过交流、分享、互动等方式,了解自己的优点和不足,明确自己的发展方向,提高自我认知和自我管理能力。朋辈教育还可以增强学生的团队合作精神。在团队中,学生可以学会相互尊重、理解和协作,发挥各自的优势,共同完成团队目标。这种团队合作精神不仅有助于学生的学习和发展,也可为他们未来的职业发展打下良好的基础。朋辈教育还可以提高学生的社交能力。在朋辈教育中,学生需要与不同性格、不同背景的人交流和互动,这可以锻炼他们的社交能力,提高他们的人际交往水平。

(一)构建朋辈榜样教育环境,注重朋辈榜样示范

在班杜拉观察学习理论中,朋辈榜样发挥着替代强化的重要作用,并在学校教育中扮演着学生重要他人的角色。[①] 由于学生数量众多,教育者难以给予每个学生充足的榜样教育时间。这为朋辈榜样教育环境的创设提供了契机。通过表彰那些表现出色、能体现榜样作用的学生,可以营造浓厚的学习氛围,使榜样的思想和精神得到彰显,进而扩大榜样示范的影响力。

首先,教育者需站在青少年的立场上,构建以学生为核心的朋辈榜样教育环境,注重学生的个体差异和需求,展现人文关怀的精神。其次,学校应构建

---

① 姜秀强. 观察学习理论下的小学生朋辈榜样教育[J]. 品位·经典, 2022(17):167-169.

一个中学生身心发展规律及个性需求相契合的朋辈榜样教育环境，使学生在优质环境的熏陶下对朋辈榜样产生由衷的敬佩之情。朋辈榜样教育环境对学生具有潜移默化的影响，有助于促使学生成为他人的榜样，最终实现朋辈榜样教育的目标。

(二) 选树不同类型的朋辈榜样，引起学生的注意

班杜拉观察发现，学生在选择模仿对象时，往往倾向于寻找那些与自己相近且表现优秀的个体作为榜样。然而，目前学校所树立的朋辈榜样主要集中在学习成绩优秀的学生上，且榜样的选择过程主要由教育者掌控，这导致学生在这一过程中缺乏足够的参与感和主动性。[①]

为了改善这一现象，学校应积极推动建立以学生为主体的榜样选择机制，确保榜样类型的多样化。首先，可以树立全面发展的朋辈榜样。这些榜样应基于道德标准、校规校纪等评选准则，从学生群体中选拔各方面都表现优异的学生。在选择这些榜样的过程中，应尊重学生的个人意愿和真实选择，而非仅由教育者单方面决定。同时，教育者需要对所选择的榜样进行深入的了解和研究，明确他们身上值得其他学生学习和效仿的精神品质和行为做法。其次，应树立那些在某一特定领域表现突出的榜样，使榜样不再局限于少数学生，而是让学生感到榜样就在身边，并非遥不可及。在选择榜样的过程中，教育者应引导学生思考并明确自己选择榜样的原因、能从榜样身上学到什么，以及是否有决心和毅力持续学习。最后，教育者还应积极帮助每一位学生发掘自身的潜力和闪光点，使每一位学生都有机会成为他人学习的榜样。教育者应以欣赏和奖励的态度，提高学生的积极性和自信心，鼓励他们体验和学习榜样的优秀品质与行为做法。

(三) 善用奖励，宣传和表彰朋辈榜样

观察学习理论强调，中学阶段的学生对于来自重要他人的认同与赞赏有着强烈的渴望，特别是在教育者的关爱与激励之下。适当的奖励机制能够有效提升中学生参与朋辈榜样教育的热情，并推动教育模式的创新与变革，从传统的单向传授转向互动共进。教育者应当对表现突出的朋辈榜样给予充分的表彰与

---

① 姜秀强. 观察学习理论下的小学生朋辈榜样教育[J]. 品位·经典，2022(17)：167-169.

宣传，这不仅能够为其他学生树立明确的学习目标，更能激发他们追求卓越的内在动力。当学生在行为或学业方面取得显著进步时，教育者应通过口头表扬及适当的物质奖励来强化榜样的影响力。受到奖励的学生将感到自己的努力得到了认可，从而更加坚定地走在成为优秀榜样的道路上。同时，那些看到他人受到奖励的学生也将受到激励，从而以他们为榜样，努力追赶甚至超越。在奖励朋辈榜样的过程中，教育者需保持中立与公正的态度，避免主观臆断，确保学生能够参与到榜样的选择过程中。此外，奖励的形式和内容应具有层次性和多样性，以适应不同年龄、兴趣及活动特点的学生，让他们在面对奖励时感到新鲜有趣并充满期待。同时，教育者应关注并欣赏每一位学生的独特之处，鼓励他们发挥个人优势，成为不同领域的榜样。特别是，教育者评价学生的标准不应局限于学业成绩，而应更多地关注他们在日常生活中的表现与成长，发现他们的闪光点，并给予充分的肯定与支持。

三、优化综合评价

在德育评价方面，学校需强化对人才在理想信念、爱国主义、社会主义核心价值观等方面的评估，兼顾整体状况与各学段的进步。学校应构建德育"四生模式"的过程性和终结性评价框架，通过教师反馈、问卷、自评、档案袋等多种途径进行主客观的综合分析。同时，持续跟踪学生的思想政治动态，无论是校内还是校外，均需予以关注，并利用回访、问卷等手段检验德育的实效性。

在智育评价方面，学校要全面评估学生的知识技能、创新能力和批判性思维，并关注其成果和发展状况。智育评价不应局限于传统的纸笔测验，而应关注多元能力的发展，包括元认知、创新、合作、问题解决和自立自强等。

在体育评价方面，应关注学生健康意识、体质提升、人格完善和意志坚定等方面的现状与成长。在课程结束后，应通过标准化指标评价学生的体育表现，并通过实例展现教学效果，同时追踪学生升学后的身体健康状况。

在美育评价方面，学校应高度重视审美素养的培育工作，将提升学生的美育水平和综合素质作为重要任务。对于课程效果的评估，应重点考查学生对课程的态度和反应，并通过对比课程前后的学生成就，客观检验教学的实际效果。同时，应采用实时、过程性的评价方式，以全面检验学生在课程学习后的成效。在美育评价中，应更加侧重学生在校内的实际表现，以确保评价的全面性和准确性。

在劳动教育评价领域，为确保评估的客观性、全面性和准确性，学校对学生的劳动素养的考量必须综合考虑其在劳动行为、观念、精神及能力等多个维度的表现。同时，还需特别关注学生在社会劳动实践和创造性劳动中所取得的成果。在评价过程中，应采用包括问卷调查在内的多种研究方法，并结合对培养过程的严密监控以及实例展示，量化劳动教育的实际成效，确保评估结果的科学性和可靠性。

第四节　注重课程建设，资源赋能"四生"

一、构建和完善大德育课程体系

(一) 积极推进学科性德育课程改革

学科性德育课程作为传授德育知识、道德观念及实施道德规范教育的主要途径，具有不可替代的重要作用。教师应遵循学科教学纲领，系统引导学生深入掌握德育核心知识，全面培养学生正确的世界观、人生观、价值观及高尚道德品质。针对当前中学学科性德育课程在实效性方面存在的短板，必须采取切实有效的措施，不断深化课程改革，全面提升教育教学质量，以更好地满足社会发展和人才培养的迫切需求。

1.改革学科性德育课程内容，加强与学生实际的联系

推进学科德育课程内容改革时，需关注两方面。一方面，课程内容需紧密结合社会实际，让学生清晰认识当下生活环境和社会现实，为德育理论课程提供现实基础。另一方面，要深入关注当代学生的思想状况。虽然总体思想健康积极，但在复杂社会环境中，部分学生仍存在信仰模糊、价值观扭曲、社会责任感缺失等问题。[①] 因此，改革需遵循教育规律和学生身心发展特点，通过多元化教育途径，引导学生提升思想道德素质，强化社会责任感，塑造坚韧品质。

---

① 樊燕飞. 立德树人视域下高校德育课程体系新建构[J]. 牡丹江教育学院学报, 2016(6)：53-54+76.

学科性德育课程内容应该紧密结合当代社会的实际，反映时代精神和社会进步，让学生更好地理解和适应现代社会。同时，课程内容也应该关注学生的生活经验和情感体验，增强德育课程的吸引力和感染力。此外，学科性德育课程内容应该根据学生的年龄、认知水平和心理特点，进行层次性和系统性的安排。不同年级和阶段的德育课程应该各有侧重，相互衔接，形成完整的体系。在全球化的背景下，学科性德育课程内容应该倡导多元文化的教育，让学生了解不同文化背景下的道德观念和价值观念，增强其跨文化交流和理解的能力。

2. 创新德育方法，提高德育工作的实效性

在我国中学的教育体系中，德育一直是不可或缺的一环。然而，目前德育主要沿用传统的灌输式教育模式。面对新时代的社会发展变革，中学德育工作亟须探索和创新多元化的教育方法。教育者应关注学生的个性化和全面发展，尊重学生的学习主体地位，积极引入现代科技手段，为德育工作注入新的活力和动力。现代科技的进步既对中学德育"四生模式"提出了挑战，也为其带来了难得的机遇。德育工作者应充分利用现代科技条件，创新德育手段，解决学生在德育过程中存在的诸多问题，推动德育工作向更高水平发展。同时，中学德育"四生模式"也要保持理性、严谨的态度，确保德育工作的稳健推进，为培养德智体美劳全面发展的社会主义建设者和接班人作出应有的贡献。

(二) 大力开发和利用隐性德育课程资源

隐性课程，亦称潜在课程，指学校内部所蕴含的隐性教育要素，这些要素包括但不限于校园建筑景观、师德师风以及人文环境等。隐性德育课程的核心目的在于德育，即通过教育者的精心策划与组织，使学生在校园生活中获得丰富的道德情感体验。隐性德育课程能够调控学生的无意识心理活动，潜移默化地提升其道德观念、品行和综合素养，其深远且独特的影响力远超传统的学科性德育课程。为了提升德育的实效性，中学德育"四生模式"要求德育工作者必须对学科性德育课程进行改革，并开发与实施隐性德育课程。

1. 塑造教师自身魅力，打造和谐的师生关系

作为教师，作为学校育人工作的核心力量，在教育教学过程中，必须对自身品行进行严格的要求。教师不仅是知识的传递者，更是道德的楷模和生动的教材，其一言一行都可能对学生产生深远的影响。因此，教师应该以身作则，

设定德育高标准，展现个人魅力，引导学生积极实践并养成正确的价值观和必备品格、关键能力。

那么，教师该如何提升自身魅力并打造和谐的师生关系呢？这就需要教师保持对专业知识的热爱和学习，不断提升自己的教学水平和专业素养；形成自己独特的教学风格，让学生感受到教师的个性和魅力；培养亲和力，学会与学生有效沟通，让学生感受到教师的关心和尊重。同时，教师应该尊重学生的个性差异，理解学生的需求和感受，以平等、宽容的态度对待学生；善于倾听学生的声音，鼓励学生表达自己的观点和想法，建立良好的师生互动；建立师生之间的信任关系，相信学生的潜力和能力，给予他们适当的支持和鼓励；学习心理学知识，了解学生的心理特点和发展规律，以便更好地与学生相处；运用心理学策略，知道如何进行正向激励、情绪管理等，帮助学生解决问题，提升他们的自信心和学习动力。

2. 加强校园精神文化和规章制度的建设

隐性德育资源，其核心在于校园精神文化。这体现在校风、学风、教风及班级氛围等多个层面，其不仅蕴含了丰富的知识内涵，更体现了深刻的思想价值。它们的重要意义在于，在潜移默化中引导学生形成正确的世界观、人生观和价值观。校园精神文化作为隐性德育资源的核心，是学生在校园生活中最直接、最频繁接触到的。优良的校风、学风和教风，能够营造积极向上的学习氛围，激发学生的学习兴趣和热情，培养学生的自主学习能力和创新精神。同时，班级氛围的和谐与否，直接关系到学生的心理健康和人际交往能力的发展。

隐性德育资源的另一个重要特点是思想价值的深刻性。在校园精神文化的熏陶下，学生不仅能够获得知识，更能够在思考、感悟和体验中领悟人生的真谛。这种思想价值的传递，往往是通过一些看似微不足道的细节瞬间完成的，却能给学生留下深刻的印象和产生长远的影响。因此，对于隐性德育资源的开发利用，应该成为学校德育工作的重要组成部分。学校应该注重校园精神文化的建设，营造积极向上的学习氛围，注重培养学生的自主学习能力和创新精神。同时，也要注重对细节和瞬间的把握，让学生在潜移默化中受到深刻的思想价值的影响。只有这样，才能真正实现德育工作的全面发展和提升。

(三) 开展中学活动性德育课程

活动性德育课程，亦称"经验课程"，是一种以开展具有深刻教育意义的活动为主导的实践性德育课程。其核心目的在于通过实践锻炼学生的道德行为能力，深化学生对道德理论的理解和认知。此类课程最显著的特点在于实践性，它强调学生通过亲身参与和体验，将道德知识转化为道德行为，实现知行合一。道德教育的根本目标不仅在于传授道德知识，而在于引导学生形成正确的道德观念，并在日常生活中践行这些观念。因此，中学德育"四生模式"必须注重理论与实践相结合，既要通过学科性德育课程传授道德理论，又要通过活动性德育课程让学生在实际活动中践行道德，以此来提升学生的德育素质，实现德育工作的全面发展。

活动性德育课程强调主体性原则，即学生自愿、主动参与，通过活动吸收和领悟价值观。中学德育"四生模式"中，活动性德育课程的成效与学生主体性发挥紧密相关。设计课程时，需围绕学生需求和兴趣，全面激发其主体性，引导他们积极参与，获得实践体验。这是活动性德育课程设计的初衷和教育理念。

活动性德育课程应与其他课程相配合。首先，要将活动性、学科性和隐性德育课程进行深度融合，构建一个互补互促的德育机制，从而有效提升德育效果。其次，德育课程应与其他学科课程紧密配合，实现德智体美劳全面发展，相互促进、共同提升。活动性德育课程与学科课程的结合，有助于深入挖掘德育内涵，充分体现育人价值，实现寓教于活动，德智教育相互融合、共同提升。在构建德育课程体系时，要坚持立德树人根本任务，注重有机融合和相互增益，协调发展各类德育课程，形成强大的德育合力，展现整体育人效果，最终实现育人目标。

二、加强校本课程的开发与建设

(一) 信息化资源

随着网络技术的飞速发展，其已深度融入人们的日常生活与工作中，并对教育教学领域也产生了深远影响。

当前，网络教育正对传统教育模式构成挑战。传统教育通常采用集中授课的方式，而网络教育则赋予学生更多的自主选择权，使得学习方式更加灵活多变。此外，网络亦为青少年提供了多元化的情感交流途径，对其认识社会、塑造价值观及人生观具有举足轻重的作用。然而，考虑到青少年正处于学业的紧要关头，其生理发展尚未成熟，过度沉迷于网络可能诱发"网络心理障碍"，诸如孤独抑郁、沉溺网恋、游戏沉迷、色情成瘾等。此类问题可能使学生情绪低迷，自我评价降低，甚至将虚拟与现实世界混淆。因此，在网络日益普及的背景下，如何有效利用网络引导学生树立正确的思想道德观念，培养其主观能动性和道德标准，成为一项紧迫的任务。

首先，应建立中学德育"四生模式"相关网站，广泛开展德育活动。学校应统筹规划，积极构建在线专业平台，深入开展德育实践活动，并充分利用网络资源提供心理咨询与辅导服务，以引导学生形成积极健康的人生观和价值观，并培养良好的道德情操。此外，学校必须成立相关部门，组建专业的网络德育管理团队，以提高德育工作者的业务能力和专业素养。

其次，建设网络中学德育"四生模式"实践基地。学校应借鉴现有教育网站的作用，建立学生网络德育工程和基地，普及道德知识和行为规范，加强学生思想道德品质的培养。

最后，应实施多元化的网络中学德育"四生模式"策略。学校应通过整合多媒体教育和信息技术课程，将德育元素融入其中，实现网络德育与网络活动的全面融合。同时，结合科技手段，如文字、声音、影像等，使德育更加生动丰富，激发学生的兴趣，在潜移默化中培养其良好的思想道德行为。

(二)校园文化资源

学校作为学生学习与生活的核心场所，其环境对于学生的认知构建以及教育活动的实施具有举足轻重的影响。优质的校园环境不仅对学生的身心健康产生显著的正向作用，更能够无形之中传递积极向上的能量，为学生全面发展奠定坚实基础。校园文化主要包含以下三个方面：

首先，校园精神文化。每所学校均有独具特色的校园精神。这种精神是师生间归属感和认同感的重要体现，渗透在校风、学风、教风等多个层面。这种精神不仅能够塑造正面的舆论导向，营造追求卓越的精神风貌，更能以崇高的品质感染学生，发挥激励作用，并通过热情的关怀和服务熏陶学生。

其次，校园物质环境。这是学生直接接触的最直观环境，对学生的成长与发展起着至关重要的作用。一个美丽、整洁、富有文化氛围的校园环境能够潜移默化地影响学生的心灵,培养他们的审美情趣和道德观念。在规划与设计校园物质环境时,需要充分考虑学生的实际需求与审美偏好。例如,校园内的建筑风格应该和谐统一,既体现学校的文化底蕴,又激发学生的创新精神。同时,校园内的绿化植被应该丰富多样,既能美化环境,又能提供学生休息、交流的空间。此外,校园内的公共设施也是物质环境的重要组成部分。图书馆、实验室、体育场馆等公共设施的建设应该符合国家标准,并且要不断更新升级,以满足学生日益增长的学习需求。同时,这些设施的管理与维护也非常重要,只有确保设施的完好与安全,才能让学生在使用过程中感受到学校的关心与责任。校园物质环境的营造还需要注重文化氛围的营造。学校可以通过悬挂名人画像、展示学生作品、举办文化活动等方式,让学生在校园中感受文化的魅力与力量。这样的校园环境不仅能提升学生的文化素养,还能激发他们的创造力和创新精神。

最后,文化教育和科技体育活动。学校应积极开展各类文化教育和科技体育活动,以充实学生业余生活,提高学生整体素质和思想政治水平。这些活动应具有系列化主题、多场次频率和多样化形式。此外,还可开展美术、音乐、文体等培训和辩论、演讲、歌唱等竞赛活动,以及综艺活动和参观活动等。这些活动旨在建设更加美好、和谐的校园环境,最大程度地强化中学德育"四生模式"的教育效果。

第五节　变革德育方式,多元丰富"四生"

一、注重大中小学德育交流

当前,中学德育"四生模式"的运用与整体建构存在不足,这与学生德育工作者参与度和自主探索精神的欠缺密切相关。其中一个问题就是大中小学生德育工作者之间缺乏有效的沟通与协作,导致德育方法的选择和运用呈现碎片化、盲目化的倾向。为了改变这一状况,推进整体建构的中学德育"四生模式"必须强化队伍保障,尤其是促进大中小学德育工作队伍的深入交流与协作。加强大中小学校的德育工作交流,可以从以下几个方面入手:

一是建立定期交流机制。大中小学校可以定期举行德育工作交流会，分享各自的经验和做法，共同探讨德育工作中的问题和解决方案。这可以促进学校之间的相互了解和合作，推动德育工作的创新和发展。

二是共享德育资源。大中小学校可以共享德育资源，包括德育课程、德育教材、德育案例等。这可以丰富德育内容，提高德育效果，同时也可以减轻教师的负担，提高工作效率。

三是开展联合活动。大中小学校可以开展联合活动，如德育主题班会、德育实践活动、德育志愿者活动等。这可以增进学生之间的交流和合作，同时也可以让学生在实践中体验和感悟德育的重要性。

四是建立德育导师制度。大中小学校可以建立跨校德育导师制度，让经验丰富的德育工作者跨校指导，帮助其他学校解决德育工作中的问题和困难。这可以促进德育工作的专业化发展，提高德育工作的质量和水平。

五是利用现代信息技术手段。大中小学校可以利用现代信息技术手段，如网络平台、社交媒体等，加强德育工作的交流和合作。这可以让德育工作更加便捷、高效，同时也可以扩大德育工作的影响力和覆盖面。

二、完善家长学校培训机制

家长学校当前主要采用课堂讲授的方式，并且更多的是一种灌输式教育。鉴于服务对象主要是成年人，他们更关心现实困境，家长学校应围绕个性化需求开展多样的教育活动，并注重与教育对象的互动。此外，邀请典型家长分享经验也是一种有效的方法。家长学校不应仅关注传授家庭教育知识，而应激发家长和教师的自主学习意识，促使他们探索适合自己的成长之路，并提升家庭教育能力。[①] 家长学校的建设应超越"办学校"的思维，成为家校互动的平台、协调家校关系的机制，并促进家校合作育人。学校应利用家长学校增进与家长的信任，化解家校矛盾，并让家长更深入地了解学校。家长学校的建设需要专门的组织机构和专业人员来负责。这包括提升工作的规范化、制度化水平，整合校内组织机构或机制，以及维持与校外家庭教育资源机构的合作。家长学校不仅要提升家长的能力，还应促进家校沟通、协调家校关系、促进家校共育。

---

① 王东. 学校建设"家长学校"的现实困境和新思路[J]. 中小学校长, 2023(9)：47-51.

完善家长学校培训制度需要从多个方面入手。首先，要明确家长学校培训的目标，是提高家长的教育水平，还是加强家校沟通，或者是解决学生在学习和生活中遇到的问题。只有明确了目标，才能有针对性地制定培训计划和内容。然后，要根据培训目标，制定详细的培训计划，包括培训时间、地点、内容、方式等。培训计划要具有可操作性和实用性，并且能够真正帮助家长解决问题。培训方式可以多种多样，如讲座、研讨会、座谈会、在线课程等。要根据家长的需求和实际情况，选择最合适的培训方式。同时，也要注重培训的互动性和实效性，让家长真正参与进来，学到有用的知识。培训结束后，要及时收集家长的反馈意见，了解培训效果，以便对培训计划进行改进。此外，还要鼓励家长提出问题和建议，促进家校之间的沟通和交流。

三、构建家校社协同新机制

中学德育"四生模式"协同机制体系构建所包含的要素主要分为三部分：一是人员主体，指要实现全员协同育人，全体成员通力合作；二是时间要素，指要实现全过程育人，注重连续性和阶段性的统一；三是空间要素，指教育主体要综合运用各类载体。

(一)中学德育"四生模式"的全员育人合力凝聚

中学德育"四生模式"实践的深入，需要动员全社会的力量，包括德育专家、思政教育者以及专业教师等，共同参与并推进。学校、家庭以及社会各界必须紧密合作，构建一个全方位、无缝隙的育人环境，从而形成一个完整的教育体系。为实现上述目标，需要构建一个协同育人机制，并坚持"育人为本、全面发动、全面普及"的原则，积极探索新的教育模式和策略。然而，现实中，学校、家庭以及社会之间的协作并不充分，因此，必须加强这一协同机制。家庭教育是这一工作的基础，我们应当重视家教、家风文化的传承，树立优秀的家庭榜样。学校教育在中学德育"四生模式"中扮演着重要的角色，需要整合各方资源，实现全员育人，并特别注重师德师风建设。同时，社会人员也起着不可或缺的作用。此外，还应充分发挥学生自我教育的功能，重视学生的自我管理，实现学生的自我管理、自我教育和自我提升。

(二)中学德育"四生模式"的全过程育人有效接力

学校作为中学德育"四生模式"的主阵地,涉及纵向和横向两个方面的协同。纵向衔接包括职责和任务的层层落实以及德育模式对学生成长的全过程融入。横向衔接则涵盖了知识维度的五育融合和课程维度的体系完整,旨在实现教育目标、内容、途径、方法和评价等要素的有机结合。

实现五育的共同发展,需要关注体育、美育、劳育、智育和德育的各自特点并融会贯通。要在体育中培养学生的体育精神和道德规范,在美育中锻炼学生的审美能力和思维方式,在劳育中培养学生的劳动观念、劳动技能和吃苦耐劳精神,在智育中进行传统文化中的美德教育,在德育中强化学生的是思想品德塑造,价值观引领,从而更好地实现五育之间的知识贯通和一体化。

在教育目标、内容、途径、方法与评价的结合上,需要搭建完整的课程体系,实现知识目标到评价指标的贯通,形成一个良性的循环。此外,还需要关注五育在不同年龄和学习阶段之间的连贯性,构建一个学段一体化的德育体系,确保德育工作的连贯性和系统性。

在实现纵向和横向协同的过程中,需要注意信息传输的及时性和顺畅性,避免信息错误或延迟。分层协作需要各层面达成一致,避免被动执行和互相推诿。层级协同也是一种有效的监督与激励策略,可以提高工作效率与积极性。时间衔接是协同过程中最为关键的要素,它能确保德育工作的连贯性和系统性,为学生的全面发展奠定坚实基础。

(三)中学德育"四生模式"的全方位育人深度整合

全方位教育是一种综合的教育模式,旨在整合和优化各种教育资源与载体,包括教材、课程、实践平台以及文化载体等,以确保不同教育领域之间的协同作用。在这一过程中,载体的整合与优化显得尤为重要,需紧密结合时代特征,确保教育内容的时效性和实用性。同时,新媒体载体的优化与深度开发也是提升教育效率的关键环节。我们应当充分利用新媒体技术的优势,创新教学方式,提高教学效果,同时解决阅读碎片化等现代教育中面临的问题。新媒体技术为教育提供了便捷的工具和手段,但同时也需要我们注重培养学生的新媒体素养,引导他们正确理解和运用新媒体,传递主流价值观,确保教育的正确方向。在中学德育"四生模式"实践中,我们还应注重综合运用传统与现代载体，深入挖掘和利用各种教育资源，包括学科教育中的隐性资源和学校管理制度中的隐性资源。此外，实现校内外联动与融合，加强校际协作和家校社会协同机制，也是提升教育质量的重要途径。通过中学德育"四生模式"的实施，可以为学生提供更加全面、深入和有效的学习体验，促进他们全面发展。

第六节　完善评价机制，督导落实"四生"

从学校视角出发，中学德育"四生模式"的评价指标实质上是衡量该校中学德育"四生模式"建设成效的关键指标，具有重要的参考价值。在制定相关评价指标时，务必全面考虑各种因素。首先，应构建一套科学、有效且具备发展性的评价体系；其次，所设立的中学德育"四生模式"评价指标必须具备明确的评价准则，避免模糊不清的决策；最后，制定指标时要确保其具备扎实的科学依据、良好的辨识能力，并能对中学德育"四生模式"工作提供指导性反馈。

一、发挥学生的评价主体性作用

在构建德育评价准则时，应重视学生的积极作用，确保他们在中学德育"四生模式"中占据核心地位。德育在中学教育中占据重要地位，是培养学生道德素质和塑造全面人格的关键。因此，构建全面、科学的中学德育"四生模式"评价体系至关重要。

在这一体系中，学生应具备自我评估的能力，并且能够根据自身需求调整个人价值观。这种自我反思和成长的态度对思想道德建设有积极推动作用。通过审视自身行为、态度和价值观，学生能够更清晰地认识自己的长处和不足，进而调整行为。这种能力不仅可以提升学业表现，还有助于思想道德层面的自我提升。学生还需根据社会变化和个人需求灵活调整价值观。价值观决定个体行为选择。随着社会环境快速变化，学生面临更多的诱惑和挑战，因此灵活调整价值观显得尤为重要。这种灵活性和自主性有助于学生在复杂环境中保持清醒头脑，培养独立思考能力和创新精神。

掌握自我评估和调整价值观的能力后，学生在思想道德建设中的表现将更积极。接受思想道德教育和培训时，学生将感到成长的喜悦和满足，增强成就感，激发学习兴趣，促进主观能动性的发挥。

二、凸显个体差异性的内在变化

传统德育评价过度关注学生在集体中的相对表现，虽然能提供比较性结果，但难以全面反映学生个体的努力与进步，并且可能会让学生感到挫败并对德育课程产生抵触情绪。因此，需要寻找更加科学有效的评价方式，培养学生的道德行为习惯，推动其道德发展。

有一种值得考虑的评价方式是实施个体内差异评价。它关注学生的道德行为表现和行为变化，旨在激发其道德潜能并引导他们向更高水平的道德行为发展。制定评价准则时，应确保全面性和综合性，涵盖德育课程的设计与实施、实施条件以及实施效果等方面。同时，还需确保评价体系的科学性和客观性，使其具备可扩展性，并真实反映学生的道德行为变化，帮助他们建立正确的道德观念。这样才能实现德育评价的目标，推动学生的道德发展，培养出具有高尚品德和良好行为习惯的新一代青少年。

三、注重德育过程的形成性评价

经过对传统德育评价方式的审慎考量，发现其倾向于在某个时间节点后对学生进行道德总结性评价，然而，这种评价方式仅仅反映了学生在集体中的相对位置，而未能全面体现评价在促进学生发展中的积极作用。相对而言，形成性评价以其独特的方式弥补了这一缺陷。[①] 它强调在中学德育实践中，及时提醒学生关注道德行为养成方面存在的问题，并督促其及时改正。在实施中学德育"四生模式"评价活动时，必须严格遵循以下核心原则：

第一，确保评价的方向性。中学德育"四生模式"的评价标准应成为教师和学校实施该模式的指南，并且必须与国家的教育方针和要求保持高度一致，将社会主义精神文明建设置于核心地位，以国家法律法规为行动准则。

第二，要妥善协调定量评价与定性评价。这意味着要在定量评价的基础上，进行深入的定性分析和描述，以确保评价的全面性和科学性。

第三，过程性评价与结果性评价应相互协调。我们应主要关注实施过程，对中学德育"四生模式"的各个环节进行准确的判断、监测和评估，并根据总体实施效果进行评价。

---

① 李创斌. 试论中学德育评价方式的转变[J]. 中学政治教学参考，2011(27)：58-59.

第四，需要采用动静结合的评价方式。其既包括横向的比较分析，也包括对纵向实施的全面分析。

第五，实现校内外评价的有机结合。其不仅要满足学校内部的自我评价需求，还应包括家长、社区等其他利益相关方的评价，以充分发挥学校和学生的积极性，并动员社会各方力量对教育工作进行监督和改进。

第六，必须确保各评价标准之间的有机结合，只有这样才能确保中学德育"四生模式"的评价对象得到全面、客观的评价，发挥评价系统的判断能力，及时发现并促进有潜力的评价对象提升其水平。

只有遵循这些原则，我们才能更好地实施中学德育"四生模式"评价活动，为学生的全面发展提供有力支持。

第七章　结　语

本研究从中学德育生命性、生长性、生成性、生活性的视角出发，通过理论与实践相结合的方法，对中学德育"四生模式"的理论与实践进行了研究，取得了若干规律性认识，有几点创新之处，同时也存在一些不足，现简要总结如下。

一、研究结论

本研究通过深入的理论研究和系统的实践探索，得出如下几点结论：

(1)中学德育"四生模式"能够凸显德育主体的生命性，突出德育目的的生长性，彰显德育过程的生成性，加强德育内容的生活性，是聚焦立德树人根本任务在中学德育领域开展的一种有益探索。

生命性，这一概念源于德育主体的视角，它强调的是师生在德育实践中的互动活动，中学德育实践需尊重生命本质与内在规律，以学生生命基质为出发点，采用科学有效的教育方式，提升其生命意识、拓宽其精神视野、发展其生命潜能，兼顾其生命个体全面和谐发展。生长性，主要体现在学生的发展进程中。德育的核心目的即在于促进学生的全面生长与发展，我们必须深刻理解学生的生长具有未竟性、自觉性和选择性等特性。生成性，是从德育过程来说的，与"生成"相对的一个概念就是"已成"或者"现成"。相对于它们而言，生成强调的是事物发展变化过程本身，而不仅仅是事物本身。从德育实践中的德育过程来讲，生成是指在教育实践中，师生德育行动与既定思路或实践方案产生偏差或超越既定轨迹，进而转向另一方向的现象。生活性，是从德育内容来说的。

从应然的角度看，教育是人类特有的活动，它既是人为的，也是为人的。教育源于生活，同时也是生活的一部分。其中，生活性是关键因素，生长性是根本宗旨，生成性是过程要求，生活性是内容要求。除此之外，本研究还分析了中学德育"四生模式"的价值追求和理论特质，详细阐释了激活生活性、着眼生长性、密切生活性、活化生成性的中学德育实施策略，认为立德树人视域下的中学德育"四生模式"能够有效地凸显德育主体的生命性、突出德育目的的生长性、彰显德育过程的生成性、加强德育内容的生活性，是聚焦立德树人根本任务在中学德育领域的一种有益探索。

（2）中学德育"四生模式"无论从时代发展还是从青少年成长和立德树人，抑或从中学德育实践现实角度来说都显得既有必要也很可行。

本研究对中学德育"四生模式"研究的必要性进行论述和考察，主要是弄清楚三个问题：

①随着时代的发展，立德树人根本任务对中学德育有什么具体要求？即培养具备核心素养的德智体美劳全面发展的社会主义事业建设者和接班人，使学生在中学德育实践中形成正确的价值观、必备的品格、关键的能力。

②当前阶段，中学生成长出现了或者面临着哪些比较普遍的问题？网络信息的良莠不齐给中学生的价值观和道德观念带来了冲击。一些不良信息、虚假新闻甚至有害内容通过网络传播，给中学生的身心健康带来负面影响。随着社会的不断发展，人们的价值观也日益多样化；给中学生的价值观带来了困惑和矛盾。某些不良的价值观，诸如拜金主义与享乐主义等，对中学生的健康成长产生了负面影响。

③当前一段时间，中学德育实践在面对立德树人根本任务和青少年成长所遇到的普遍问题时，存在的不足和困境有哪些？当前阶段的中学德育存在漠视生命性、忽略生长性、淡化生成性、脱离生活性等问题，不能很好地落实立德树人根本任务，这也是目前亟待解决的问题。

中学德育"四生模式"就是对以上三个问题的有力回应。

（3）中学德育"四生模式"是中学德育模式构建的一种创新尝试，已成为"四生模式"教育理论和德育实践之间的纽带与桥梁。

本研究从确立实施目的、提出实施假设、构建实施模式、选定研究学校、组建研究队伍、制定实施方案、明确实施策略、设计效果评价等八个方面，对中学德育"四生模式"的实施进行了设计；从课程、文化、活动、实践、管理、协同等六个维度，组织了中学德育"四生模式"的实施；从生命性、生长性、生成性、生活性四个角度，进行了实施效果的评价；并从加强顶层设计、建设教师队伍、培育学生主体、注重课程建设、变革德育方式、创新评价机制等方面，提出了做好中学德育"四生模式"实施的保障措施的建议。

二、创新之处

迄今为止，众多一线教育工作者和教育研究领域的专家，针对中学德育所涉及的相关议题，已进行了广泛而深入的研究。但是，在立德树人视域下，从生命性、生长性、生成性、生活性视角去审视中学德育的相关研究少之又少。本研究旨在基于期望理论和目标理论，借鉴已有的研究成果，紧密结合中学德育"四生模式"的具体实践，深入剖析其存在的实际问题和影响因素，并在此基础上，提出具有针对性的解决策略和建议，对中学德育工作的改进和创新做出积极贡献。其创新之处主要体现在以下几方面：

（1）研究视角新。目前，国内外关于德育的研究多如牛毛，关于中学德育的研究也不在少数。然而，将中学德育放在生命性、生长性、生成性、生活性视角下加以整体的实践和审视，本研究在全国范围内属于首次。本研究从中学德育的生命性、生长性、生成性、生活性视角出发，考察中学德育的现状，进行中学德育"四生模式"的实践，提出中学德育"四生模式"的保障措施，具有一定的创新意义。

（2）研究内容新。本研究综合运用文献研究法、调查研究法和行动研究法等方法，从理论、现状、实践三个维度开展研究，着眼于改进和创新中学德育，落实立德树人根本任务，培养时代新人。因为本研究是从生命性、生长性、生成性、生活性四个新的视角审视和构建中学德育，所以产生了新的研究内容，即如何构建中学德育的"四生模式"？它们的相互关系、价值追求、理论特质分别是什么？如何设计、实施和评价中学德育"四生模式"？中学德育"四生模式"的保障措施有哪些？这些都属于内容上的创新研究。

（3）研究观点新。本研究在理论上创造性地提出中学德育"四生模式"，丰富了发展了"四生模式"理论和中学德育理论。即中学德育"四生模式"能够凸显德育主体的生命性、突出德育目的的生长性、彰显德育过程的生成性、加强德育内容的生活性。中学德育"四生模式"是中学德育模式构建的一种创新尝试，在实践上构建了中学德育"四生模式"的目标体系、内容体系、评价体系、实施策略，为教育界同仁提供了借鉴和参考。

三、不足与展望

(一)不足之处

从最初选定立德树人视域下中学德育"四生模式"的理论与实践研究作为研究对象,到实际着手研究,笔者发现存在诸多困难和局限。由于笔者能力学识有限,理论功底不足,本研究还存在很多不足之处,例如:

(1)理论基础不扎实,特别是哲学、教育学(尤其是德育理论)、心理学、管理学等理论不够深厚,这使得本研究的理论分析不够深入,呈现出经验性比较强的特点。因此,还需要进一步对立德树人视域下的中学德育"四生模式"进行学理分析,使其理论基础更加扎实、理论阐释更加准确和完备,经得起时间的检验。比如,中学德育"四生模式"在哲学、教育学、心理学、管理学等方面的理论基础等。

(2)实践做法不完善,特别是典型案例不够丰富。因此,还需要进一步打造一批立德树人视域下中学德育"四生模式"的实践案例,包括文化学科渗透德育案例、主题班会案例、校外实践活动案例等。同时,制定更加明确的实施方案和细则,明确学校、年级、班级等各个层面的任务和责任,方便教育界同仁借鉴和参考。

(二)后续展望

教育、教学是一门遗憾的艺术。在未来的研究中,笔者将更加注重理论深度和案例的系统性问题,主要着力点有以下两个方面:

(1)从短期来看,继续丰富和发展中学德育"四生模式"。从当前研究的薄弱点出发,理论上从哲学、教育学、心理学、管理学等方面入手,切实完善中学德育"四生模式"的理论基础,特别是要提升其哲学内涵;实践上继续在力所能及的范围内大力推行中学德育"四生模式",加大对教师的培训和指导力度,争取涌现更多的典型案例、更好的经验做法供大家学习和参考。

(2)从长期来看,中学德育必将是笔者一生关注的焦点。在今后的日子里,笔者一定会不忘立德树人初心,牢记为党育人、为国育才使命,积极学习、借鉴国内外先进的教育理念和经验,拓展自己的研究视野,不断更新自己的德育理念和方法,为研究中学德育遇到的新问题作出更大贡献。

参考文献

（一）专著类

[1] 张传燧. 中国教学论史纲[M]. 长沙：湖南教育出版社，1999.

[2] 张传燧. 课程与教学论[M]. 北京：人民教育出版社，2008.

[3] 张传燧. 中国教学论史纲[M]. 长沙：湖南教育出版社，1999.

[4] 李承武. 现代教育学[M]. 重庆：西南师范大学出版社，1997.

[5] 叔本华. 得与失的智慧[M]. 杨涛，李小兵，等译. 武汉：长江文艺出版社，2009.

[6] 刘铁芳. 什么是好的教育：学校教育的哲学阐释[M]. 北京：高等教育出版社，2014.

[7] 赵同森. 解读人本主义教育思想[M]. 广州：广东教育出版社，2006.

[8] 杜威. 学校与社会·明日之学校[M]. 赵祥麟，任钟印，吴志宏，译. 北京：人民教育出版社，2005.

[9] 刘济良. 生命教育论[M]. 北京：中国社会科学出版社，2004.

[10] 冯建军. 生命与教育[M]. 北京：教育科学出版社，2004.

[11] 墨子. 墨子[M]. 太原：山西古籍出版社，2003.

[12] 荀子. 荀子[M]. 太原：山西古籍出版社，2003.

[13] 毛泽东. 毛泽东文集：第七卷[M]. 北京：人民出版社，1999.

[14] 刘铁芳. 走向生活的教育哲学[M]. 长沙：湖南师范大学出版社，2005.

[15] 尼采. 权力意志[M]. 贺骥，译. 桂林：漓江出版社，2007.

[16] 黎靖德. 朱子语录[M]. 北京：中华书局，1994.

[17] 杜殿坤. 原苏联教学论流派研究[M]. 西安：陕西人民教育出版社，1993.

[18] 王守仁. 王阳明全集[M]. 上海：上海古籍出版社，1992.

[19] 颜元. 颜元集[M]. 北京：中华书局，1987.

[20] 陈学恂. 中国近代教育文选[M]. 北京：人民教育出版社，1983.

[21] 陶行知. 陶行知教育文选[M]. 北京：教育科学出版社，1981.

[22] 孟宪承. 中国古代教育文选[M]. 北京：人民教育出版社，1979.

[23] 张焕庭. 西方资产阶级教育论著选[M]. 北京：人民教育出版社，1964.

[24] 荀况. 荀子新注[M]. 北京：中华书局，1979.

[25] 斯宾塞尔. 教育论：智育、德育和体育[M]. 胡毅，译. 北京：人民教育出版社，1962.

[26] 朱慕菊. 走进新课程：与课程实施者对话[M]. 北京：北京师范大学出版社，2002.

[27] 杜威. 民主主义与教育[M]. 王承绪，译. 北京：人民教育出版社，2001.

[28] 苏霍姆林斯基. 帕夫雷什中学[M]. 赵玮，等译. 北京：教育科学出版社，1983.

[29] 陈侠. 教育学[M]. 北京：人民教育出版社，1965.

[30] 常生禾. 学校德育指南[M]. 北京：中国华侨出版公司，1991.

[31] 叶烈昌. 德育管理和教学管理[M]. 广州：华南理工大学出版社，1993.

[32] 原硕波. 学校管理与实践[M]. 海口：海南出版社，2007.

[33] 张公武. 中学德育管理：理论与实践[M]. 北京：金城出版社，1995.

[34] 詹万生. 整体构建德育体系引论[M]. 北京：教育科学出版社，2001.

[35] 檀传宝. 学校道德教育原理[M]. 北京：教育科学出版社，2000.

[36] 法约尔. 工业管理与一般管理[M]. 周安华，等译. 北京：中国社会科学出版社，1998.

[37] 朱永康. 中外学校道德教育比较研究[M]. 福州：福建教育出版社，1998.

[38] 邓小平. 邓小平文选[M]. 2 版. 北京：人民出版社，1994.

[39] 冯增俊. 当代西方学校道德教育[M]. 广州：广东教育出版社，1993.

[40] 张公武. 中学德育工作手册[M]. 北京：北京师范大学出版社，1989.

[41] 肖宗六. 学校管理学[M]. 北京：人民教育出版社，1988.

[42] 张凤秋，张杨，袁桂亭. 学校管理新论[M]. 哈尔滨：东北林业大学出版社，2007.

[43] 胡厚福. 德育原理[M]. 沈阳：辽宁大学出版社，2000.

[44] 姚晓峰. 学校管理理论与实务[M]. 兰州：甘肃人民出版社，2011.

[45] 牛序芳. 初中教师之友-德育卷[M]. 长春：东北师范大学出版社，1995.

[46] 卢元锴. 普通学校实用管理学[M]. 北京：文化艺术出版社，1990.

[47] 黄兆龙. 现代学校德育管理学[M]. 北京：中国经济出版社，1995.

[48] 郑伯坤. 京郊农民远程教育研究：北京市农广校成立 25 周年优秀论文汇编[M]. 北京：中国农业大学出版社，2009.

[49] 檀传宝. 德育美学观[M]. 增订版. 北京：教育科学出版社，2006.

［50］ 波兹曼. 童年的消逝［M］. 吴燕莛, 译. 桂林：广西师范大学出版社, 2004.

［51］ 课程教材研究所. 活动课程论［M］. 北京：人民教育出版社, 2006.

［52］ 施良方. 课程理论：课程的基础、原理与问题［M］. 北京：教育科学出版社, 1996.

［53］ 檀传宝. 当代东西方德育发展要览［M］. 北京：人民教育出版社, 2013.

［54］ 蒋一之. 品德发展与道德教育［M］. 杭州：浙江大学出版社, 2013.

［55］ 苏振芳. 思想道德教育比较研究［M］. 北京：社会科学文献出版社, 2011.

［56］ 郑航. 学校德育概论［M］. 北京：高等教育出版社, 2007.

［57］ 高德胜. 道德教育的20个细节［M］. 上海：华东师范大学出版社, 2007.

［58］ 邝丽湛, 何亮. 思想政治教学与学业评价［M］. 广州：广东教育出版社, 2005.

［59］ 黄济. 当代教师小百科［M］. 杭州：浙江教育出版社, 1987.

［60］ 赵玉英, 张典兵. 德育原理［M］. 济南：山东人民出版社, 2008.

［61］ 王玄武. 比较德育学［M］. 2 版. 武汉：武汉大学出版社, 2003.

［62］ 班华. 现代德育论［M］. 2 版. 合肥：安徽人民出版社, 2001.

［63］ 鲁洁, 王逢贤. 德育新论［M］. 南京：江苏教育出版社, 1994.

［64］ 杨超. 现代德育人本论［M］. 广州：广东人民出版社, 2005.

［65］ 罗利建. 人本教育［M］. 北京：中国经济出版社, 2004.

［66］ 高峰. 社会发展导论［M］. 北京：社会科学文献出版社, 2004.

［67］ 李彬. 传播学引论［M］. 2 版. 北京：新华出版社, 2003.

［68］ 车文博. 人本主义心理学［M］. 杭州：浙江教育出版社, 2003.

［69］ 王健敏. 道德学习论［M］. 杭州：浙江教育出版社, 2002.

［70］ 屠大华. 中小学德育管理［M］. 长春：东北师范大学出版社, 2000.

［71］ 黄向阳. 德育原理［M］. 上海：华东师范大学出版社, 2000.

［72］ 朱小蔓. 教育的问题与挑战：思想的回应［M］. 南京：南京师范大学出版社, 2000.

［73］ 王道俊, 王汉澜. 教育学：新编本［M］. 3 版. 北京：人民教育出版社, 1999.

［74］ 李萍. 现代道德教育论［M］. 广州：广东人民出版社, 1999.

［75］ 《中国教育百科全书》编委会. 中国教育百科全书［M］. 北京：海洋出版社, 1991.

［76］ 赵输章. 德育论［M］. 长春：吉林教育出版社, 1987.

［77］ 路海东. 教育心理学［M］. 长春：东北师范大学出版社, 2002.

［78］ 郭元祥. 生活与教育［M］. 武汉：华中师范大学出版社, 2002.

［79］ 朱许强. 教育理论基础知识与教学设计［M］. 银川：宁夏人民教育出版社, 2015.

［80］ 孙庆民. 青春期教育百科辞典［M］. 济南：山东科学技术出版社, 1994.

［81］ 陆雄文. 管理学大辞典［M］. 上海：上海辞书出版社, 2013.

［82］ 蔡元培. 蔡元培全集［M］. 北京：中华书局, 1984.

[83] 陈万柏，张耀灿. 思想政治教育学原理[M]. 2版. 北京：高等教育出版社，2007.

[84] 李鹏. 立德树人之道：大学生思想政治教育理论与实践发展探究[M]. 北京：中国水利水电出版社，2017.

[85] 李占萍. 清末学校教育政策研究：以《奏定学堂章程》为中心[M]. 石家庄：河北人民出版社，2014.

[86] 孙少平. 新中国德育50年[M]. 福州：福建教育出版社，2002.

[87] 张世善. 学校文化自觉与课程教学改革[M]. 北京：人民教育出版社，2012.

[88] 陈正良. 冲突与整合：德育环境的系统建构[M]. 北京：中国社会科学出版社，2005.

[89] 杜任之. 现代西方著名哲学家述评[M]. 北京：生活·读书·新知三联书店，1980.

[90] 杜时忠. 中国德育论丛（第三辑）[M]. 武汉：湖北教育出版社，2011.

[91] 顾明远. 教育大辞典：增订合编本[M]. 上海：上海教育出版社，1998.

[92] 蒋笃运. 德育系统论[M]. 2版. 郑州：郑州大学出版社，2007.

[93] 刘国永. 学校道德生活的复杂性审视[M]. 镇江：江苏大学出版社，2009.

[94] 陆丽，王庐阳，王庐云. 系统科学与教育实践[M]. 南宁：广西美术出版社，2011.

[95] 张忠华. 传承与超越：当代德育理论发展研究[M]. 北京：光明日报出版社，2015.

[96] 赵忠心. 家庭教育学[M]. 哈尔滨：黑龙江少年儿童出版社，1988.

（二）期刊类

[1] 张传燧. 寻觅乡村教育的根魂：基于个体体验的立场[J]. 教育文化论坛，2016，8（3）：1-16.

[2] 张传燧. 基于学生发展核心素养培育的"四生课堂"建构研究[J]. 陕西师范大学学报（哲学社会科学版），2017，46（5）：146-157.

[3] 张传燧. "四生性"：我的课堂教学观[J]. 湖南师范大学教育科学学报，2019，18（1）：108-113.

[4] 李卯，张传燧. "天命之谓性"：《中庸》的生命思想及其教育哲学意蕴[J]. 湖南师范大学教育科学学报，2016，15（1）：24-31.

[5] 张传燧. 课程改革在路上：历史、现状与未来[J]. 课程 教材 教法，2015，35（8）：3-9，42.

[6] 李卯，张传燧. 性-道-教：《中庸》的生命教育思想[J]. 教育学报，2015，11（6）：100-106.

[7] 张传燧. 论教育过程中主体的作用及其转换[J]. 教育理论与实践，1999（3）：8-12.

[8] 郭娅玲，张敏. 对教育回归生活世界的反思[J]. 湖南师范大学教育科学学报，2008（1）：58-60.

[9] 冉亚辉. 中国德育基本理论论析[J]. 西南大学学报(社会科学版),2011,37(5):127-132,224.

[10] 张典兵. 当代西方德育理论研究 30 年:回顾与反思[J]. 学术论坛,2010,33(7):175-179.

[11] 薛欣晨,孙彩平. 德育方法论的审美转向及问题讨论:兼论美德伦理学的审美启示[J]. 教育科学研究,2021(12):27-32.

[12] 张忠华,耿云云. 对生活德育理论研究的反思[J]. 教育科学研究,2009(10):62-66.

[13] 叶澜. "生命·实践"教育学派:在回归与突破中生成[J]. 教育学报,2013,9(5):3-23.

[14] 曾茂林,柳海民. 富有生命力的教育理论及其生成理路[J]. 教育研究,2014,35(11):8-15.

[15] 张忠华,张典兵. 对德育评价研究的回顾与反思[J]. 高教发展与评估,2011,27(1):89-97,124,120-121.

[16] 程美娟. 古今德育文化环境比较及启示[J]. 中共山西省委党校学报,2012,35(2):96-98.

[17] 方塘. "双减"助力教育良好生态[J]. 甘肃教育,2021(15):5.

[18] 许志光. "双减"重在"理"[J]. 云南教育(中学教师),2021(10):14.

[19] 李景. "双减"背后的政策导向与实践探索[J]. 中国民族教育,2021(9):6-8.

[20] 严碧华. 落实"双减"需多方协力[J]. 民生周刊,2021(16):3.

[21] 张贤志. "双减"来了,该如何积极作为?[J]. 教育视界,2021(25):25.

[22] 莫邦哲,高震. 如何让技术回归人的心灵:关于疫情后的教育思考[J]. 中小学课堂教学研究,2020(12):60-61,66.

[23] 许锡良. 教育的本质是回归人[J]. 今日教育,2010(S1):70.

[24] 马永双. 探寻回归人的本性的科学教育[J]. 新课程学习(学术教育),2009(9):23-24.

[25] 赵明洁. "互联网+教育"时代下论回归人的教育[J]. 现代中小学教育,2021,37(1):9-12,45.

[26] 郁梅. 回归人本:马克思主义人学视角下推进家校协同教育发展研究[J]. 科教导刊(下旬),2017(24):9-11.

[27] 周庆元,李霞. 体悟教育:回归人的本真存在[J]. 高等教育研究,2008,29(12):18-22.

[28] 张伊桐. 新中国成立以来的教育现代化:演进、特征与路径[J]. 黑龙江教育(理论与实践),2020(12):30-32.

[29] 洪志忠，王怡雯，许苹. 正视平凡，回归人的教育[J]. 福建教育，2021(17)：9-10.

[30] 苟晓玲. 教育学价值的回归[J]. 教育教学论坛，2015(37)：257-258.

[31] 周恩芝. 加强领导 转变观念 构建教师专业发展型学校工程[J]. 吉林教育，2004(6)：13.

[32] 吴承永. 试论教育改革的必要性[J]. 新课程(中学版)，2015，(9)：130.

[33] 崔允漷. 有效教学：理念与策略(下)[J]. 人民教育，2001(7)：42-43.

[34] 刘志云，董京峰. 语文作业系统的设计原则[J]. 文教资料，2006(7)：69-70.

[35] 周玉春. 浅谈地理教学中学生自主学习能力的培养[J]. 山东教育，2014(33)：41.

[36] 陈勋福. 如何培养学生的学习兴趣[J]. 学苑教育，2015(16)：85.

[37] 毛建扬. 构建自主学习的地理教学模式[J]. 中等职业教育，2004(6)：27-28.

[38] 涂会华. 浅谈地理教学"自主学习 合作探究"能力的培养[J]. 文理导航(上旬)，2015(10)：80.

[39] 傅秀芬. 浅谈在地理教学中如何处理好导与学的关系[J]. 教育教学论坛，2011(24)：211.

[40] 沈嘉琳，胡嘉源. 基于自主学习能力提升的高中地理线上教学实践[J]. 中学地理教学参考，2020(9)：8-10.

[41] 周序. "深度学习"与知识的深度认识[J]. 四川师范大学学报(社会科学版)，2021，48(5)：169-175.

[42] 郭华. 带领学生进入历史："两次倒转"教学机制的理论意义[J]. 北京大学教育评论，2016，14(2)：8-26，187-188.

[43] 王建军. 基于应试教育视角下高中数学教学的反思[J]. 数学学习与研究，2015(11)：58.

[44] 钱林晓，王一涛. 应试教育条件下的学生学习行为模型[J]. 教育与经济，2006(1)：55-58.

[45] 景云. 新时代家校合作存在的问题及对策探析[J]. 思想政治课研究，2019(4)：16-20.

[46] 胡芳. 我国中小学家校合作的问题及对策[J]. 现代教育论丛，2011(2)：23-26.

[47] 格拉泽，罗建辉. 社会资本的投资及其收益[J]. 经济社会体制比较，2003(2)：35-42.

[48] 刘艳. 双减政策下的教培行业转型趋势与新风口[J]. 中国商界，2021(9)：32-33.

[49] 郑东辉，孙慧玲. 作业概念的变迁及其意义[J]. 当代教育科学，2015(4)：21-24.

[50] 胡苹. 国外中小学家庭作业问题的研究及启示[J]. 外国中小学教育，2007(12)：52-55.

［51］ 库帕，王建军，林明. 美国中小学生家庭作业研究［J］. 上海教育科研，1995（6）：31-32，30.

［52］ 陈静勉，肖洋，王烁绚，等. 中小学教师工作时间结构与分配研究［J］. 教育导刊，2020（6）：36-44.

［53］ 李新翠. 中小学教师工作投入与工作量状况调查［J］. 中国特殊教育，2016（5）：83-90.

［54］ 专家组. "双减"政策与学校体育发展［J］. 上海体育学院学报，2021，45（11）：1-15.

［55］ 马开剑，王光明，方芳，等. "双减"政策下的教育理念与教育生态变革（笔谈）［J］. 天津师范大学学报（社会科学版），2021（6）：1-14.

［56］ 王梦茜. 课后服务，"双减"中的一道重要"加法"［J］. 教育家，2021（36）：12-14.

［57］ 刘文，林爽，林丹华，等. 留守儿童的反社会行为：基于评估及预防视角的思考［J］. 北京师范大学学报（社会科学版），2021（4）：94-105.

［58］ 刘欣然，张娟. 生命的记忆：童年消逝的文化危机与身体教育的哲学拯救［J］. 成都体育学院学报，2021，47（4）：33-38.

［59］ 韩宏宇，郑家鲲. 公共体育服务精准化供给的内涵、困境及实现策略［J］. 体育学研究，2021，35（3）：75-82.

［60］ 黄谦，熊优，崔书琴，等. 社会支持、退役准备与运动员退役应对积极性［J］. 体育学研究，2021，35（3）：19-29，39.

［61］ 于文谦，季城. 体教融合背景下体育中考的热效应与冷思考［J］. 西安体育学院学报，2021，38（3）：360-365.

［62］ 张翼，黄晨琳. 学校课后服务：收费抑或免费：基于理论和政策文本的分析［J］. 教育导刊，2021（2）：26-32.

［63］ 别广谊. 石河子大学护士学校德育管理现状调查［J］. 和田师范专科学校学报，2014，33（6）：16-20.

［64］ 张新兰. 关于中学德育管理的研究文献综述［J］. 黑龙江科技信息，2013（5）：194，20.

［65］ 何玉海. 我国德育方法概念的理性反思［J］. 黑龙江教育（高教研究与评估），2013（3）：3-5.

［66］ 杨希. 改进德育方法，进一步加强大学生党员德育教育［J］. 人口与经济，2012（S1）：176-177.

［67］ 朱耀华，赵华朋. 浅议德育中的隐性教育［J］. 西安建筑科技大学学报（社会科学版），2004，23（2）：4-7.

［68］ 谢亚琴，李亚平，周可荣. 国外高校思想道德教育特征及启示［J］. 道德与文明，

2004（2）：71-74.

[69] 李敏. "家"文化视角下的青少年道德教育[J]. 中共山西省委党校学报，2011，34（5）：128-130.

[70] 武玉荣，常学彬. 诠释《正义论》中制度正义的涵义[J]. 张家口农专学报，2003，19（2）：36+38.

[71] 宗爱东. 论全球化时代德育文化创新的主要机制[J]. 思想理论教育，2015（7）：107-111.

[72] 程亮. 青少年网络成瘾的心理机制及其矫治[J]. 当代教育科学，2003（23）：42-44.

[73] 王林义，龙宝兴. 重新认识德育课程[J]. 课程 教材 教法，2005，25（9）：62-65.

[74] 任静. 高校德育方法中显性与隐性教育整合的思考[J]. 佳木斯职业学院学报，2016，32（9）：129，131.

[75] 班建武，檀传宝. 改革开放30年中小学德育课程的变迁与发展[J]. 思想理论教育，2008（24）：14-19.

[76] 张君，戴腾英. 实施全面科学的评价，促进学生良好习惯的养成：浅谈小学德育评价[J]. 中国校外教育，2010（21）：12.

[77] 叶飞. 论德育评价中的人文关怀[J]. 教育测量与评价（理论版），2008（1）：33-35.

[78] 冯永刚. 复杂科学视域下的德育评价[J]. 外国教育研究，2007，34（11）：40-43.

[79] 夏子厚. 对多元智能理论构建德育评价体系的探讨[J]. 教学与管理，2006（33）：65-66.

[80] 叶飞，李会松. 德育评价：由封闭性走向开放性[J]. 中国德育，2006，1（6）：20-22，66.

[81] 杜敏. 我国德育评价研究和探索的历史与现状[J]. 黑龙江高教研究，2006，24（3）：59-60.

[82] 朱胤. 新德育评价的质性与多元[J]. 思想·理论·教育，2005（2）：17-18.

[83] 朱祥烈，钟玉文. 创新校本德育评价体系[J]. 四川教育，2004（5）：12-14.

[84] 高良，古良琴. 发展性德育评价与学校德育[J]. 学校管理，2002（5）：40-41.

[85] 黎凯. 初中德育管理工作开展的思路及对策[J]. 求知导刊，2016（3）：100.

[86] 沈立新. 学校德育管理方法探索[J]. 新教育，2015（4）：95.

[87] 刘西荣. 中学教育也需以人为本[J]. 科教文汇（上旬刊），2008，（10）：38.

[88] 刘超良. 学校德育制度现状的调查分析[J]. 教育科学研究，2006（5）：29-35.

[89] 刘俊. 论学校德育管理方法及其发展趋势[J]. 湖北经济学院学报（人文社会科学版），2006，3（4）：114-115.

[90] 陈范华，何舰. 德育的人性化：以德育人的有效途径探索[J]. 西南民族大学学报（人

文社科版)，2003，24(7)：219-221.

[91] 魏宗才. 学校管理的理论与实践[J]. 宿州教育学院学报，2003(2)：95-96.

[92] 雷静, 谢光勇. 近十年来我国生命教育研究综述[J]. 教育探索，2005(5)：92-94.、

[93] 王北生, 赵云红. 从焦虑视角探寻与解读生命教育[J]. 中国教育学刊，2004(2)：19-22.

[94] 高锦泉. 生命教育传统资源初探[J]. 南阳师范学院学报(社会科学版)，2004，3(2)：94-97.

[95] 施群芬. 浅议我国中小学生命教育体系的构建[J]. 浙江师范大学学报，2003，28(S1)：54-55.

[96] 张锐, 高琪. 生命教育之我见[J]. 安徽教育，2003(19)：24-25.

[97] 兰小云. 生命教育：从青少年自杀现象谈起[J]. 江西教育科研，2003(8)：14-15.

[98] 田宏碧, 陈家麟. 构建生命教育体系刍议：青少年自杀轻生的原因及应对模式探讨[J]. 扬州大学学报(高教研究版)，2001，5(4)：18-20.

[99] 吴新武. 生命教育理论的基本原理及其现实意义[J]. 金华职业技术学院学报，2001，1(3)：125-128.

[100] 程红艳, 童仕兵. 呼唤教育的生命意识：生命教育及其对德育的启示[J]. 湖北成人教育学院学报，2001，7(1)：11-13.

[101] 冯建军. 生命教育：引导学生走好人生之路[J]. 思想·理论·教育，2003(6)：29-32.

[102] 孟晓东. 课堂应具有生长性[J]. 江苏教育，2011(34)：1.

[103] 陈月忠. 构建"四生"的高中生态政治课堂[J]. 新课程导学，2014(36)：17-18.

[104] 李卯.《中庸》尊德性与道问学：本土生命教学思想初探[J]. 湖南师范大学教育科学学报，2014，13(1)：52-56.

[105] 叶澜. "教育的生命基础"之内涵[J]. 山西教育(教学版)，2004(6)：1.

[106] 周汉锋. "四生课堂"理念下就业导向的护理课堂教学评价[J]. 职业教育研究，2013(8)：153-156.

[107] 叶澜. 让课堂焕发出生命活力：论中小学教学改革的深化[J]. 教育研究，1997(9)：3-8.

[108] 陈善卿. 陶行知的德育理论实质上是生活德育论[J]. 道德与文明，2002(4)：63-65.

[109] 王天娇, 戚万学. 社会认知领域理论：透视我国学校德育实践的新视角[J]. 东岳论丛，2023，44(11)：185-190.

[110] 王贤德, 唐汉卫. 生活德育理论十五年：回顾与反思[J]. 中国教育学刊，2017(7)：86-91.

[111]项贤明. 新时代德育理论解析与反思[J]. 中国教育学刊, 2024(1)：84-92.

[112]朱德威, 李玉俊. 从"生本思想"到"生命理论"的传承与跃迁[J]. 教育理论与实践, 2018, 38(19)：13-17.

[113]程红艳. 当前学校德育理论研究之反思与展望[J]. 教育研究与实验, 2016(1)：21-27.

[114]程伟. 生活德育的实施误区及其超越[J]. 课程 教材 教法, 2021, 41(5)：90-95.

[115]杜春梅, 范树成. 当代西方国家德育人本化的发展趋势[J]. 外国教育研究, 2007, 34(3)：28-32.

[116]范树成, 李海. 当代西方国家德育模式与方法的人本化趋势[J]. 外国教育研究, 2006, 33(10)：66-70.

[117]郭凤志, 张澍军. 现代文化精神观照下的西方德育模式探析[J]. 社会科学战线, 2008(9)：212-216.

[118]杨超. 当代西方学校德育理论与实践新发展[J]. 中国德育, 2015, 10(10)：30-36.

[119]张典兵. 20 世纪西方德育理论的发展与启示[J]. 湖北社会科学, 2010(11)：182-184.

(三)博士论文

[1]　赵志军. 德育管理论[D]. 长春：东北师范大学, 2005.

[2]　刘慧. 生命道德教育：基于新生物学范式的建构[D]. 南京：南京师范大学, 2002.

[3]　闫佳伟. 中学立德树人落实机制研究：以 F 中学为个案[D]. 长春：东北师范大学, 2021.

[4]　闫昌锐. 系统德育论[D]. 武汉：华中师范大学, 2019.

[5]　欧健. 中学整合式生态德育课程构建研究[D]. 重庆：西南大学, 2020.

[6]　熊孝梅. 中学生思想道德素质的实证研究[D]. 武汉：华中师范大学, 2016.

(四)外文文献

[1]　SEDGWICK F. Personal, Social and Moral Education[M]. London：Routledge, 2020.

[2]　LEE J C K, YIP S Y W, KONG R H M. Life and Moral Education in Greater China[M]. London：Routledge, 2021.

[3]　EAUDE T. New Perspectives on Young Children's Moral Education [M]. London：Bloomsbury Academic, 2015.

[4]　BECK C M., CRITTENDEN B S., SULLIVAN EV.. Moral Education [M]. Toronto：University of Toronto Press, 2015.

[5] BERKOWITZ M. W., OSER F.. Moral Education: Theory and Application [M]. Abingdon: Taylor and Francis: 2013.

[6] CARR D, STEUTEL J. Virtue Ethics and Moral Education [M]. Abingdon: Taylor and Francis: 2005.

[7] LAKER A. Developing Personal, Social and Moral Education through Physical Education [M]. London: Routledge, 2002.

[8] SPROD T. Philosophical Discussion in Moral Education [M]. London: Routledge, 2003.

[9] JEONG C, HAN H. An Integrative Model of Moral Reasoning and Moral Intuition: Implications for Moral Education [J]. The SNU Journal of Education Research, 2012, 21(1).

[10] DAHLBECK J. A spinozistic model of moral education [J]. Studies in Philosophy and Education, 2017, 36(5): 533-550.

[11] JACHUN S, JEONG C. The directions of the improvement of moral education using darcia Narvaez's integrative ethical education model [J]. Journal of Moral & Ethics Education, 2017, null(54): 23-52.

[12] MOLAZEM Z, TAVAKOL N, SHARIF F, et al. Effect of education based on the "4A Model" on the Iranian nurses' moral distress in CCU wards [J]. Journal of Medical Ethics and History of Medicine, 2013, 6: 5.

[13] KRISTJ N K. Emulation and the use of role models in moral education [J]. Journal of Moral Education, 2006, 35(1): 37-49.

[14] FARRELLY T M. A new approach to moral education: the integrated character education model [J]. Journal of Correctional Education, 1993, 44(2): 76-82.

[17] UNIVERSITY N S P, LAVRENTIEVA O A, SKRYPNIKOVA E M, et al. Head teacher's adviser for moral education and interaction with children's public organizations: evaluating expectations and potential for improving the quality of moral education in Russian sec-ondary schools [J]. Science for Education Today, 2023, 13(6): 7-36.

[18] MONDAL D. A comparative study between the view of nel nodding and gilligan on ethics of care and moral education [J]. Asian Journal of Education and Social Studies, 2023, 49(4): 1-6.

[19] GULLIFORD L, BROOKS E, COATES O. Symposium introduction: the pedagogical potential of exemplar narratives in moral development and moral education [J]. Educational Theory, 2023, 73(5): 692-709.

[20] CERIT Y. The effect of ethics and moral education on the levels of schadenfreude

experienced by students[J]. International Journal of Psychology, 2024, 59(1): 163-171.

[21] MUIN P N, NURHASANAH R, SARIPUDIN M. Moral education and the ethics of self-cultivation: Chinese and western perspectives[J]. International Journal of Children's Spirituality, 2022, 27(3/4): 216-218.

[22] KATSIKIS D. Towards Rational Education: A Social Framework of Moral Values and Practices[M]. Abingdon: Taylor and Francis: 2021.

[23] BATES A. Moral Emotions and Human Interdependence in Character Education: Beyond the One-Dimensional Self[M]. London: Routledge, 2021.

[24] JONAS M, NAKAZAWA Y. A Platonic Theory of Moral Education: Cultivating Virtue in Contemporary Democratic Classrooms[M]. Abingdon: Taylor and Francis: 2020.

[25] PETERS R. S. Moral Development and Moral Education (Routledge Revivals)[M]. London: Routledge, 2015.

[26] DE RUYTER D J, MIEDEMA S. Moral Education and Development[M]. Rotterdam: Sense Publishers, 2011.

[27] LEICESTER M, MODGIL S, MODGIL S. Moral Education and Pluralism[M]. 0London: Routledge, 2005.

[28] GATHERER W A. Pioneering Moral Education: Victor Cook and His Foundation[M]. Edinburgh: Edinburgh University Press, 2004.

[29] YOU Z R, RUD A G, HU Y Z. The Philosophy of Chinese Moral Education[M]. New York: Palgrave Macmillan US, 2018.

(五) 报纸类

[1] 陈珑丹, 余娟. 构建家校学习共同体[N]. 中国教师报, 2021-10-27.

[2] 进一步减轻义务教育阶段学生作业负担和校外培训负担[N]. 人民日报, 2021-07-24(001).

附录一
学生和教师调查问卷

（一）学生问卷

亲爱的同学：

你好！这是一份有关我校德育实践现状调查的问卷，匿名填写即可，不涉及隐私问题，请你认真按照自身实际情况完成。你所回答的问题，不会对你的学习和生活产生任何不良影响。

本调查问卷共计 14 道选择题和 2 道附加题，选择题皆为单项选择，请勿多选。附加题为主观题，请根据实际情况作答。谢谢你的配合与支持！

1. 你的性别是？

A. 男　　B. 女

2. 你在读的年级是？

A. 七年级　　B. 八年级　　C. 九年级　　D. 高一年级　　E. 高二年级

F. 高三年级

3. 你希望在中学阶段为自己一生的成长奠定思想基础吗？

A. 十分希望　　B. 希望　　C. 不希望　　D. 无所谓

4. 你觉得参与中学德育实践的主要目的是什么？

A. 推动自身发展　　B. 完成老师要求　　C. 加强同学协作　　D. 其他

5. 你喜欢学校现在的德育相关实践吗？

A. 喜欢　　B. 有些喜欢，有些不喜欢　　C. 不喜欢　　D. 无所谓

6. 你觉得什么样的德育实践比较理想？

A. 教师周密计划，学生严格执行　　　B. 学生自主筹备，教师不干预

C. 师生相互合作，共同精心准备　　　D. 没有认真思考过

7. 你觉得学校、老师在组织德育实践过程中，尊重了学生的主体性和自主性吗？

A. 尊重　　　B. 有些尊重，有些不尊重　　　C. 不尊重　　　D. 没感觉

8. 你觉得学校、老师在组织德育实践过程中，有意识地激发了学生的潜能和持续性吗？

A. 有　　　B. 有些有，有些没有　　　C. 没有　　　D. 没感觉

9. 学校、老师在组织德育实践的过程中，有没有根据实际情况调整相应的计划、内容、目标和方法？

A. 有　　　B. 有些有，有些没有　　　C. 没有　　　D. 没感觉

10. 学校、老师在组织德育实践的过程中，实践内容是否与生活息息相关？

A. 有　　　B. 有些有，有些没有　　　C. 没有　　　D. 没感觉

11. 在参与学校、老师组织的德育实践过程中，你会主动提出自己的意见和建议并积极践行吗？

A. 会　　　B. 多半时候会　　　C. 多半时候不会　　　D. 不会

12. 在参与学校、老师组织的德育实践过程中，你会根据自己的兴趣爱好承担相关任务吗？

A. 会　　　B. 多半时候会　　　C. 多半时候不会　　　D. 不会

13. 在参与学校、老师组织的德育实践过程中，你是否能够产生一些不同的见解并敢于表达自己的想法？

A. 会　　　B. 多半时候会　　　C. 多半时候不会　　　D. 不会

14. 日常生活中，你是否会将在参与德育实践过程中学到的思想、观点、方法运用起来？

A. 会　　　B. 多半时候会　　　C. 多半时候不会　　　D. 不会

15. 请列举一个你觉得学校在德育实践中做得最好的活动或课程，并说明理由。

16. 请列举一个你觉得学校在德育实践中做得最不好的活动或课程，并说明理由。

（二）教师问卷

尊敬的老师：

您好！这是一份有关我校德育实践现状调查的问卷，匿名填写即可，不涉及隐私问题，请您认真按照自身实际情况完成。您所回答的问题，不会对您的工作和生活产生任何不良影响。

本调查问卷共计16道选择题和2道附加题，选择题皆为单项选择，请勿多选。附加题为主观题，请根据实际情况作答。谢谢您的配合与支持！

1.您的性别是？

A.男　　B.女

2.您的年龄是？

A.未满35岁　　B.35~45岁　　C.满45岁及以上

3.您的职称是？

A.副高及以上　　B.中一　　C.中二　　D.未定或无

4.您的政治面貌是？

A.中共党员　　B.共青团员　　C.无党派或民主党派　　D.群众

5.您觉得通过学校德育实践可以为学生的一生成长奠定思想基础吗？

A.可以　　B.有些可以，有些不可以　　C.不可以　　D.不清楚

6.您觉得什么样的学校德育实践比较理想？

A.教师周密计划，学生严格执行　　B.学生自主筹备，教师不加干预

C.师生相互合作，共同精心准备　　D.没有认真思考过该问题

7.您觉得学校推行德育实践的主要目标是什么？

A.为学生终身发展奠基　　B.学校领导强力推动

C.提升教师德育水平　　D.不清楚

8.您觉得学校现在的德育实践效果怎么样？

A.优秀　　B.良好　　C.合格　　D.不合格

9.您觉得学校在布置德育实践的过程中，尊重了教师的主体性和自主性吗？

A.尊重　　B.有些尊重，有些不尊重　　C.不尊重　　D.没感觉

10.您觉得学校在布置德育实践的过程中，有意识地激发了教师的潜能和

持续性吗?

A.有意识　　B.有些有意识,有些没有意识　　C.没有意识　　D.没感觉

11.您觉得学校在德育实践的过程中,有没有根据实际情况调整相应的计划、内容、目标和方法?

A.有　　B.有些有,有些没有　　C.没有　　D.没感觉

12.您觉得学校在布置德育实践任务时,内容是否与生活息息相关?

A.是　　B.有些是,有些不是　　C.不是　　D.没感觉

13.您在落实德育实践的过程中,尊重了学生的主体性和自主性吗?

A.尊重　　B.有些尊重,有些不尊重　　C.不尊重　　D.没注意

14.您在落实德育实践的过程中,有意识地激发了学生的潜能和持续性吗?

A.有　　B.有些有,有些没有　　C.没有　　D.没注意

15.您在落实中学德育的实践过程中,有没有根据实际情况调整相应的计划、内容、目标和方法?

A.有　　B.有些有,有些没有　　C.没有　　D.没感觉

16.您在落实德育实践的过程中,内容是否与生活息息相关?

A.有　　B.有些有,有些没有　　C.没有　　D.没感觉

17.您觉得学校现行德育实践最大的优点或优势是什么?请列举一条。

18.您觉得学校现行德育实践最大的难点或缺点是什么?请列举一条。

附录二

教师、学校德育管理层、家长和社区居民访谈记录

（一）教师访谈记录

访谈对象：普通教师

访谈时间：2022 年 3 月 17 日下午

访谈地点：图书馆四楼一会议室

访谈者：教师 A（班主任兼高中语文教师）、B（初中道德与法治教师）、C（高中历史教师）、D（班主任兼初中数学教师）

记录人：笔者

尊敬的老师：

您好！感谢您在百忙之中抽出时间接受我的访谈。本次访谈旨在对中学德育现状进行调查，所有问题并无对错高低之分，访谈内容仅供笔者研究之用。衷心感谢您的配合与支持！

1. 您对自己现在的德育效果感到满意吗？您觉得还有哪些可以改进的地方？

A：教学是一门遗憾的艺术，教育也是一门遗憾的艺术。我觉得自己还有很多值得改进的地方，首先是德育理念上，自己掌握的理念和时代的要求有一定的脱节。其次是德育管理上，我感觉自己的管理有点僵化，在充分尊重学生生命性、发挥学生主体性方面还有很多进步的空间。同时，我觉得从学校层面来讲，要进一步优化顶层设计，将中学德育实施的机制体制构建得更加系统化、科学化、合理化，不要让繁重的德育实践成为教师、学生的负担，应该多做

213

结合文章，加强跨学科、跨部门、跨年级的整合，加强校内外、大中小的整合。

B：政治本来就是一门德育的学科，我也觉得它是充满遗憾的艺术，总是不能让自己十分满意。但有时候考试的压力确实比较大，这样很容易让我着急、焦虑，有时候也会有一些不好的做法。比如说，课堂上有人睡觉，我会把他叫起来，站一下，有学生说话也是让他们站起来。到了复习课的时候，有学生偷懒，光坐着不背书，我会要求学生五分钟背下来一个问题，没有背下时会惩罚。惩罚就是意思一下，就是告诉他，快考试了要抓紧时间。要说改进的话，我理想中的中学德育应该是宽严相济，教师积极作为，学生全面发展。我觉得，要朝着这个目标努力。

C：在历史课堂上，我也经常渗透家国情怀的教育，这是历史学科的核心素养之一和终极价值追求。但我认为自己在很多方面做得还不够好，首先，我上课的一个大毛病就是我讲得多、学生讲得少，我觉得这就是不尊重学生生命性的体现。其次，我感觉随着自身年龄的增长，教学研究的激情在下降，不愿意去接触、研究新的东西，做教育有点墨守成规。这是我自身生命力的下降带来的，可能会对学生产生不好的影响。

D：在课堂管理上，自身课堂驾驭能力还存在不足，课堂要么"沉闷得要死"，要么"活跃得过头"，总是离"恰到好处"还差那么一点意思。在德育实效上，或许是自己还比较年轻或者经验不足，说的话、讲的道理感觉总是不能令学生很信服。

2. 您通过哪些途径促进自身德育水平的提升？还有哪些需要加强的途径？

A：主要是参加学校组织的培训，向身边的同事学习。参加学校组织的班会竞赛也使得相关活动组织水平有所提高。需要加强的地方就是系统地理论学习吧，还有就是东西写得比较少，成果转化少。

B：我也主要是参加培训，向学校里优秀的典型学习。我觉得后期可以向其他学校、其他地区的优秀典型多学习，应该多出去看看。

C：我同意B老师的意见。同时，我觉得可以多做做课题研究，这样逼着自己去学习，才会有进步、有成果。

D：我也主要是学习身边的同事，特别是我们年级组、我们办公室的老师。"书到用时方恨少"，我觉得自己以后还要多看书、多学习。

3. 你怎么看待学校以前的德育工作？有什么意见和建议？

A：学校以前的德育工作的话，其实活动还是蛮多的，有全体市直属学校举办的活动，有集团学校举办的活动，也有学校自己举办的活动，加起来确实不少。但是，学生参与率并不是很高，很多学生不愿意参与，愿意参与的很少。我想这对我们之后改进工作的启示就是要调动学生的主动性和积极性。还有个问题就是现在德育感觉就是班主任的事情，比如说都是班主任来写学生德育评价，其他科任老师不会参与。其他老师看到学生出现问题会跟班主任沟通，但是他们自己直接沟通的会比较少。不是说没有，只是比较少一点，主要是让班主任来沟通。

B：我觉得有一个问题就是学生对活动的参与度非常低。德育活动直接是由管理者决策好然后直接实施，教师与学生对德育活动的前期设计几乎没有参与，导致德育活动的内容视角成人化，学生参与度及实践效果不理想。以后确实要增加德育管理工作的人性化，不能只是冷冰冰的通知、任务和作业。

C：我以前当班主任的时候，也有这种感觉。就拿开班会来说，每个星期会开一次班会，班会课有主题班会。比如最近的安全主题班会，每个星期不同的主题，学工处和团委会发通知，各班必须按照指定的主题开，基本没有自由发挥的空间，到了班会时间就会有学生干部来检查，然后相关工作人员在工作群中进行班会情况通报，给予表扬或批评。我感觉有点不太好。

D：我来学校的时间还比较短，这个问题不好回答。

4. 您是否经常运用"四生"理念指导自己进行中学德育实践的工作？您觉得该理念在中学德育中的前景如何？制约因素有哪些？

A：我认为"四生"提得非常好，我在备课和准备班级活动的时候，也会有意识地从这几个维度去衡量。我觉得这个模式对像我这样的新手班主任具有很大的指导意义，前景应该是比较好的。要说制约因素的话，可能来自两方面，一是教师自身的理论水平和实践经验比较少；二就是学校布置的教育教学任务确实比较繁重，老师们的精力有限，有时候难免将德育活动设计得不好。

B：我觉得"四生"理念非常好，符合新课程标准的要求。我在自己的德育实践中经常用"四生"来进行衡量。我觉得该模式是有广泛前景的。但是我也有一些疑问，就是学校缺少明确的标准来评价一堂课、一次活动到底符合不符合"四生"的标准，或者说哪些德育课程、活动在"四生"审视下是优秀的，哪些是合格的，哪些是不合格的。这是今后值得研究的问题，我觉得也是制约该模式发展的因素之一。

C：学校组织的培训，我都认真学习了。我现在不做班主任了，所以在德育上做的事情少了。但是我也知道历史学科是承担立德树人使命的一门重要学科，作为历史教师，我将在历史教学中渗透德育，并从"四生"角度去审视自己的课堂。

D：作为一个年轻的班主任、年轻的数学教师，我的德育工作经验非常匮乏。自我入职起，正好了解到了"四生"的理念，这给了我很多启发和思考，让我少走了很多弯路，班主任工作上手起来也有了参考。要说制约因素的话，我觉得学生太多了。我有时候在组织实施一些活动的时候，顾不过来所有学生的个性和特长，难免会在个体的活动中，鼓励了一些同学，可能同时也冷落了另一些同学。当然，这也和部分同学的素质有关，有些同学无论老师组织什么活动，给他多少机会，他都不愿意参与进来，也可能是没有能力参与进来。

（二）学校德育管理层访谈记录

访谈对象：学校中层管理人员

访谈时间：2022 年 3 月 18 日上午

访谈地点：图书馆四楼一会议室

访谈者：教师 E（学工处副主任兼高中年级组长）、F（校团委书记）

记录人：笔者

尊敬的老师：

您好！感谢您在百忙之中抽出时间接受我的访谈。本次访谈旨在对中学德育现状进行调查，所有问题并无对错高低之分，访谈内容仅供笔者研究之用。衷心感谢您的配合与支持！

1.您是否有运用"四生"理论指导自己的德育管理工作？您觉得该理论在中学德育中的前景如何？制约因素有哪些？

E：我觉得主要目的有三个，一是提升学生的思想道德素质，促进学生的全面发展；二是转变教师的德育理念，提升德育工作水平；三是打造学校德育工作品牌，形成自己的特色。我觉得这个理念是很有前途的，因为它符合新课改的理念、符合时代发展的要求。制约因素的话，主要是教师的执行力和家长、社会的支持与配合。

F：我完全同意 E 主任的看法。补充一点，我觉得学生之间的差距还是蛮大的，有时候统筹一个活动，很难做到面面俱到、生生俱到，这可能也是德育工作者普遍的难处。

2.您觉得"四生"理念指引下的中学德育效果如何？您觉得还有哪些需要改进的地方？

E：我觉得效果是显著的，特别是我们起始年级有不少年轻的教师，对他们来说，具有很强的指导意义，比我们原来"盲人摸象"强多了。如果要改进的话，我觉得应该从多个维度去考虑，首先是学校层面要进一步理顺思路、优化顶层设计；然后是要加强教师研究和培训，提升教师的素质；最后是要改变家长、社会唯成绩论的观念，加强家校社的交流与合作，形成德育合力。

F：对于我们组织社会实践、日常活动也有很强的指导意义，提升了我们的德育管理水平。如果要改进的话，除了E主任所说的之外，我觉得应该加强中学德育评价体系建设，这样可以更好地指导各年级、班级开展相关的工作。

3.您通过哪些途径提高自身的德育管理水平？还有哪些需要加强的途径？

E：主要是向领导请教、向身边的其他同事学习。应该要加强系统化地学习，同时走出来多和别的学校、别的地区交流学习。

F：我也是向领导学习、向身边的同事学习。除此之外，我还参加了几个名团干工作室，这也是一个很好的学习交流平台。我以后要多看书、多写东西。

（三）家长访谈记录

访谈对象：学生家长

访谈时间：2022年3月21日下午

访谈地点：图书馆四楼一会议室

访谈者：家长G（高中部班级家委会主任）、H（初中部学生家长）

记录人：笔者

尊敬的家长：

您好！感谢您在百忙之中抽出时间接受我的访谈。本次访谈旨在对中学德育现状进行调查，所有问题并无对错高低之分，访谈内容仅供笔者研究之用。衷心感谢您的配合与支持！

1.您认为您对孩子的品德教育成功吗？您认为父母对孩子的品德塑造起到了什么作用？

G：我们家的氛围比较民主平等，孩子有什么事情会和我及他妈妈商量沟通，在亲戚朋友面前也比较有礼貌，在学校里面还担任了班干部职务，老师的反映也比较好，所以我觉得还算好吧。我觉得父母主要是通过身体力行的方式去影响孩子比较好。

H：我们家孩子比较怕我，在家里也很乖，不晓得在学校怎么样。我觉得父母做事的时候要多考虑小孩子，考虑到对小孩子的影响，父母应该做小孩子的表率。

2.对于学校开展中学德育的实践，您有没有了解？是通过什么途径了解的？对此有什么想法？

G：听说过一些，但不是特别清楚。当时好像是看到了学校的一些宣传报道了解到的。

H：小孩子回到家里会和我们交流在学校发生的事，断断续续地听他说过几次，有次好像是他们班搞什么班会竞赛吧。

3.中学德育的实践，需要家长、学校、社会、学生"四位一体"，您觉得这种协同机制最大的作用是什么？制约因素有哪些？

G：全力支持学校的工作，这种协同机制最大的作用就是能够让我们全方位地了解孩子吧。制约因素可能就是有时候我们家长也缺乏专业知识，有些家长的亲子沟通存在问题，家长也是需要再教育的。

H：我也肯定支持学校的工作，但是我们家两个人都要上班，小孩子平时三餐是爷爷奶奶照看，我们大人只有早上、晚上打个照面，有时候确实做得不到位。我觉得家长们工作忙，这可能也是一个制约因素。

（四）社区居民访谈记录

访谈对象：学校旁某社区居民

访谈时间：2022年3月23日上午

访谈地点：某社区居委会一楼大厅

访谈者：居民I（社区工作人员、居民）、J（社区居民）

记录人：笔者

尊敬的社区居民：

您好！感谢您在百忙之中抽出时间接受我的访谈。本次访谈旨在对中学德育现状进行调查，所有问题并无对错高低之分，访谈内容仅供笔者研究之用。衷心感谢您的配合与支持！

1.本社区内大概有多少中学生您有了解吗？在您心中什么样的学生是品德优秀的？

I：我们社区就你们一所中学，所以有多少孩子我是知道的，大概三千多吧。我觉得我们那时候提的"四有"新人就是优秀的学生。

J：我也晓得社区内就这一所中学，但是学校有多少孩子真不清楚，今天才知道。我觉得听大人话的孩子就是品德优秀。

2.您有没有参与过社区的未成年人的德育或公益类活动？学生参与社会实践活动对中学生的德育工作效果有何影响？您怎样看？

I：我和学校的孩子一起做过公益，比如在重阳节的时候，和同学们一起上门慰问孤寡老人，春节之前一起开展写春联、送祝福的活动，平时还开展垃圾分类劝导等活动。我觉得举行这些活动是十分有意义的，现在都说社会上有很多精致的利己主义者，我觉得这些活动可以培养孩子们无私奉献的精神。

J：我崽（孩子）还在读幼儿园，学校邀请我们家长去园里搞过几次公益活动，但是社区里面的没有参加过。我觉得中学生应该还是要把学习搞好，这个是最重要的，然后再来参加这些活动。

3.如果让您参与到学校、家庭、社会的德育协同工作中，让您做一名义工您愿意吗？或者您认为重要吗？

I：我肯定愿意啊，这也是我工作的职责之一嘛。并且我也觉得这一点十分重要，我们自己读书的时候，这一点做得不好，所以好多同学没有教育好，都打流（混社会）去了。

J：我也愿意，就是有时候真的是时间比较少。